EDADES Y PRIORIDADES

Guía respetuosa de desarrollo infantil y expectativas realistas

SANDRA RAMIREZ

© 2017, Sandra Ramírez

© Alejandra Carrión, *por las ilustraciones y la portada*

Reservados todos los derechos. No se permite la reproducción total o parcial de esta obra, ni su incorporación a un sistema informático, ni su transmisión en cualquier forma o por cualquier medio (electrónico, mecánico, fotocopia, grabación u otros) sin autorización previa y por escrito de los titulares del COPYRIGHT. La infracción de dichos derechos puede constituir un delito contra la propiedad intelectual.

ISBN: 978-1541089020

DEDICATORIA

Dedico este libro a mi recientemente fallecido padre Manuel F. Ramírez , cuya vida fue una eterna siembra y una fructífera cosecha. Además de un gran ser humano mi padre fue un excelente médico cirujano y un devoto convencido de su profesión. A sus esfuerzos, a su ejemplo, a su ética moral y profesional debo yo mis logros y realizaciones. Su partida confirma que la desaparición de un ser querido involucra sufrimiento, tristeza, rabia, miedo e impotencia, pero al mismo tiempo, trae resignación a quienes nos quedamos en cuerpo. La resignación nos ayuda a continuar con optimismo el camino que todos hemos de recorrer en esta transitoria vida. De ahí que este libro se enfoca en el desarrollo y crecimiento humano en la primera infancia. Este libro está escrito para todos los adultos responsables de la crianza y educación de los niños, pero está especialmente dedicado a los padres que al igual que el mío propio y el padre de mi hijo, han sabido acompañar sensiblemente a sus hijos en su camino hacia la adultez, procurando que cada paso sea un paso feliz y respetado.

INDICE DE CONTENIDOS

Introducción

1 Nacimiento a 6 meses

DESARROLLO EMOCIONAL — 3

Emociones y regulación emocional

DESARROLLO SOCIAL — 7

Amigos – Rutinas -¿Cómo ayudar el desarrollo social-emocional?

DESARROLLO COGNITIVO — 10

Resolución de problemas -Juego-Aprendizaje-

DESARROLLO DEL HABLA Y LENGUAJE — 15

¿Cómo ayudar el desarrollo cognitivo y de lenguaje?

DESARROLLO MOTRIZ Y FISICO — 19

¿Cómo ayudar el desarrollo motriz-físico?

DESARROLLO PERSONAL — 20

Conciencia del Yo- Autonomía-Responsabilidades

DESARROLLO DE LA AUTODISCIPLINA — 22

Valores y moral - Autocontrol -Modales

EXPECTATIVAS REALISTAS — 24

PRIORIDADES — 27

Para el bebé-Para los padres

CUANDO BUSCAR AYUDA — 30

2 6 meses a 18 meses

DESARROLLO EMOCIONAL	31

Emociones y regulación emocional

DESARROLLO SOCIAL	34

Amigos – Rutinas-¿Cómo ayudar el desarrollo social-emocional?

DESARROLLO COGNITIVO	38

Resolución de problemas -Juego-Aprendizaje-

DESARROLLO DEL HABLA Y LENGUAJE	45

¿Cómo ayudar el desarrollo cognitivo y de lenguaje?

DESARROLLO MOTRIZ Y FISICO	50

¿Cómo ayudar el desarrollo motriz-físico?

DESARROLLO PERSONAL	53

Conciencia del Yo- Autonomía-Responsabilidades

DESARROLLO DE LA AUTODISCIPLINA	56

Valores y moral - Autocontrol -Modales

EXPECTATIVAS REALISTAS	58
PRIORIDADES	57

Para el bebé-Para los padres

CUANDO BUSCAR AYUDA	60

3 18 meses a 3 años

DESARROLLO EMOCIONAL	61

Emociones y regulación emocional

DESARROLLO SOCIAL	70

Amigos – Rutinas-¿Cómo ayudar el desarrollo social-emocional?

DESARROLLO COGNITIVO	75

Resolución de problemas –Juego y aprendizaje--

DESARROLLO DEL HABLA Y LENGUAJE 81

¿Cómo ayudar el desarrollo cognitivo y de lenguaje?

DESARROLLO MOTRIZ Y FISICO 85

¿Cómo ayudar el desarrollo motriz-físico?

DESARROLLO PERSONAL 86

Conciencia del Yo- Autonomía-Responsabilidades

DESARROLLO DE LA AUTODISCIPLINA 91

Valores y moral - Autocontrol -Modales

EXPECTATIVAS REALISTAS 96

PRIORIDADES 101

Para el bebé-Para los padres

CUANDO BUSCAR AYUDA 106

4 3 años a 5 años

DESARROLLO EMOCIONAL 107

Emociones y regulación emocional

DESARROLLO SOCIAL 110

Amigos – Rutinas-¿Cómo ayudar el desarrollo social-emocional?

DESARROLLO COGNITIVO 119

Resolución de problemas –Juego y aprendizaje-

DESARROLLO DEL HABLA Y LENGUAJE 126

¿Cómo ayudar el desarrollo cognitivo y de lenguaje?

DESARROLLO MOTRIZ Y FISICO 131

¿Cómo ayudar el desarrollo motriz-físico?

DESARROLLO PERSONAL 132

Conciencia del Yo- Autonomía-Responsabilidades

DESARROLLO DE LA AUTODISCIPLINA 136

Valores y moral- Autocontrol -Modales

EXPECTATIVAS REALISTAS 142

PRIORIDADES 145

Para el bebé-Para los padres

CUANDO BUSCAR AYUDA 151

5 Transiciones importantes

Alimentación complementaria 153

Destete 159

Control de esfínteres 166

Centros infantiles o guarderías 169

La llegada de un hermano 174

Bibliografía 181

Agradecimientos

Introducción

Edades y prioridades es una guía de desarrollo infantil para adultos sensibles y respetuosos de los ritmos individuales de cada niño y cada niña. Esta guía ayudará al lector a despejar dudas y a encontrar respuestas a las preguntas más comunes sobre diferentes aspectos del desarrollo infantil los primeros cinco años de la infancia.

La información y las respuestas que se ofrecen en este libro están basadas en los estudios científicos más recientes sobre desarrollo infantil. Este libro está dividido en cinco capítulos: (1) Nacimiento a seis meses, (2) Seis meses a dieciocho meses, (3) Dieciocho meses a tres años (4) Tres años a cinco años, y (5) Transiciones importantes. Los primeros cuatro capítulos exploran las mismas siete áreas del desarrollo infantil e incluyen indicadores de desarrollo infantil típico a cada edad y en cada área. En esos cuatro capítulos el lector encontrará información sobre: (1) desarrollo emocional, (2) desarrollo social, (3) desarrollo cognitivo, (4) desarrollo del habla y lenguaje, (5) desarrollo motriz, (6) desarrollo personal y, (7) desarrollo de la autodisciplina (moral). Estas siete secciones de cada etapa le ayudarán a tener una visión global y progresiva del desarrollo infantil. Al mismo tiempo, el lector comprenderá que el desarrollo no siempre será un proceso en constante asenso. De hecho, el desarrollo infantil se asemeja más a una línea quebrada con altibajos pues toda trayectoria infantil tiene picos o estirones evidentes de desarrollo; tiene también etapas planas o pasivas donde los progresos no son identificables; e incluso tiene grietas o regresiones en aspectos psico-emocionales -como la seguridad- que son efectos colaterales de los estirones de desarrollo en las otras áreas .

A pesar de la irregularidad de las trayectorias y de la variabilidad de ritmos entre niños, sin embargo, existen aspectos en el camino hacia la madurez que son generalizables y ayudan a los adultos a cargo a saber qué esperar y cómo ayudar a los niños en cada etapa del proceso. Ya sea usted padre, madre, o profesional de la infancia, la información que aquí se presenta le ayudará a saber qué comportamientos anticipar, qué aspectos monitorear más cuidadosamente y qué hacer para influenciar positivamente el camino de cada niño y/o niña. En este libro el lector además encontrará pautas y señales que alertan sobre una posible necesidad de buscar ayuda profesional. La evidencia científica muestra que toda intervención profesional es más efectiva cuanto más rápido se actúe, de manera que el reconocimiento pronto de las señales de alerta es de fundamental importancia puesto que permite a los niños acceder prontamente al tipo de intervenciones que les permitirán alcanzar su máximo potencial. Las secciones de alerta cierran cada uno de los primeros cuatro capítulos.

Finalmente, el quinto y último capítulo es dedicado a las transiciones más comunes e importantes que se dan durante la primera infancia. Esas transiciones son: (1) alimentación complementaria, (2) destete, (3) control de esfínteres, (4) centros infantiles o guarderías, y (5) la llegada de un hermano.

Edades y prioridades incluye secciones que ayudan al lector a establecer límites razonables a cada edad. Este ha sido un aspecto poco abarcado en la literatura infantil en general, sin embargo, es un elemento fundamental en la disciplina respetuosa. Si exigimos mucho a los niños, todos terminamos frustrados y desalentados. Si les exigimos muy poco, limitamos su crecimiento y desarrollo personal. Pero si exigimos y esperamos de ellos lo justo y lo necesario entonces inevitablemente su desarrollo florecerá y nuestras relaciones con los niños y niñas se verán fortalecidas dado que la tarea de educarlos será mucho más agradable, positiva, sana y llevadera. Así pues, los primeros cuatro capítulos también incluyen una sección sobre *expectativas realistas* que ayudarán a los adultos a ser más sensatos y más efectivos en el establecimiento de límites. De la mano de las *expectativas realistas* van también las *prioridades* (a nivel madurativo) de los niños a cada edad. Las secciones tituladas *"prioridades"* resumen a manera de listado los aspectos madurativos que resaltan en cada etapa y las recomendaciones sobre el tipo de comportamientos, reacciones, respuestas o aproximaciones adultas que mejor se acomodan a las necesidades y prioridades madurativas de los niños a cada edad.

Para concluir, la información de este libro constituye una pieza fundamental en el rompecabezas de la crianza respetuosa puesto que difícilmente vamos a poder establecer cuánto y cuándo exigir, sin primero conocer cuáles son los márgenes de desarrollo infantil dentro de los cuales manejar nuestras exigencias. La información de este libro será más útil y efectiva si se combina con información sobre métodos de disciplina positiva, humanizada o con corte democrático que enfatice tanto la importancia de los límites como del trato respetuoso y sensible.

1

Nacimiento a los seis meses

DESARROLLO EMOCIONAL

A pesar que son muchos los factores que influyen en el nivel de competencia emocional de un individuo (como la genética y el ambiente), hoy por hoy se sabe que la relación que un niño establece con sus cuidadores principales durante los primeros tres años de vida tiene una influencia extremadamente importante en su desarrollo emocional. De hecho, cada vez hay más evidencia de que los niños necesitan padres sensibles y capaces de responder efectivamente a sus necesidades de manera que aquellas partes cerebrales que controlan las emociones puedan desarrollarse apropiada y óptimamente. Este desarrollo se refuerza cada vez que los bebés y niños aprenden sobre el amor y el cariño, sobre la alegría y la tristeza, o sobre el miedo y la ira.

Desde el punto de vista neuro-científico, se ha descubierto en estos últimos años que el cerebro de un bebé las seis primeras semanas de vida funciona solo al nivel del tronco cerebral también llamado *reptiliano*, es decir, de la parte que compartimos con los animales vertebrados. Esta es la parte instintiva cuyo objetivo principal es la supervivencia. El bebé actúa netamente en función al miedo y está en constante búsqueda de alimento, protección y seguridad. A las seis semanas se activa el sistema límbico que alberga a las emociones. Esta es la parte cerebral que compartimos con otros mamíferos. El sistema límbico busca conexión con los progenitores y se calma con contención, contacto físico y un lenguaje suave y compasivo . Es por esto que las primeras sonrisas aparecen también alrededor de las seis semanas. El bebé reconoce a las personas que garantizan su supervivencia e inicia la interacción social con ellos, una interacción basada en la confianza que se inicia y se genera en la primera etapa que es puramente primal.

Durante esta primera etapa lo más importante es hacer a los bebés sentirse amados y seguros mediante nuestra respuesta rápida y efectiva a sus necesidades emocionales y fisiológicas. El sentirse plenos y satisfechos permite a los bebés valorarse y amarse a sí mismos. Les permite enfocar su energía en desarrollar y crecer en vez de gastarla en preocuparse en si van a ser atendidos o no. En esta etapa inicia el establecimiento de la confianza. Desde el día de su nacimiento, los bebés han sido diseñados para evaluar si el mundo en el que viven es un mundo confiable y si los adultos a cargo de ellos son personas consistentes. Este instinto de supervivencia que compartimos con otras especies animales está dotado de capacidades innatas que permiten a los bebés evaluar su ambiente y su situación. Sus señales no verbales y sus llantos son la manera en la que los bebés interactúan con el mundo en el que viven. Si los padres responden efectiva y prontamente a sus necesidades tanto de alimentación, como de cercanía, confort y atención, entonces los bebés desarrollan confianza. Si por el contrario los padres ignoran sus pedidos o reaccionan con tratos toscos o poco sensibles, entonces los bebés no podrá desarrollar confianza en sus cuidadores. De la respuesta efectiva de los padres dependerá cuan seguros emocionalmente crezcan los bebés y qué tipo de relaciones interpersonales formen con otras personas en el futuro.

Los bebés que aprenden desde temprano que los adultos en sus vidas son personas confiables y que pueden contar con ellos para satisfacer sus necesidades, forman una imagen positiva de sí mismos y de otros. Los padres que responden amablemente al llanto de sus crías así sean las 2 de la mañana, les están enseñando que son seres amados e importantes. Pero si los bebés aprenden que sus llantos son inútiles o que resultan en una respuesta negativa de parte de los padres, entonces ellos formarán una imagen negativa de sí mismos y aprenderán a desconfiar del mundo que los rodea.

Para los bebés, el amor, constancia y trato sensible de sus padres se traduce en la formación de un vínculo de apego seguro, el cual si bien seguirá en continua formación por mucho tiempo más, ya puede ser reconocido y evaluado a partir de los 8 o 9 meses. El vínculo de apego seguro se caracteriza por una sana codependencia entre el cuidador y el bebé. El apego define la calidad de relaciones que el niño desarrollará después con sus compañeros, amigos, parientes e incluso pareja. El tipo de vínculo de apego que un bebé haya formado con su cuidador principal (comúnmente la madre) se extenderá después a otros miembros cercanos de la familia como el padre o los abuelos alrededor de los 18 meses de edad siempre y cuando estos adultos sean también personas confiables ante los ojos del bebé. Los padres que hacen el esfuerzo de pasar tiempo con sus bebés, que hablan, juegan y ríen con ellos, les están enseñando que son personas confiables. El vínculo de apego seguro se establece gracias a la presencia, la interacción y a la satisfacción de las necesidades, y poco tiene que ver con los lazos de sangre.

El establecimiento del vínculo de apego no es un proceso inmediato, rápido ni tampoco tiene fecha de expiración. Es un proceso que toma meses e incluso años y que se muestra y se evalúa de diferente manera dependiendo de la edad del niño. Al igual que cualquier otra relación amorosa, el vínculo se desarrolla en etapas graduales y se profundiza con el tiempo.

Para que su bebé desarrolle un vínculo de apego seguro, le sugiero las siguientes prácticas:

- Mantenga a su bebé físicamente cerca de usted o en brazos en todo momento. Portear al bebé es una práctica ancestral que permite a los padres estar más sintonizados con las señales de comunicación de sus bebés mientras mantienen su actividad normal.
- Responda inmediatamente y efectivamente a las necesidades de su bebé. El llanto prolongado causa daños permanentes a sus cerebros en desarrollo y destruye la confianza del bebé en sus cuidadores.
- Duerma cerca o con su bebé tomando las debidas precauciones. Esto le permitirá escuchar las señales o llantos del bebé por la noche para poder así satisfacer sus necesidades más fácilmente. El colecho es una práctica recomendable y biológicamente apropiada puesto que permite tanto a las madres como a los bebés estar sintonizados a las señales que se emiten el uno al otro al dormir.
- Juegue e interactúe con su bebé constantemente. Los bebés son seres sumamente sociales y su desarrollo cognitivo depende de la interacción con los adultos.
- Aliméntelo a demanda. Es decir, cada vez que el bebé pida. Está comprobado científicamente que lo mejor es permitir al bebé que sea el quien decida cuándo y cuánto comer. La alimentación basada en horarios establecidos ya es cosa del pasado y cualquier pediatra que siga recomendando esta práctica debería actualizar sus conocimientos.
- Esté atento a las señales de estrés, tristeza o frustración del bebé y responda sensiblemente. La contención y la regulación emocional son la mejor herencia que les podemos dar a nuestros hijos pues les permitirá ser niños y adultos capaces de responder efectivamente y con serenidad ante los problemas y situaciones retadoras de su vida. Además les permitirá tomar mejores decisiones en cuanto a sus relaciones interpersonales puesto que estarán mejor sintonizados con sus emociones.

Para más información acerca de las prácticas parentales que permiten el establecimiento de un vínculo de apego seguro, le invito a leer *Crianza con Apego: De la teoría a la práctica*, en el cual exploro a cabalidad los estudios científicos que respaldan cada una de las prácticas mencionadas en los párrafos anteriores.

Emociones y regulación emocional

Alegría- La primera sonrisa de un bebé es sin duda muy esperada por los padres. En el primer mes de vida, sin embargo, las sonrisas son producto de la actividad neurológica del cerebro y ocurren usualmente durante el sueño REM. Recién entre el mes y medio y los dos meses y medio aparece la primera sonrisa de carácter emocional. El bebé sonríe cuando ve algo que le gusta y recién ahí es cuando la sonrisa cumple una función social. El bebé sonríe al ver caras familiares y al interactuar con mamá o con papá. Entre los tres y cinco meses la sonrisa aparece no solo al interactuar con mamá o con papá sino además cuando el bebé se da cuenta de que tiene algo de control en su ambiente. Sonríen cuando se dan cuenta de que pueden hacer mover el móvil dando intensas patáditas. La sonrisa se transforma en risa o carcajada alrededor de los cuatro meses indicando que se llenan de gozo por situaciones que consideran graciosas. Al inicio la risa puede ser provocada por tocaditas o cosquilleos pero pasado el sexto mes los bebés ríen ante cosas que ellos ven o escuchan y que consideran graciosas. Las mejores fuentes de sus risas -como imaginará- suelen ser papá y mamá.

Regulación emocional- Además de todas las necesidades físicas y fisiológicas de los bebés, están sus necesidades emocionales que deben ser satisfechas con efectividad. Los bebés necesitan de los adultos para regular sus emociones. Dado que sus sistemas neurológicos son todavía muy inmaduros, no se puede esperar que ellos se consuelen a sí mismos. Usted ,lector, es el regulador emocional de su bebé hasta el día en que aquel pequeño cerebro haya desarrollado lo suficiente como para ser capaz de regulase a sí mismo. Ese será un proceso gradual que se dará durante los primeros años de vida.

Cuando su bebé se enfrente a situaciones que le causen estrés o miedo, su bebé necesita adultos serenos, cariñosos y simpáticos que le hablen con mucha calma y le brinden seguridad. Cargar al bebé apretadamente o darle un suave masaje, le ayudarán a relajarse. El reflejo de succión también tiene efectos calmantes para el bebé por lo que en momentos de incertidumbre o estrés es normal que quieran amamantar, no necesariamente por hambre, sino por necesidad de confort.

DESARROLLO SOCIAL

Al nacer los bebés ya pueden reconocer a sus madres a través de sus olores y su voz. La madre es la base de su desarrollo social. Muchas veces cuando el padre ha hecho esfuerzos para interactuar con el bebé desde el vientre, los bebés al nacer también pueden reconocer las voces de sus papás y escucharlos les brinda calma. Los bebés están biológicamente diseñados para ver y analizar a sus padres. A las cinco semanas ya pueden sonreír y hacer sonidos para iniciar la comunicación y la interacción social que se caracteriza inicialmente por la imitación de las expresiones faciales de los padres. Los bebés analizan a sus padres y los miran intensamente. Muchos son capaces a las pocas semanas de imitar acciones y gestos como sacar la lengua o abrir la boca.

Amigos

Los bebés de tres meses ya disfrutan de la compañía de otros bebés. Ellos son capaces de distinguir diferentes caras, voces y personalidades, y se mostrarán complacidos al ver a otros bebés. Si bien no están listos todavía para socializar y compartir, sí están listos para tener experiencias de juego sentados lado a lado con otros bebés. Así es como aprenden sus primeras lecciones de socialización. Formar amistades será un proceso lento que no sucederá de inmediato para los bebés y niños, pero usted puede empezar este proceso reuniéndose de vez en cuando con otras madres o padres que también tengan bebés de la edad. Si hace esto, asegúrese de que los cuidadores de ambos bebés sean parte de cada encuentro. A esa edad los bebés no están listos para ser dejados solos en casas de otras personas. Su redes sociales se amplían a través de sus cuidadores principales pero no en su ausencia. En la mayoría de los casos quien hace el rol de cuidador principal es la madre y su presencia es imprescindible durante las primeras experiencias de interacción del bebé. En otras ocasiones, será el padre o algún miembro de la familia extendida. Sea como fuere, será imprescindible la presencia de los adultos familiares durante los primeros encuentros entre bebés. En esas primeras visitas, es muy común que los bebés no quieran separarse de sus cuidadores y prefieran estar en sus faldas en vez de interactuar. Es lo normal y esperado. No fuerce la interacción. Les tomará un par de visitas a los dos bebés (más al bebé visitante) para sentirse listos para dejar las faldas o los brazos de sus respectivos adultos y empezar a explorar cosas juntos.

Rutinas

La vida de un recién nacido gira alrededor del alimento. Sus patrones de sueño están determinados por el tiempo que les toma comer, digerir y sentir hambre de nuevo. Para la mayoría de los recién nacidos esto significa comer cada 2 a 4 horas y dormir en intervalos irregulares y espaciados.

Los recién nacidos deben comer frecuentemente y cuando muestren signos de hambre, es decir, idealmente antes de que empiecen a llorar. Es una buena práctica que el bebé (no el reloj) determinen cuando una sesión de comida deba empezar y cuando deba parar. Esto además permitirá a los padres aprender a leer las señales del bebé para actuar de manera oportuna y efectiva. El esperar a que el bebé llore para satisfacer su necesidad puede interferir con su capacidad de amamantar. Un bebé que está llorando es un bebé entristecido y estresado. Para succionar y engancharse del seno correctamente, el bebé debe tranquilizarse. De lo contrario, puede que incluso rechace el pezón o el biberón y no es porque no tenga hambre sino porque necesita calmarse antes de comer.

Los estudios científicos evolutivos sugieren, además, que los bebés han sido diseñados para comer a demanda y que aprenden a regular sus propias necesidades si se les permite. Desafortunadamente, los padres por muchas generaciones han sido aconsejados por sus pediatras y otros especialistas que alimenten a los bebés en intervalos regulares espaciados. Por ejemplo, se les ha dicho que se debe dar de comer cada 3 o 4 horas, cuando en realidad esta rigidez en el horario puede impactar negativamente en el desarrollo cognitivo. Recordemos que la Organización Mundial de la Salud y la UNICEF recomiendan lactancia materna exclusiva y a demanda los primeros seis meses de vida.

EDADES Y PRIORIDADES

INDICADORES DE DESARROLLO SOCIO-EMOCIONAL[1]

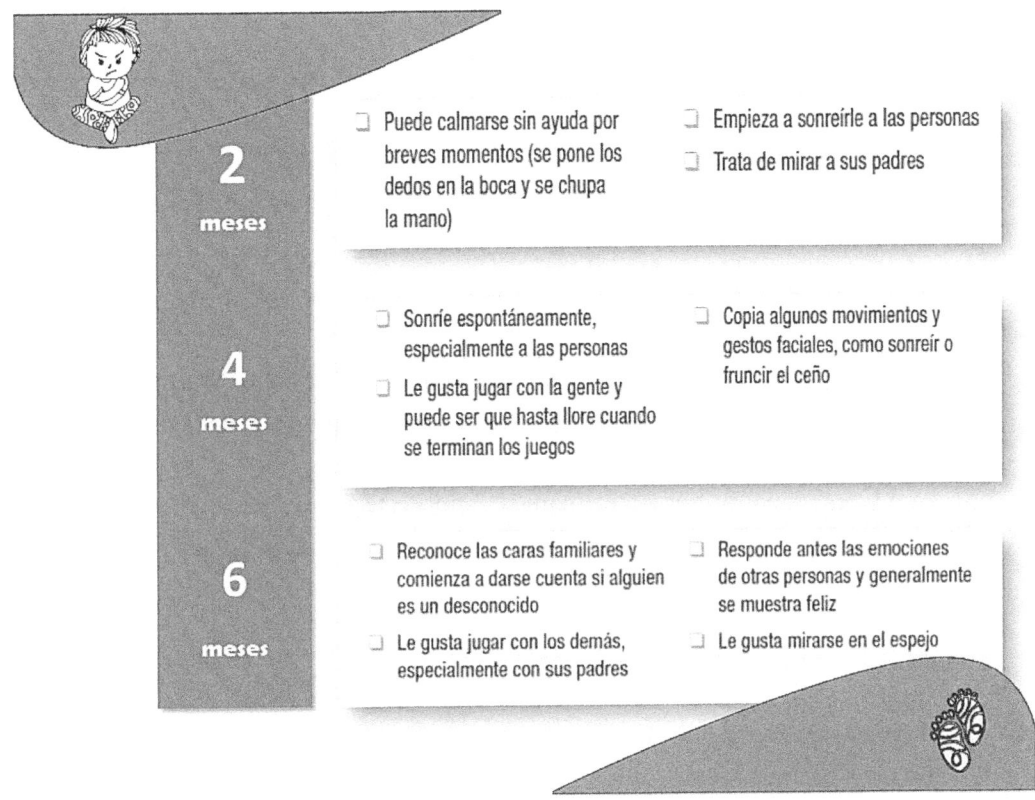

¿Cómo ayudar en el desarrollo social-emocional de su bebé?

Hacia los 2 meses

- Abrace, hable y juegue con su bebé a la hora de comer, cuando le viste y cuando le baña.
- Atienda a su bebé siempre que llore. Nunca lo deje llorar solo.

---

[1] Cada niño se desarrolla de una manera única. Sin embargo, el uso de estos indicadores universales proporcionados por el Centro para el control y la prevención de enfermedades (CDC) de los Estados Unidos, ayuda a los padres en la comprensión de los rangos típicos de desarrollo en niños sanos, al mismo tiempo que se reconoce la amplia variación que existe entre ellos.

- Establezca una rutina con su bebé, por ejemplo que sepa que después de la canción de cuna viene la hora de dormir.
- El estar sintonizada con su bebé y saber las cosas que le gustan y las que no le hará sentir más cómodo(a) y confiado(a).

Hacia los 4 meses

- Cargue a su bebé en brazos y háblele, hágalo con sonrisas y demostrando alegría.
- Preste mucha atención a las cosas que le gustan a su bebé y las que no, así podrá saber cómo satisfacer sus necesidades de la mejor manera.

Hacia los 6 meses

- Juegue con su bebé en el piso todos los días.
- Aprenda a conocer los estados de ánimo de su bebé. Si está contento, siga haciendo lo mismo. Si está molesto, deje lo que esté haciendo y cambie de actividad.
- Contenga a su bebé a calmarse cuando este frustrado.
- Imite a su bebé, es decir, cuando él sonría, usted sonríe, cuando él haga sonidos, usted los copia.

DESARROLLO COGNITIVO

Los seres humanos nacemos solo con el 25% de nuestro cerebro desarrollado. La corteza cerebral añade un 70% de su masa después del nacimiento y en los primeros tres años alcanza un 90% de su tamaño permanente. El cerebro de una persona crece mucho más en los primeros tres años de vida que en ningún otro momento de la vida.

Los primeros años de vida son cruciales en el desarrollo de los circuitos del cerebro. El cerebro tiene mayor plasticidad o capacidad de cambio durante esta primera etapa de la vida. Esto significa que es un periodo tanto de gran oportunidad como también de gran vulnerabilidad. Para bien o para mal, las experiencias de un bebé los primeros años de vida tendrán la mayor influencia en su desarrollo cerebral. En ninguna otra etapa de la vida el ambiente tendrá tanta influencia como en los primeros dos años. Las vivencias de un bebé instalan las estructuras cerebrales que son la base para todo futuro aprendizaje, comportamiento y patrones de salud. Al igual que una estructura arquitectónica débil compromete a largo plazo la calidad y duración de un edificio, en el cerebro, las experiencias negativas también comprometen la arquitectura cerebral y sus efectos perduran hasta la adultez. ¿Cómo ocurre esto? Le explico:

Los cerebros se construyen poco a poco, empezando por las estructuras más simples y continuando con las más complejas. La arquitectura básica del cerebro es construida a través de un proceso continuo que inicia incluso antes del nacimiento y continúa hasta la adultez. Las conexiones neuronales simples se forman primero, y los circuitos más complicados que son la base para las otras habilidades y destrezas, se forman después. En los primeros dos años de vida, el cerebro de un bebé forma entre 700 a 1.000 nuevas conexiones neuronales cada segundo. Después de este periodo de rápida proliferación, las conexiones se reducen a través de un proceso parecido al podar de un árbol. Al igual que ocurre con los árboles, el proceso de podar las estructuras cerebrales permite que los circuitos neuronales se hagan más eficientes.

En el cerebro se forman billones de conexiones neuronales distribuidas en las diferentes áreas del cerebro. Las conexiones que se usan más crecen más fuertes y son más permanentes mientras que las conexiones que se usan menos, se desvanecen. A través de este proceso, las neuronas forman circuitos y conexiones sólidas que conforman las emociones, las habilidades motoras, la regulación del comportamiento, la lógica, el lenguaje y la memoria. La formación de estas habilidades durante el periodo temprano es crítico en el desarrollo de todo ser humano.

La clave para formar una arquitectura cerebral fuerte es una interacción bidireccional con los adultos. En este juego de interacción, las nuevas conexiones neuronales que se forman en el cerebro son comunicadas a los adultos a través del balbuceo, expresiones faciales y gestos. Éstas, a su vez, se refuerzan y multiplican cuando los adultos responden a los llamados de los bebés de una manera directa y significativa. Esta interacción comienza muy temprano en la vida cuando un bebé emite sonidos y el adulto dirige su atención hacia la cara del bebé. A través de esta interacción se forman los cimientos de la arquitectura cerebral, sobre la cual, toda futura capacidad o habilidad será construida.

En la ausencia de un adulto que responda sensiblemente y de forma constante, la arquitectura del cerebro no se forma como la naturaleza la diseñó. Esto -lamentablemente- puede resultar en problemas posteriores de aprendizaje y de conducta pues el cerebro es un órgano muy vulnerable y complejo. Sus múltiples funciones operan coordinándose entre sí, de manera que las estructuras cerebrales que no se formaron inicialmente, impactarán negativamente en la posterior formación de las capacidades cognitivas, emocionales y sociales del niño o niña. Todas estas habilidades están intrínsecamente conectadas entre sí durante todo el curso de la vida. El bienestar emocional y las habilidades sociales proveen una base fuerte para otras habilidades cognitivas que emergerán después. Al mismo tiempo, cada etapa se construye sobre lo que ocurrió anteriormente. Es por esto que si nos aseguramos de que cada niño tenga a un adulto cuidador que consistente y efectivamente responda a sus necesidades, estaremos construyendo los cimientos en el cerebro para albergar todo futuro aprendizaje, conducta y buenos patrones de salud tanto físicos como mentales.

Finalmente, las investigaciones demuestran que el vínculo de apego influye directamente en la organización neuronal y en las funciones ejecutivas de la corteza pre-frontal. Siete de nueve funciones de la corteza pre-frontal cerebral son resultado de un apego seguro. Estas son: regulación del cuerpo, comunicación sintonizada, regulación de las emociones, empatía, flexibilidad, conciencia de sí e inhibición del miedo. El Dr. Daniel Siegel ha demostrado además que el apego ayuda a las neuronas a fortalecer sus sinapsis en los circuitos y canales cerebrales que después se convierten en nuestras representaciones mentales y modelos de interacción[2].

Resolución de problemas

Los bebés son pequeños científicos y aprenden a resolver problemas cada vez que tocan, huelen, ven o saborean algo del mundo que les rodea. Sin embargo, no pueden mostrar ninguna destreza de resolución de problemas hasta el sexto mes. En el siguiente capítulo podrá leer más acerca de cómo demuestran esta habilidad los bebés desde los seis meses en adelante.

Juego

El juego es el trabajo de los bebés y niños y es lo que les permite desarrollar intelectualmente, socialmente y hasta emocionalmente. El juego debe ser una parte importante del diario vivir de todos los bebés y niños.

Durante sus primeros meses los bebés juegan en base a la observación. Es muy divertido para ellos ver todo lo que les rodea y aman ser expuestos a diferentes clases de escenarios y ambientes. Les encanta que se les hable, que se les cante, que se les

---

[2] Siegel, D. citado por Graham, L., (2008).

bese y se les acaricie. Les gusta que usted les demuestre los sonidos que hacen los chinescos y otros juguetes aun cuando ellos no puedan todavía manipularlos. Todas estas cosas ayudan al bebé a aprender cómo se interactúa con el ambiente. Después de todo para eso está el juego, para enseñarles algo sobre el mundo en el que viven.

A continuación una lista de sugerencias de juguetes comúnmente disponibles en el mercado para los primeros seis meses:

Hasta el tercer mes:

- Sonajeros de colores llamativos, con distintos sonidos
- Móviles y colgantes
- Muñecos de tela de diferentes texturas que no desprendan pelusas
- Llaves, campanitas
- Mantas didácticas con objetos y colores diferentes

Del cuarto al sexto mes:

- Alfombras y mantas didácticas
- Gimnasios infantiles
- Sonajeros con forma de argollas
- Cubos de plástico o tela
- Espejos irrompibles
- Pelotas pequeñas de plástico blando

Dato curioso: los papás y las mamás tienen diferentes maneras de jugar con un bebé. Los papás suelen usar su cuerpo como una especie de gimnasio para bebé y les gusta interactuar con sus bebés de maneras usualmente más exuberantes y más bruscas que las mamás. Las mamás, por el contrario, suelen jugar usando un juguete o un estímulo externo como intermediario. La exuberancia , por así llamarla, de los papás es algo común en muchos mamíferos y puede ser beneficioso cuando se lo hace con cuidado. Recuerde que las extremidades y el cerebro del bebé son todavía muy frágiles a esta edad, de manera que cualquier juego que involucre movimientos corporales rápidos y repentinos, deben ser hechos de formas apropiadas. En muchas culturas los papás suelen columpiar a sus bebés levemente de cabeza (agarrados de los tobillos) pues se cree que este tipo de movimiento desarrolla el sistema vestibular.

Aprendizaje

A esta edad los bebés aprenden a partir de la interacción con sus padres y con el mundo que les rodea. Les interesa más socializar y ver la cara de mamá que explorar ese juguete electrónico lleno de luces que le regalaron al nacer. Tocar, saborear, dar palmaditas y patadiatas son por lo general las maneras en las que los bebés aprenden sobre el mundo los primeros seis meses. Es por esto que los mejores juguetes para los bebés de esta edad son aquellos que les ofrecen muchas experiencias sensoriales (juguetes de tela con colores, texturas y sonidos diferentes) o aquellos que ven a menudo en casa (cucharas, sartenes, los guantes de papa y/o las llaves del carro).

INDICADORES DE DESARROLLO COGNITIVO[3]

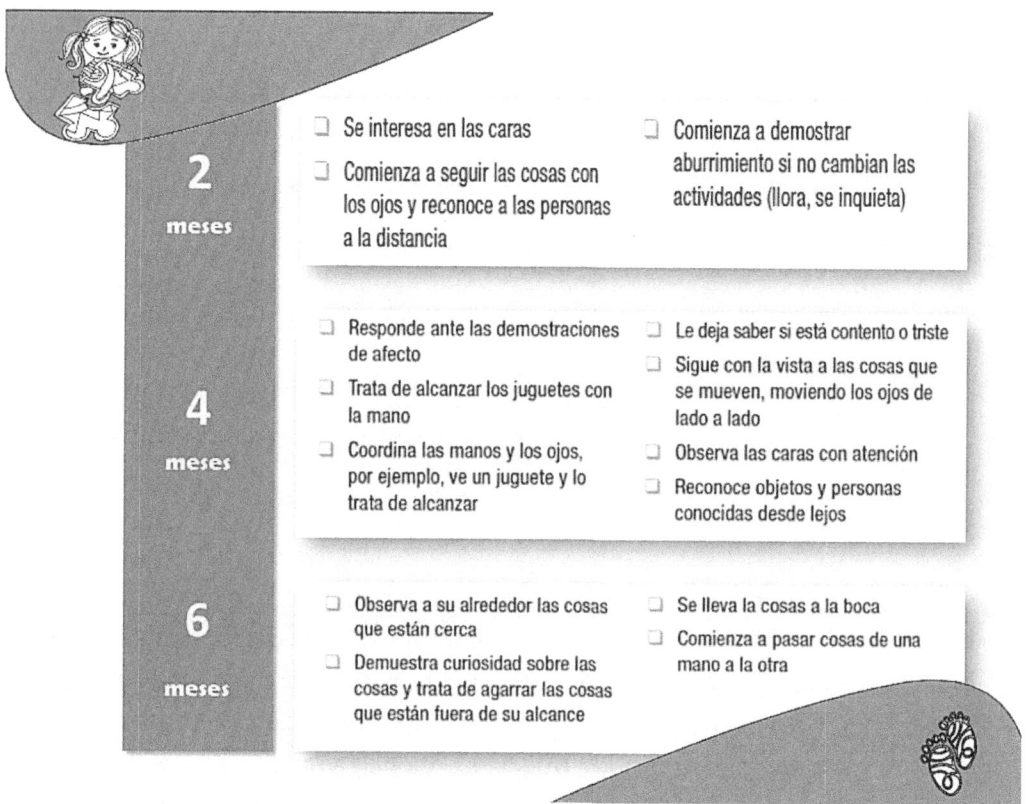

DESARROLLO DEL HABLA Y LENGUAJE

Los recién nacidos vienen de un lugar oscuro y ruidoso. En el vientre pudieron

---

[3] Cada niño se desarrolla de una manera única. Sin embargo, el uso de estos indicadores universales proporcionados por el Centro para el control y la prevención de enfermedades (CDC) de los Estados Unidos, ayuda a los padres en la comprensión de los rangos típicos de desarrollo en niños sanos, al mismo tiempo que se reconoce la amplia variación que existe entre ellos.

escuchar los sonidos del corazón de su madre, los rugidos de su estómago y su voz. A los pocos días de nacidos los bebés pueden ya distinguir su lengua natal de entre otras lenguas. Se sienten atraídos por lo familiar y al reconocerlo dan patadidas o sacuden sus brazos. Los padres en esta etapa suelen, instintivamente, agudizar la manera en la que hablan a sus bebés. Sus voces se tornan más agudas y las palabras son pronunciadas más lentamente, haciendo énfasis en ciertas vocales. *"¡Mira esas lindos pieciiiitooos!"* o *"A ver, ¿quieeeeeen se me despertooooó?"* Este estilo de comunicación tan instintivo para los padres ayuda al bebé a aprender y a responder acorde. Los padres hablan y los bebés responden dando patadidas o estirando sus brazos. Su lenguaje por algunos meses es un lenguaje corporal y de esa misma manera comunican sus necesidades. Cuando sus primeras señales son ignoradas o no han sabido ser interpretadas correctamente, entonces recurren al llanto.

En muchas culturas primitivas y en algunas culturas orientales en donde los bebés duermen con sus madres y son porteados la mayoría del día, los bebés casi no lloran puesto que sus madres -gracias a la constante interacción que permite la cercanía- tienen una sintonización tal con sus bebés que aprenden a interpretar sus señales y satisfacen sus necesidades incluso antes de que el bebé recurra al llanto. En las culturas occidentales, sin embargo, esto no sucede puesto que las demandas sociales son otras. Es por esto que los bebés de las culturas occidentales suelen llorar mucho más, pues es la manera que funciona para que sus necesidades sean tomadas en cuenta. Los bebés lloran por muchos motivos. Las necesidades de los bebés van desde las básicas como comer y dormir, hasta las emocionales como ser consolados o ser cargados. A continuación una lista las razones más comunes por las cuáles los bebés lloran o se quejan. Muchas de estas razones son conocidas por todos, otras tal vez sean nuevas para usted.

- Hambre
- Sueño
- Fatiga
- Soledad
- Necesidad de ser cargado
- Necesidad de contacto piel a piel
- Irritabilidad o malestar
- Gases o cólicos
- Mucho frío o mucho calor
- Percepción de que uno de los padres está estresado
- Estrés a causa de mucha estimulación
- Poca estimulación o poca interacción con los padres
- Ruidos fuertes que les asustan o les caen de sorpresa

- Mucha luz (recuerde que estuvieron en un ambiente oscuro por 9 meses)
- Sensibilidad a algo ingerido a través de la leche de la madre
- Dentición
- Algún dolor o problema médico no identificado como infección al oído, anemia o reflujo

A medida que usted vaya conociendo a su bebé, aprenderá a descifrar sus señales de comunicación y sus diferentes llantos. Hay llantos muy agudos que son, por lo general, señales de malestar físico o de una urgencia de ser atendidos. Hay otros llantos menos agudos que comunican una necesidad de tipo emocional, como la necesidad de cercanía física con sus padres.

El saber leer e interpretar sus señales de comunicación puede ayudar a los padres a evitar a que se produzca el llanto. El llanto es el último recurso de comunicación que los bebés usan cuando sus primeros intentos de comunicación han fallado. Sin embargo, si los adultos a cargo reaccionan y responden solamente al llanto, este se convertirá en el <u>único</u> recurso de comunicación que el bebé usará pues ha aprendido que es el único que le sirve.

El llanto como método de comunicación y siempre que no sea prolongado, no es perjudicial. Pero una vez que estalla, es más difícil lograr que el bebé regrese a su estado emocional normal. Un bebé que lacta y que duerme en la cama con mamá (o con los dos)-por dar un ejemplo- aprende a encontrar por sí solo los senos de su madre al dormir por la noche, aún en plena oscuridad. Si éstos no están al alcance de su boca, entonces el bebé emite quejidos de hambre ante los cuales la madre (estando tan cerca) está en posibilidad de responder al pedido inmediatamente, satisfaciendo así esa necesidad antes de que estalle el llanto. De no estar tan cerca la madre sería más difícil satisfacer esa necesidad a tiempo, pues una vez que estalla el llanto, les toma más tiempo a los dos conciliar el sueño nuevamente.

INDICADORES DE DESARROLLO DEL HABLA Y LENGUAJE[4]

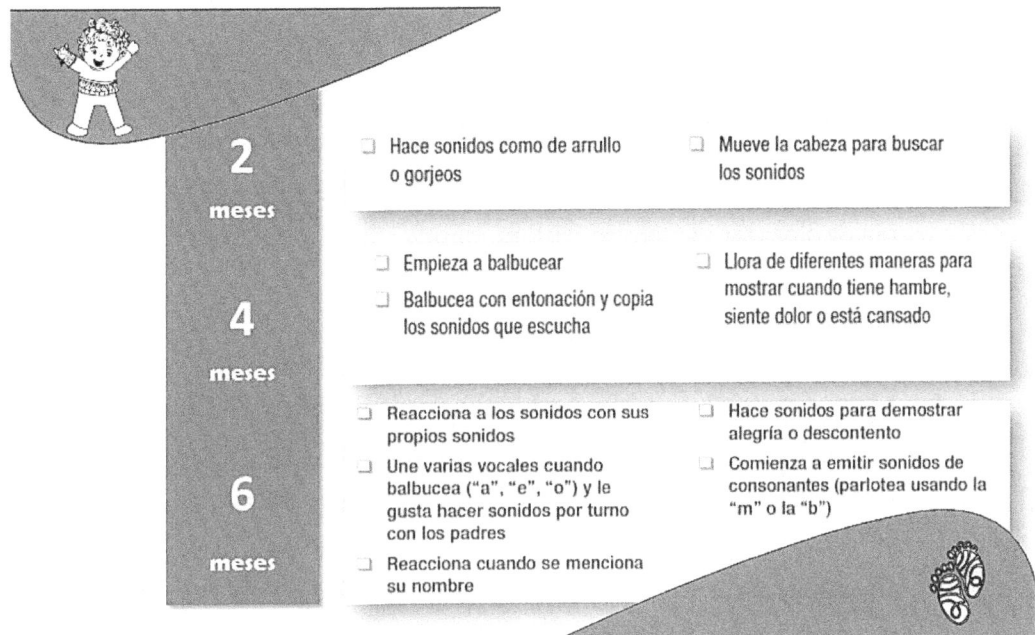

¿Cómo ayudar en el desarrollo cognitivo y de lenguaje de su bebé?

Hacia los 2 meses

- Demuestre su entusiasmo y sonría cuando su bebé "hable".
- De vez en cuando, copie los sonidos que hace el bebé, pero también utilice un lenguaje claro.
- Preste atención a los diferentes llantos de su bebé, para poder aprender a distinguir qué es lo que quiere.
- Hable, lea y cante a su bebé.

Hacia los 4 meses

---

[4] Cada niño se desarrolla de una manera única. Sin embargo, el uso de estos indicadores universales proporcionados por el Centro para el control y la prevención de enfermedades (CDC) de los Estados Unidos, ayuda a los padres en la comprensión de los rangos típicos de desarrollo en niños sanos, al mismo tiempo que se reconoce la amplia variación que existe entre ellos.

- Copie los sonidos que hace su bebé.
- Demuestre su entusiasmo y sonría cuando su bebé "habla".
- Dedique momentos de tranquilidad para leer o cantar a su bebé.
- Dele juguetes adecuados para su edad, como sonajeros o ilustraciones coloridas.
- Juegue por ejemplo a esconder su cara detrás de las manos.
- Con las medidas de seguridad adecuadas, dé oportunidades para que su bebé pueda alcanzar juguetes y explorar lo que le rodea.

Hacia los 6 meses

- Repita los sonidos que hace su hijo y diga palabras sencillas utilizándolos. Por ejemplo, si su hijo dice "ba", diga "barco" o "balón".
- Léale libros a su hijo todos los días. Felicítelo cuando balbucee y también cuando "lea".
- Cuando su bebé mire hacia un objeto, señálelo, agárrelo y descríbalo.
- Cuando el bebé deje caer un juguete al suelo, levántelo y devuélvaselo. Este juego le ayuda a aprender sobre la relación causa-efecto.
- Léale libros con ilustraciones coloridas.
- Señale cosas nuevas y dígale cómo se llaman.
- Muéstrele a su bebé las ilustraciones llamativas de las revistas y dígale qué son.

EDADES Y PRIORIDADES

INDICADORES DE DESARROLLO MOTRIZ Y FISICO[5]

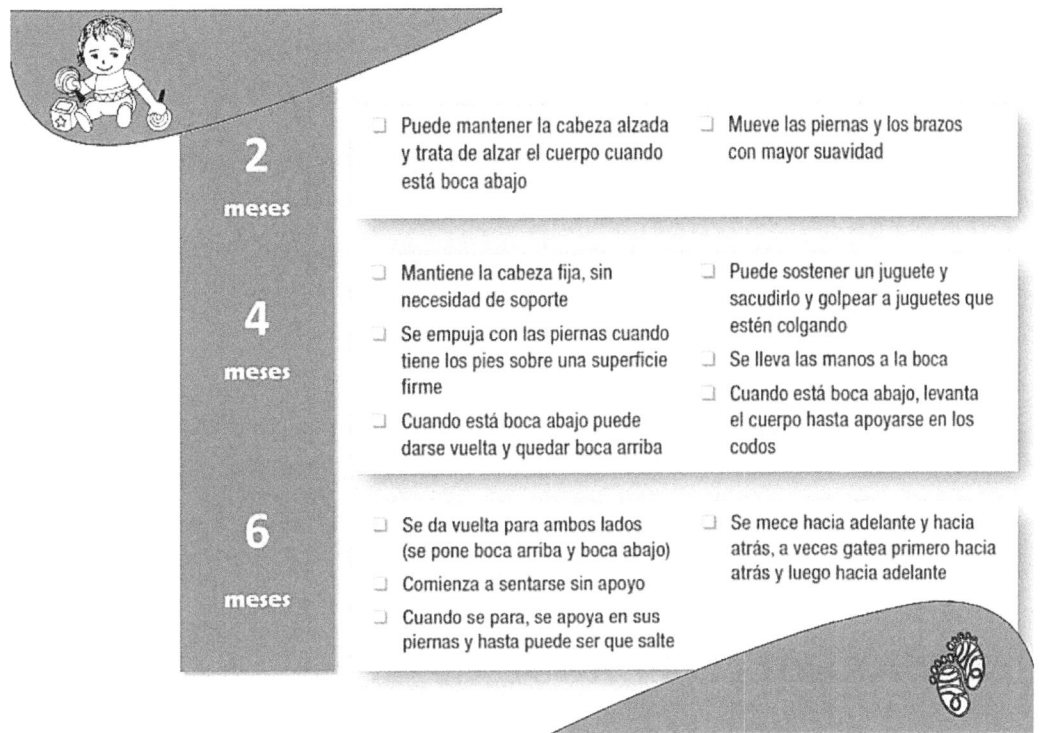

2 meses
- Puede mantener la cabeza alzada y trata de alzar el cuerpo cuando está boca abajo
- Mueve las piernas y los brazos con mayor suavidad

4 meses
- Mantiene la cabeza fija, sin necesidad de soporte
- Se empuja con las piernas cuando tiene los pies sobre una superficie firme
- Cuando está boca abajo puede darse vuelta y quedar boca arriba
- Puede sostener un juguete y sacudirlo y golpear a juguetes que estén colgando
- Se lleva las manos a la boca
- Cuando está boca abajo, levanta el cuerpo hasta apoyarse en los codos

6 meses
- Se da vuelta para ambos lados (se pone boca arriba y boca abajo)
- Comienza a sentarse sin apoyo
- Cuando se para, se apoya en sus piernas y hasta puede ser que salte
- Se mece hacia adelante y hacia atrás, a veces gatea primero hacia atrás y luego hacia adelante

¿Cómo ayudar en el desarrollo motriz y físico de su bebé?

Hacia los 2 meses

- Juegue a esconder la cara detrás de sus manos. Enseñe a su bebé a que juegue a esconder su carita también. Coloque un espejo para bebés en la cuna, para que pueda mirarse en él.
- Miren ilustraciones juntos y háblele al bebé sobre lo que ven en ellas.
- Acueste al bebé boca abajo cuando está despierto y coloque juguetes a su alrededor.
- Sostenga juguetes frente al bebé, para que los vea y así alentarle a alzar la cabeza.

---

[5] Cada niño se desarrolla de una manera única. Sin embargo, el uso de estos indicadores universales proporcionados por el Centro para el control y la prevención de enfermedades (CDC) de los Estados Unidos, ayuda a los padres en la comprensión de los rangos típicos de desarrollo en niños sanos, al mismo tiempo que se reconoce la amplia variación que existe entre ellos.

- Sostenga un juguete o un sonajero por encima de la cabeza del bebé, para alentarle a alcanzarlo.
- Sostenga al bebé de pie, con los pies apoyados en el piso. Cántele o háblele a su bebé mientras está así, parado.

Hacia los 4 meses

- Ponga juguetes cerca de su bebé para que trate de agarrarlos o patearlos.
- Ponga juguetes o sonajeros en la mano del bebé y ayúdelo a agarrarlos.
- Sostenga al bebé de pie, con los pies apoyados en el piso, y cántele o háblele mientras él está en posición parada con apoyo.

Hacia los 6 meses

- Sostenga al bebé mientras está sentado o póngale almohadas como sostén. Déjele observar a su alrededor y dele juguetes para mirar mientras se mantiene sentado.
- Ponga al bebé boca abajo o boca arriba y coloque juguetes cerca pero fuera de su alcance. Anímelo a que se dé la vuelta para agarrar los juguetes.

DESARROLLO PERSONAL

Su bebé es una personita única que crecerá, pensará y sentirá de maneras que nunca nadie más haya pensado y sentido. Ese proceso de crecimiento personal está influenciado por cada experiencia diaria. Todas las experiencias de éxito o fracaso, de frustración o de satisfacción, son un bloque más en la construcción de su personalidad. Cada experiencia de interacción social le enseña a su bebé acerca de sí mismo y acerca de la persona en la cual se convertirá. Hay tres aspectos del desarrollo personal que se hacen evidentes a medida que el bebé va creciendo: la Conciencia del Yo, la autonomía y el desarrollo de su sentido de responsabilidad.

Conciencia del Yo

A pesar que se nos hace difícil a los adultos imaginar, los bebés no tienen idea de que son seres separados de sus madres. Sus mentes no están listas para entender que su existencia es independiente de la existencia de otros. Si no escuchan, huelen o ven a mamá o a cualquier otro cuidador que ocupe su rol, los bebés están diseñados para entrar en modalidad de pánico puesto que "no estar" se traduce como "no existir" y de no existir mamá entonces "tampoco existo yo". De la madre o del cuidador principal depende su supervivencia. La Conciencia del Yo se desarrolla alrededor de los 18 meses, antes de esa edad mucho de su tiempo de interacción y de juego está enfocado en aprender a hacer esa distinción.

Autonomía

Aún antes de que los bebés puedan hablar o caminar, ellos dan pequeños pasos hacia su autonomía. La autonomía es la necesidad de todos los seres humanos de sentirnos independientes, de actuar de acuerdo a nuestra voluntad y de tener potestad sobre lo que pasa en nuestras vidas. Es esa necesidad de autonomía la que impulsa a los bebés y niños a querer controlar lo que pasa a su alrededor, y es gracias a ella que muchos padres e hijos pelean, se enojan y se resienten a lo largo del camino de la infancia.

A esta edad, los bebés muestran su autonomía al agarrar la nariz de mamá o al botar cosas al suelo para que otros las recojan. Están aprendiendo que para cada acción hay una reacción. Saben que cuando se ríen hacen a otros sonreír o aprenden que si emiten sonidos lograrán que los adultos se acerquen a "conversar" con ellos.

Responsabilidades

La responsabilidad significa ser confiable. Es un valor que está en la conciencia de una persona, la misma que le permite orientar y medir las consecuencias de sus actos. Es un valor que los niños aprenden a medida que crecen y esta es la etapa en la que las semillas de la responsabilidad se plantan. Las primeras lecciones de responsabilidad son dadas por los padres cuando éstos responden con cariño y efectividad a las necesidades del bebé. Los adultos responsables cuidan y responden a las necesidades del bebé e intentan calmar su angustia al proveerle alimento, atención, brazos y contención de manera oportuna. Los adultos responsables no dejan llorar a los hijos con el único objetivo de mostrarles quién manda en casa. En definitiva, los adultos responsables dan amor incondicional y enseñan a los bebés acerca de la responsabilidad, portándose responsables en su cuidado hacia ellos.

A medida que van creciendo los niños, esa responsabilidad se traduce en acciones que ellos y ellas pueden ir haciendo en casa como parte del sistema familiar al que pertenecen. Por lo pronto, lo único que les corresponde hacer es crecer, desarrollar y aprender a confiar en el mundo que les rodea y en los adultos a su cargo. De su capacidad de confiar dependerá su capacidad de responder a las demandas que el mundo y los adultos pondremos en ellos.

DESARROLLO DE LA AUTODISCIPLINA

Según Shapiro y White, en *Mindful Discipline*, los primeros siete años de la vida de un ser humano son años netamente guiados por el impulso y el instinto. El Dr. Dan Siegel, neuropsiquiatra, profesor de UCLA y autor del libro *"El cerebro del niño"* afirma que tanto el impulso como el instinto son funciones del cerebro inferior o primitivo de los seres humanos. Esa es la parte del cerebro poco racional y netamente emocional. La naturaleza ha dotado a los bebés con aquellas funciones puesto que esto asegura que los adultos a su cargo les den la guía, el cuidado y la protección necesaria para sobrevivir.

Los niños que ven sus necesidades satisfechas consistentemente y cuyos padres están bien sintonizados con sus necesidades, desarrollan apertura, curiosidad y resiliencia. Cuando los niños perciben el mundo desde esta modalidad optimista y progresista, entonces su cerebro se mantiene receptivo. Por el contrario, cuando los bebés no ven satisfechas sus necesidades, entran en estado de constante alerta usando toda la energía que tienen para sobrevivir y no para desarrollar. La activación constante de la respuesta al estrés sobrecarga los sistemas en desarrollo de los bebés y niños con consecuencias serias que perduran durante el resto de la vida. Esto es lo que se conoce como estrés tóxico.

A través de las nuevas tecnologías se ha podido comprobar en estos últimos treinta años que el cerebro es un músculo cambiante y plástico que responde y se moldea a las experiencias vividas. Aquellos circuitos cerebrales más usados hacen más conexiones neuronales y, por lo tanto, se expanden creando áreas cerebrales más amplias y fuertes. De ahí la importancia de que las experiencias de los niños sean experiencias basadas en la reflexión, en la comunicación y en la enmienda y no en el miedo y en la humillación. Esto es porque hay sitios cerebrales también dedicados a activar las emociones más arcaicas y reactivas dedicadas a la autoprotección, las cuales si son activadas frecuentemente se volverán cada vez más fuertes.

Valores y moral

Para poder desarrollar valores como la honestidad o la amabilidad, es indispensable para el ser humano el poder experimentar emociones desagradables como el remordimiento o la culpa que son sentimientos que se asocian con la conciencia moral. Antes del primer año, sin embargo, los bebés no tienen la capacidad de entender que son seres separados de otros, y no tienen "Conciencia del Yo", de manera que les es imposible empatizar con las emociones de otros. El primer año es una etapa muy egocentrista y nada empática. Esto no significa, sin embargo, que no puedan aprender sobre valores en la cotidianidad. De hecho las experiencias que hacen que un niño desarrolle valores empiezan muy temprano en la vida. Usted le enseña a su bebé lecciones de buena moral en el diario vivir cuando le dice "no" ante un golpe en su cara. Las interacciones cálidas con su bebé le están enseñando importantes lecciones de respeto y de amabilidad hacia otros. Eventualmente, cuando tengan la capacidad madurativa, ellos transferirán esas lecciones a su propia vida. Serán capaces de demostrarse respeto a sí mismos y a otros a su alrededor. Los bebés que han sido cuidados y cuyas necesidades emocionales han sido satisfechas, podrán mostrarse cuidadosos y empáticos con otros. Por el contrario, los bebés cuyas necesidades han sido ignoradas tenderán a ignorar los sentimientos de otros.

Autocontrol

Los bebés no tienen un sentido de auto-control de manera que este no es el momento de requerir y demandar autodisciplina, sino de dar contención y atención. Cada vez que usted escuche llorar al bebé, responda a su llanto. Los bebés no manipulan a los adultos a través del llanto. Sus llantos y señales de comunicación denotan una verídica necesidad o deseo. De hecho, la manipulación los primeros años de vida resulta biológicamente imposible porque para poder manipular, los seres humanos necesitamos primero tener la maduración cerebral necesaria para comprender que las mentes de otras personas piensan de manera diferente a la nuestra permitiéndonos interpretar y predecir qué conducta tendrán los demás y sabiendo cómo se puede influir en ella con nuestra propia conducta. Los bebés y niños menores a tres años no tienen esa capacidad de interpretar lo que otros quieren, ni de ponerse en los zapatos de otros. Es por esto que les resulta imposible manipular a otros, pues en sus mentes solo cabe una cosa: que su realidad y sus deseos, son la realidad y los deseos de todos.

A medida que crecen los bebés, sus periodos de espera pueden ir incrementando. Antes de los 3 meses, los bebés necesitan saber que los adultos a su cargo son adultos confiables. Esto solo lo sabrán si los adultos satisfacen sus necesidades prontamente y de manera constante. Después de los 3 meses, sin embargo, es perfectamente aceptable decirle al bebé que debe esperar unos 2 o 3 minutos hasta que usted termine aquello que está haciendo. Si bien el bebé no entiende el concepto de "esperar" y peor aún la duración de 2, 3 o 5 minutos, su madurez a esa edad y la consistencia de sus respuestas hacia sus necesidades en los primeros meses de vida harán que el bebé sea capaz de entender que sus necesidades seguirán siendo satisfechas. Al inicio de sus vidas su llantos tiene un carácter de urgente. Sin embargo, poco a poco, a medida que aprenden a esperar, sus llantos se atenúan y ya dejan de tener ese tono de urgencia y desesperación.

Modales

Cuando hablamos de modales nos referimos no a lo que usted ve en las películas de la era Victoriana, sino a la capacidad de considerar las necesidades de otros y de responder acorde. Para tener buenos modales son imprescindibles estas tres cosas: 1) saberse como seres independientes y separados de otros, 2) entender que nuestro comportamiento tiene un impacto en el ambiente y en la gente que nos rodea, y 3) un entendimiento de que uno puede controlar sus propias conductas y emociones. Como lo vimos anteriormente, los bebés a esta edad no tienen "Conciencia del Yo" ni tienen control de sus conductas o emociones. Esta es una etapa egocentrista y primordialmente guiada por el impulso, de manera que no existen los buenos modales. Los bebés harán lo que sus cuerpos necesiten hacer para digerir, para aprender y para sobrevivir. Todo lo que hagan lo harán sin ningún tipo de remordimiento pues a esta edad no tienen todavía un criterio que les permita diferencias entre lo bueno y lo malo.

EXPECTATIVAS REALISTAS

- **A veces simplemente no sabemos qué es lo que necesitan los bebés y puede ser muy frustrante no saber cómo parar el llanto.** Hemos tratado de todo para calmarlos. No se desespere. Intente calmar el llanto meciéndolo en sus brazos en diferentes posiciones, use palabras cálidas y movimientos leves. Cuando la intensidad del llanto haya disminuido, vuelva a intentar satisfacer la necesidad nuevamente. Los bebés necesitan primero calmarse para poder estar receptivos al alimento o a la necesidad que los llevó a llorar en primera instancia. Es muy normal que no acepten el seno o el biberón mientras lloran intensamente. Lo harán cuando estén más calmados. Muchos bebés lloran incluso cuando hemos intentado de todo. No es momento para sentirse culpable. Usted está haciendo lo mejor que puede y su bebé sabe que usted lo está haciendo. Tome turnos con alguien, pida ayuda y tómese un descanso. Cuando la responsabilidad de criar recae solo en una persona, esto puede ser extremadamente desgastante. La crianza es un trabajo en equipo. Busque ayuda en especial los primeros meses.
- **No espere que los niños de esta edad entiendan lo que significa un "no".** Los bebés antes de los 7 meses no entienden las negativas ni tampoco recuerdan aquello que no les es permitido hacer. Ellos son curiosos y solo quieren explorar y aprender. Cualquier comportamiento que exhiban no debe ser interpretado como un mal comportamiento sino como un comportamiento exploratorio típico de esta edad. Las preocupaciones

disciplinarias no tienen cabida en este etapa. Déjalas para alrededor de los 18 meses cuando recién empiezan a comprender que tienen control y capacidad de decisión sobre sus acciones.

- **No deje que su propia fatiga interfiera en su capacidad de responder a los llantos del bebé.** Cuando se sienta muy exhausta o exhausto pida ayuda , descanse y regrese. No espere tener tiempo para una larga siesta o para salir a divertirse con sus amistades de la misma manera que lo hacía antes. Los primeros meses son muy intensos para ambos padres, pero en especial para la madre.

- **No espere que el vínculo de apego se forme inmediatamente.** El apego es un proceso que se refuerza a lo largo de la infancia. Haga lo posible por responder a las necesidades de su bebé sin que eso la lleve a olvidarse de sí misma o de sí mismo. Los bebés necesitan padres felices y dispuestos, no resentidos y amargados. Recuerde que habrán mejores noches en el futuro. Por lo pronto, las malas noches son parte de su realidad y debe hacer lo posible para conllevar esta etapa con optimismo.

- **Los bebés se asustan fácilmente ante ciertos ruidos repentinos o imágenes poco familiares.** Respete y valide los temores del bebé en vez de decir que no son "nada" . Está claro que sí son algo para el bebé porque por eso llora, de manera que lo que necesita en ese momento son palabras que le den seguridad y brazos que lo conforten.

- **Los bebés se sobre-estimulan cuando son expuestos a lugares muy ruidosos, muy luminosos o muy llenos de gente.** Sea empático con las reacciones de su bebé frente a la sobre estimulación e intente minimizarla. No interprete el llanto en público como mal comportamiento o manipulación. Interprételo siempre como una señal que comunica una necesidad.

- **Los bebés no socializan con sus pares ni necesitan hacerlo a esta edad.** No espere que su bebé comparta o se "porte bien" cuando está con otros bebés o niños. A esta edad ellos no tienen concepto de las dinámicas sociales. Sin embargo, no por esto deje de organizar encuentros o "play-dates" (encuentros organizados de juego) pues toda interacción es una oportunidad para su bebé de aprender, de observar y de explorar nuevos ambientes.

- **Los bebés de esta edad no duermen toda la noche de corrido.** A los 2 meses se despiertan cada 2 o 3 horas cuando son amamantados y alrededor de 4 o 5 horas cuando toman fórmula. Esto es porque la leche materna se digiere más rápido que la fórmula lo cual hace que el bebé duerma en intervalos más cortos. Alrededor de los 4 meses, los bebés experimentan un cambio en su sueño que está ligado al desarrollo de su *Conciencia del Yo* y de su sentido de *autonomía*. El bebé sabe que sus acciones tienen un efecto. Sabe que cuando llora, mamá o papá vienen y entonces así ejerce su autonomía. Llorará o se despertará más que antes porque con cada hito de independencia viene un retraso -por así llamarlo- en su seguridad. Eventualmente, al saberse un ser independiente de su madre, el bebé por un lado experimentará nuevas experiencias y por otro lado, dudará y necesitará de los adultos para obtener de ellos la seguridad que necesita para dar el siguiente paso en su desarrollo. Aquellos bebés que duermen cerca de su madre, la oyen, la ven, la huelen, piden teta y se vuelven a dormir. Aquellos que están en su cuna, llorarán hasta que mama venga. Alrededor de los 10 meses es cuando los estudios parecen sugerir que existe otro cambio importante en el sueño de un bebé, para un mejor o un peor dormir de los padres.

- **No espere tener horarios fijos para todo**. Las rutinas son importantes pero el ser esclavos del reloj solo causará estrés a todos en casa. Si su bebé toma una siesta "a deshora" sus horarios de descanso nocturno estarán algo alterados. Eso no significa que no se le deba permitir al bebé dormir cuando le plazca pues "no le toca la siesta". Simplemente significa que no conciliará el sueño por la noche a la misma hora que suele hacerlo. Algunas familias prefieren tener horarios fijos para todo, sin embargo, la flexibilidad también es importante puesto que permitirá a la familia disfrutar de eventos, invitaciones o situaciones fuera de casa aun cuando éstas interfieran con la hora de la siesta. Los bebés dormirán donde les toque. Procure no planificar su vida alrededor de las siestas pues la adaptación y la flexibilidad son también habilidades necesarias que tanto niños como adultos debemos aprender a desarrollar.

- **Su bebé aprende explorando todo lo que encuentra, de manera que se meterán cosas a la boca que encuentran en el piso.** Si bien es necesario mantener un nivel de limpieza básico en la casa, mucha nitidez tampoco es buena. De hecho, la obsesión de algunos padres con la limpieza puede ser un obstáculo en el desarrollo de los niños pues pueden interferir con un adecuado desarrollo del sistema inmunológico de los bebés. Las superficies del hogar no siempre deben estar perfectamente limpias y desinfectadas. Aunque es verdad que la higiene, los bactericidas y vacunas han salvado infinidad de vidas y son parte de los descubrimientos más importantes en la historia, la exposición a los gérmenes diarios ayuda a que los bebés desarrollen un sistema inmunológico competente y regulado, con suficientes defensas para enfrentar ataques infecciosos a lo largo de sus vidas. Permita a su bebé explorar y meter a la boca ciertas cosas que pueden no estar completamente desinfectadas, como una cuchara de palo o un juguete que ha permanecido en el piso por algún tiempo.

- **Si su casa está llena de adornos frágiles, es momento de guardarlos para crear un ambiente seguro para el bebé.** Así podrá explorar libremente y usted podrá relajarse y vigilar el juego y la exploración desde una proximidad adecuada en vez que correr hacia el bebé cada vez que éste se acerca a topar algo potencialmente peligroso.

- **Al igual que los adultos, los bebés también necesitan espacios y periodos de inactividad.** Los espacios y momentos en los que aparentemente "no estén haciendo nada" son buenos para su desarrollo y su salud mental general. No sienta que debe entretener a su bebé en todo momento. Permita en la medida de lo posible que sea su bebé quien dirija la dinámica de su día a día.

- **Los bebés a esta edad no tienen concepto de peligro ni de lo que es socialmente aceptable.** Ellos romperán papeles, halarán el pelo a otros y pellizcaran a las mascotas del hogar. Este no es momento de enseñar límites ni de parar un comportamiento con un "no". Este es momento de crear ambientes seguros para ellos de manera que aun cuando rompan, peguen o halen, no existan repercusiones o reacciones que los lastimen. Esto es especialmente importante si hay mascotas en casa. Nunca deje al bebé solo con una mascota. Si bien los perritos y gatitos no siempre tienen malas intenciones, pueden reaccionar violentamente al ser agredidos por el bebé.

PRIORIDADES

Para el bebé:

1. **Adaptarse a sus ciclos de alimentación y de sueño.** el sueño de un bebé no está gobernado por ritmos circadianos. Desde el embarazo los fetos están entonados a la fisiología de sus madres por el día y la noche. El corazón de un feto y los ritmos respiratorios se aceleran cuando la madre está activa y se enlentece cuando ella está dormida. Esos cambios están influenciados por las hormonas de la madre las cuales pasan a través de la placenta al reloj interno del feto. Después del nacimiento, sin embargo, se rompe esta conexión hormonal y los recién nacidos deben confiar en sus propios relojes internos, los cuales todavía no han desarrollado su propio ritmo circadiano.

2. **Aprender a confiar que sus necesidades serán satisfechas.** Los bebés han sido dotados con la necesidad fisiológica y psicológica de sentirse protegidos. El estar cerca de sus padres o cuidadores es una necesidad de todo bebé. Si éste

llora mucho tiempo antes de que los adultos satisfagan esa necesidad, el bebé no tendrá la seguridad ni la energía mental de explorar el mundo y formar más conexiones cerebrales, pues está preocupado de sobrevivir (sabe instintivamente que su supervivencia depende de la cercanía de su madre o cuidador principal).

3. **Sentirse cómodos en su nuevo ambiente.** Recordemos que durante el embarazo los bebés estuvieron en un lugar apretado, oscuro y ruidoso. De manera que no podemos pretender que de un día para otro nuestros bebés sepan cómo desenvolverse y cómo sentirse bien en un ambiente luminoso, con otro tipo de ruidos y con muchas reglas y rutinas. Les tomará algunos meses el adaptarse a su nuevo ambiente. Dé prioridad al contacto piel a piel para ayudar al bebé a hacer la transición.

4. **Explorar su nuevo mundo.** A partir de su sentimiento de comodidad vendrá la curiosidad propia de todo bebés. A los pocos meses los bebés lo miran todo y lo tocan todo y después se lo meten a la boca. A esta etapa Jean Piaget la denominó *sensorio-motora* y abarca desde el nacimiento hasta los dos años de edad aproximadamente. En el primer año los niños se enfocan en sus acciones motrices y en su percepción sensorial, de manera que meter las cosas a la boca es perfectamente normal y esperable. Así es como conocen el mundo.

Para los padres:

1. **Interesarse y dejarse atraer por el bebé es el primer paso para crear un vínculo de apego seguro.** Este proceso inicia al momento del parto pues se reconoce biológicamente que es un periodo sensible para la madre y el bebé puesto que sus niveles de oxitocina están al punto máximo, lo cual los hace estar alertas y despiertos para reconocer e iniciar su vínculo. Estas interacciones tempranas son la base para los patrones de comunicación y el desarrollo de la personalidad en las etapas tempranas. Los déficits de apego temprano y los vínculos no logrados al inicio de la vida del recién nacido pueden llevar a una mala sintonización entre el bebé y la madre. Las estructuras psico-biológicas del cerebro del bebé son muy susceptibles a las huellas y a las experiencias desde la concepción hasta los dos años de edad. De manera que es primordial apoyar a la madre tanto en los hospitales como en casa para que ella pueda dedicar este periodo sensible a conectarse con el bebé.

2. **No se olvide de usted y de sus necesidades.** Le parecerá al principio que las necesidades de su bebé son infinitas y que su vida entera se trata de satisfacer a su bebé. Los bebés no tienen horario y no saben que a las dos de la madrugada usted preferiría seguir durmiendo. Es importante, sin

embargo, no olvidarnos de nosotros mismos y procurar descansar y dormir suficiente. El orden y limpieza de la casa pueden esperar. Este es momento de dormir cuando el bebé duerme y de recobrar energías durante el día para poder afrontar con mejor actitud las malas noches.

3. **Responder respetuosamente a las necesidades de su bebé las 24 horas del día.** Los padres primerizos experimentan una serie de cambios en sus vidas a partir de la llegada de un bebé. La nueva dinámica que el bebé nos impone por la noche es, sin duda, el cambio más difícil de aceptar y el que más paciencia tomará. Los bebés fueron diseñados para despertarse frecuentemente por la noche porque tienen hambre, tienen sed, están desarrollando, creciendo, están asustados, se sienten solos, les duele algo, están mojados y sus dientes están creciendo. Tienen mil motivos para despertarse por la noche y no hay nada que usted pueda hacer. La actitud más inteligente que usted puede tomar es aceptar que los bebés son así y dejar que la naturaleza tome su curso. Podríamos llamar a este proceso de muchas maneras. Podríamos llamarlo "entrenamiento" o podríamos llamarlo "formas de hacer dormir al bebé", sin embargo, si lo llamamos "crianza nocturna", esto nos recuerda que este proceso es parte del paquete de la crianza para el que nos apuntamos cuando decidimos ser padres. La crianza los primeros años de vida no termina al cabo del día. Es un trabajo de 24 horas con pocos descansos y sin vacaciones. Una vez que acepta que la crianza no termina con la caída del sol, entonces le será más fácil responder a las necesidades de su bebé por la noche con una sonrisa y no con una cara malgenia.

CUANDO BUSCAR AYUDA

Si bien cada niño tiene su propio ritmo, el esperar más tiempo del indicado para que una habilidad o conducta aparezca no es la solución. Existen normas universales y rangos de edad para la aparición y adquisición de nuevas habilidades o conductas. Seamos respetuosos de los ritmos de cada niño sin que eso signifique caer en la negligencia. Es nuestro deber intervenir oportunamente cuando el caso amerite puesto que cuando se trata de un retraso del desarrollo evidente, la intervención profesional es clave. Estas tablas de señales tomadas del Centro para el control y la prevención de enfermedades o CDC en los Estados Unidos le pueden servir si acaso le preocupa algún aspecto del desarrollo de su bebé.

Recuerde que la variabilidad en la aparición de estas conductas es más grande conforme más avanza la edad. Consulte con el pediatra al momento de su chequeo rutinario si su bebé **no** presenta las conductas abajo mencionadas al culminar los dos, cuatro o seis meses , respectivamente

CUANDO BUSCAR AYUDA

Si bien cada bebé tiene su propio ritmo, el esperar más tiempo del indicado para que una habilidad o conducta aparezca no es la solución. Existen normas universales y rangos de edad para la aparición y adquisición de nuevas habilidades o conductas.. Estas tablas de señales tomadas del Centro para el control y la prevención de enfermedades o CDC en los Estados Unidos le pueden servir si acaso le preocupa algún aspecto del desarrollo de su bebé.

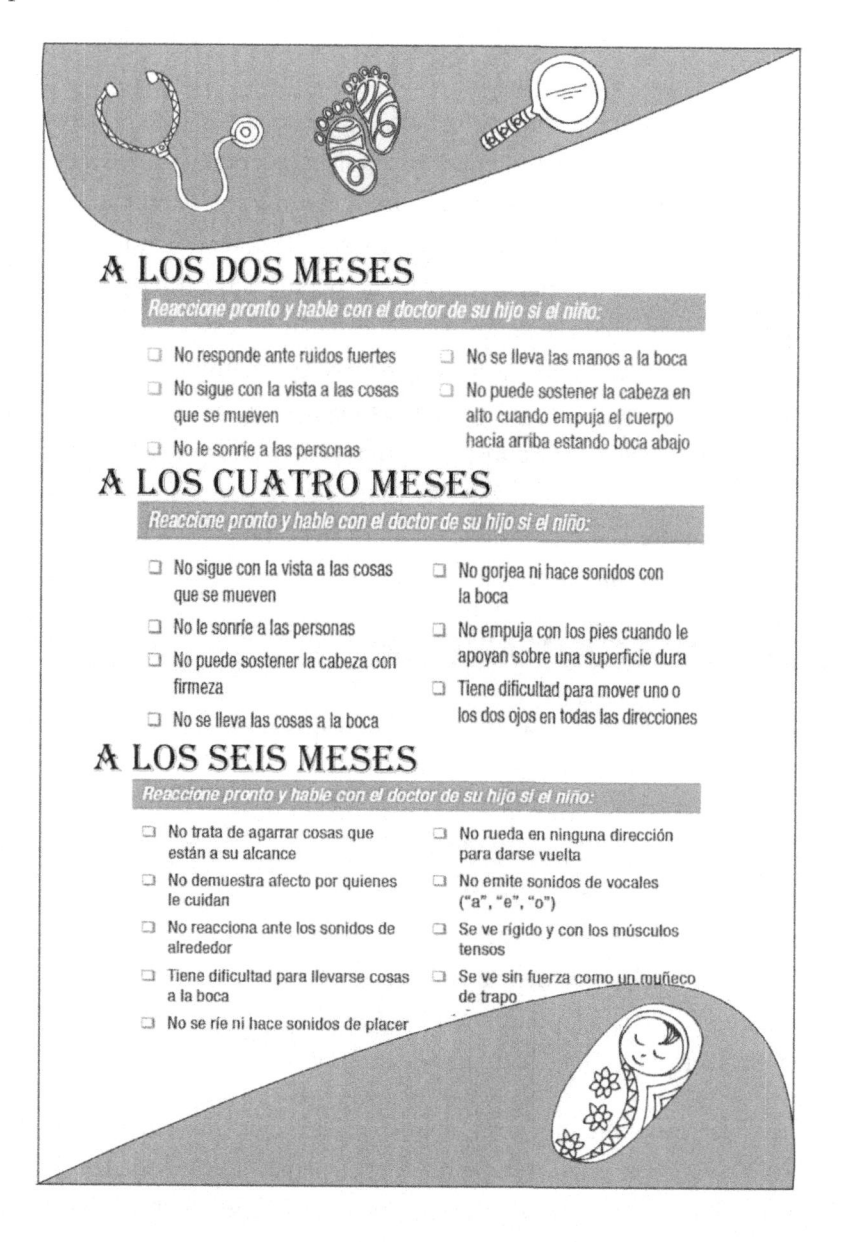

A LOS DOS MESES

Reaccione pronto y hable con el doctor de su hijo si el niño:

- No responde ante ruidos fuertes
- No sigue con la vista a las cosas que se mueven
- No le sonríe a las personas
- No se lleva las manos a la boca
- No puede sostener la cabeza en alto cuando empuja el cuerpo hacia arriba estando boca abajo

A LOS CUATRO MESES

Reaccione pronto y hable con el doctor de su hijo si el niño:

- No sigue con la vista a las cosas que se mueven
- No le sonríe a las personas
- No puede sostener la cabeza con firmeza
- No se lleva las cosas a la boca
- No gorjea ni hace sonidos con la boca
- No empuja con los pies cuando le apoyan sobre una superficie dura
- Tiene dificultad para mover uno o los dos ojos en todas las direcciones

A LOS SEIS MESES

Reaccione pronto y hable con el doctor de su hijo si el niño:

- No trata de agarrar cosas que están a su alcance
- No demuestra afecto por quienes le cuidan
- No reacciona ante los sonidos de alrededor
- Tiene dificultad para llevarse cosas a la boca
- No se ríe ni hace sonidos de placer
- No rueda en ninguna dirección para darse vuelta
- No emite sonidos de vocales ("a", "e", "o")
- Se ve rígido y con los músculos tensos
- Se ve sin fuerza como un muñeco de trapo

2

Seis meses a los dieciocho meses

DESARROLLO EMOCIONAL

Para un bebé, el amor y la disponibilidad constante de su cuidador principal (comúnmente la madre) se traduce en el establecimiento de un vínculo de apego seguro hacia ese adulto a quien ha aprendido a confiar ciegamente. Para llegar a confiar, ese adulto seguramente ha sabido satisfacer las necesidades físicas y emocionales básicas del bebé. Esta relación de apego seguro se establece alrededor de los ocho o nueve meses de edad y está caracterizada por una codependencia emocional sana. ¿Cómo saber si su bebé ha desarrollado un vínculo de apego seguro? Le explico:

En los años sesentas Mary Ainsworth desarrolló un procedimiento de laboratorio conocido como "la situación extraña". En el experimento se usaban las respuestas del niño frente a separaciones muy breves de uno de los padres, y reencuentros con ella (o él), para clasificar la calidad de apego a la madre (o al padre). Las cuatro clasificaciones son: apego seguro, y tres clasificaciones derivadas del apego inseguro: evitativo, resistente o ambivalente y desorientado.

Los niños con vínculos de apego seguro cuando estaban con su cuidador(a) principal exploraban la habitación y mostraban interés al entrar la persona desconocida. En el momento de la separación, mostraban señales claras de angustia pero les era fácil volver al juego. Al momento del reencuentro con su cuidador(a) principal se mostraban alegres y buscaban contacto físico con ellas o ellos. Los niños con vínculos inseguros (evitativo, resistente o desorientado) también mostraban angustia y desagrado al momento de la separación, pero la diferencia es que no volvían al juego fácilmente y no buscaban o, peor aún, rechazaban el contacto físico con el adulto a la hora del reencuentro. En términos generales, un bebé que ha establecido un apego seguro es un bebé que ha formado dentro de sí un sistema de seguridad interior que le permite explorar y desarrollar con plenitud y confianza. Sin embargo, el haber formado un vínculo de apego seguro no quiere decir que a los ocho o nueve meses el bebé ya no necesite de su madre o cuidador principal. Todo lo contrario, la o lo necesitará por mucho más tiempo , pues es ese adulto quien le brinda la seguridad que requiere para seguir avanzando hacia la siguiente etapa del desarrollo. Es a partir de su vínculo con su progenitor que el bebé se siente pleno, libre y capaz de explorar y aprender.

Desde el punto de vista de las neurociencias, el cerebro de un bebé de nueve meses es todavía netamente emocional. Su corteza frontal o neocortez ,encargado de pensar, aprender y regular las emociones (filtrando actos impulsivos), recién empieza a activarse alrededor de los nueve meses. El neocortex o corteza frontal es la capa cerebral más grande y dado que es la encargada del aprendizaje, seguirá en formación por muchos años más. Su desarrollo inicial depende mayoritariamente del ambiente y de las experiencias que el bebé viva y experimente. Así por ejemplo, si el bebé experimenta constante estrés y aislamiento, sus sistema cerebral desarrollará una activación permanente de las áreas cerebrales dedicadas a la reactividad y la supervivencia. De manera innata los bebés saben que su supervivencia depende del cuidado parental de manera que el cerebro está programado para primero preocuparse por sobrevivir antes de preocuparse por aprender. Por el contrario, si los adultos satisfacen las necesidades constantemente y efectivamente, esa energía que el cerebro genera se convierte en energía progresista donde predominan la salud y el crecimiento. Deja de ser una energía conservacionista, o de preservación, por así decirlo.

Emociones y regulación emocional

Alegría- Hacia el final del primer año los bebés son capaces de planificar y sienten mucho gozo anticipando eventos y planeándolos. Ellos se mueren de la risa - por ejemplo- al anticipar que usted va a saltar desde su escondite detrás de la silla y va a decir "¡bu!", o que va a venir corriendo para hacerle cosquillas. La risa de un bebé es un estímulo irresistible para todo adulto y ha sido inteligentemente diseñada por la naturaleza para llamar nuestra atención positiva y para asegurar que los adultos sigamos invirtiendo nuestra energía y nuestras horas de sueño para satisfacer a ese bebé. Sus risas son nuestra recompensa y sus carcajadas lo son aún más. Estas interacciones alegres y positivas con el bebé son una golosina para los padres y además enseñan a los bebés importantes lecciones de socialización pues el bebé aprende que puede llamar la atención de sus padres también de maneras más alegres y positivas.

Ira-- La ira también empieza a manifestarse alrededor de los seis meses. Antes de esa edad, el llanto indica una necesidad o una incomodidad. Sin embargo, a medida que el bebé va controlando más sus propios movimientos y va afirmando su autonomía, el llanto también es una señal de frustración. Cuando usted le cambia de pañal o cuando le pone el arnés o cinturón de seguridad en el carro, éste puede demostrar frustración usando sus extremidades y su llanto agudo. Notará que además de llorar, sus brazos y piernas están muy rígidos. Esas son claras señales de que el bebé está frustrado y está experimentando mucha ira. Ante esto, intente ofrecer palabras reconfortantes que indiquen al bebé que lo que usted hace es necesario, pero temporal. Los bebés de esta edad también se frustran porque quieren agarrar algo o quieren ir hacia alguna dirección en particular pero no pueden comunicar ese deseo y son completamente dependientes de los adultos. A veces sus cuerpos se inclinan hacia un determinado lugar estando en brazos de los padres. Otras veces pareciera que se lanzan o se cuelgan de ciertos muebles pues seguramente algo que han visto ahí les interesa. El estar en continuo contacto físico con el bebé ayudará a los padres a aprender a interpretar más efectivamente sus señales de comunicación, lo cual ayudará a evitarles muchos llantos prolongados y frustraciones innecesarias.

Ansiedad y angustia- Al cabo de los siete meses los bebés han desarrollado sentido de permanencia de los objetos y aprenden que las cosas y las personas siguen existiendo aunque ellos no las vean. Es por esto que los bebés se dan cuenta de que sólo hay un papá y una mamá, y si no pueden verlos, para ellos eso significa que se han ido. Todavía no entienden el concepto de tiempo y por eso no saben si usted volverá ni cuándo volverá. Este fenómeno se conoce como "ansiedad de separación". Los bebés en esta etapa suelen sentir ansiedad y angustia al separarse de su madre o cuidador principal, especialmente cuando están frente a otras personas desconocidas.

Entre los ocho meses y el año de edad, si bien los bebés han desarrollado la capacidad de gatear (lo cual es el primer hito de independencia física), también aumenta en ellos la incertidumbre respecto a separarse de sus padres. En esta etapa los bebés a menudo se ponen nerviosos y se alteran cuando uno de sus padres intenta irse. La edad en la que aparece la ansiedad por separación es diferente en cada niño. Algunos niños pueden experimentarla más tarde, entre los dieciocho meses y los dos años y medio de edad. Algunos nunca llegan a experimentarla. Lo importante es estar consciente de este fenómeno para poder entender la causa de sus frustraciones y llantos. Si usted se aleja de su lado por sólo unos segundos, o si deja a su bebé en la guardería o centro infantil es muy probable que su bebé reaccione con mucha angustia y llanto. Intentará aferrarse a usted y se resistirá a ser atendido por otros. No desespere, es normal. Cada vez que existen cambios cognitivos y motrices importantes, los bebés necesitarán más seguridad. El siguiente cambio importante se dará una vez que el niño empiece a dar sus primeros pasos.

DESARROLLO SOCIAL

A esta edad, los bebés ya ha tenido suficientes experiencias con su cuidador(a) principal en las cuales basar su calidad de vínculo de apego con dicha persona. El vínculo de apego seguro (como se ha dicho repetidamente) se forma cuando los padres consistentemente han sabido leer e interpretar las señales y necesidades del bebé correctamente y han sabido satisfacerlas. De manera que después de cientos de experiencias de alivio y de contención, los bebés adquieren un sentido de seguridad y confianza. Se sienten entendidos y apreciados por ser quienes son. Este modelo les servirá el resto de la vida para establecer relaciones con otros. La relación con la madre, que después se extiende al padre (o viceversa en ciertos casos) es la que determina la calidad y solidez de sus relaciones futuras.

Obviamente habrán momentos en los cuales los padres no puedan satisfacer alguna necesidad o simplemente necesitan un descanso y el bebé llora tal vez por más tiempo del ideal. Esto no será un problema si usted usualmente satisface y el patrón consistente es un patrón de cuidados sensibles. Sin embargo, la calidad de apego no la podremos ver o notar sino hasta recién los doce meses o más. Puede ser evaluada a los ocho meses pero es aún más evidente a partir del año. En ese momento es cuando los niños tienen la capacidad madurativa de actuar de maneras precisas y con indicando claramente cuál es su respuesta al estrés. Es ahí cuando se puede ver y darle un nombre al tipo de vínculo establecido con su cuidador, fruto de su trabajo.

Cuando un bebé de un año ha establecido un vínculo de apego seguro, buscará y será fácilmente y rápidamente tranquilizado y confortado por su madre o cuidador principal. El vínculo permite que el niño restablezca su sentido de seguridad y que recargue energías para seguir explorando el mundo. No así un niño que ante algo que lo asusta pretende estar bien para después mostrarse enojado, triste u ofuscado. O peor aún aquellos niños que se sienten desorientados ante el estrés sin saber a dónde acudir para encontrar el confort y la seguridad que necesitan. El vínculo de apego seguro es fácil de reconocer en momentos de estrés o desconcierto puesto que el niño busca a su estrella mayor. Su vida en ese momento es una constelación afectiva de estrellas en donde la estrella mayor es la madre (o cuidador principal) y a partir de ella se forma y se configura la constelación. Un bebé puede configurar su constelación aún en la ausencia de algunas estrellas menores (ej. abuelos, familia extendida). Sin embargo, la estrella mayor es imprescindible porque a partir de ella el bebé puede hacer sentido del resto.

Amigos

Todo bebé hasta aproximadamente los dieciocho meses será un bebé muy egocentrista. Eso no significa que no estén aprendiendo a partir de la observación y beneficiándose de la interacción con otros bebés de su edad. A esta edad las interacciones sociales con otros bebés funcionan como una suerte de espejo. Los bebés se emocionan al ver otros bebés y se reconocen en ellos. No existe *Conciencia del Yo*, de manera que el bebé no sabe conscientemente que el otro no es él. Simplemente gozan de estar el uno al lado del otro y aunque no quieran compartir, esa interacción trae importantes aprendizajes.

En esta etapa no espere que su bebé se haga "buen amigo" de otro bebé. Por más que se vean frecuentemente y jueguen sin mayor problema, su bebé no está listo para iniciar una lista de "mejores amigos" o "personas favoritas". Las únicas personas favoritas son sus padres y hermanos, de manera que no es momento de dejarlo en casa de la amiga para que "socialice".

Rutinas

A esta edad los bebés siguen dependiendo de sus padres para darle sentido y seguridad a sus vidas. Por ejemplo, ellos no saben que ya es hora de dormir a no ser que su ambiente dé señales que le comuniquen que llegó la hora. Es por esto que las rutinas o rituales son importantes pues dan predictibilidad a la vida del bebé lo cual se traduce en más seguridad.

En este punto es precisa una diferenciación entre horarios y rutinas puesto que a menudo se utilizan como sinónimos pero en realidad son dos cosas muy diferentes. Las rutinas son necesarias para establecer un ambiente seguro y predecible para los niños. La rutina es hacer lo mismo casi diariamente y más o menos en el mismo orden. Horario, por el contrario, significa ponerle una hora a todo lo que hacemos. La rutina significa -por ejemplo- tener la costumbre de salir a caminar por la tarde después de comer o cepillarnos los dientes antes de ir a la cama. El horario significa que debe dormir la siesta a las cinco de la tarde, esté o no esté con sueño. Las rutinas permiten al niño sentir que hay un ambiente predecible. Los horarios, por el contrario, hacen sentir a los padres y a los bebés esclavos del tiempo y son límites que causan estrés innecesario en el ambiente familiar.

Cualquiera que sea la rutina que usted elija para ir a dormir y para comer, asegúrese que sean rutinas que se puedan repetir todos los días en más o menos el mismo orden puesto que la inconsistencia confunde. Eso no significa que deba ser siempre el mismo adulto quien realice la rutina. Los niños son capaces de asociar la misma rutina con diferentes personas, y no solo eso, pueden también asociar diferentes rutinas con diferentes personas. Esto quiere decir que pueden perfectamente acoplarse a dos rutinas diferentes cuando hay más de un adulto encargado de hacerlas. Por ejemplo, por la noche la rutina con mamá puede ser: primero me lavo la boca, después me pongo la piyama y nos vamos a la cama juntos. Con papá la rutina puede ser algo diferente. Muchos papás eligen la hora de ir a dormir para jugar con sus hijos de maneras más energéticas que las madres. Todo esto es perfectamente aceptable antes de dormir si el niño parece estar contento con eso y si el juego o la rutina elegida por papá conduce al sueño. A final de cuentas lo que importa es que el bebé tenga un mapa mental de lo que pasa en su día para sentirse seguro y tener así un sentido de soberanía en su vida. Al mismo tiempo, trabajar en la flexibilidad es también importante para esos días en los que salimos de vacaciones y las rutinas no necesariamente pueden mantenerse iguales. Es por eso que los mejores rituales son aquellos que involucran canciones, juegos o historias y que no dependen de lugares específicos (como una mecedora). Este tipo de rituales sin condicionantes se pueden hacer en donde sea y a la hora que sea.

INDICADORES DE DESARROLLO SOCIAL-EMOCIONAL[6]

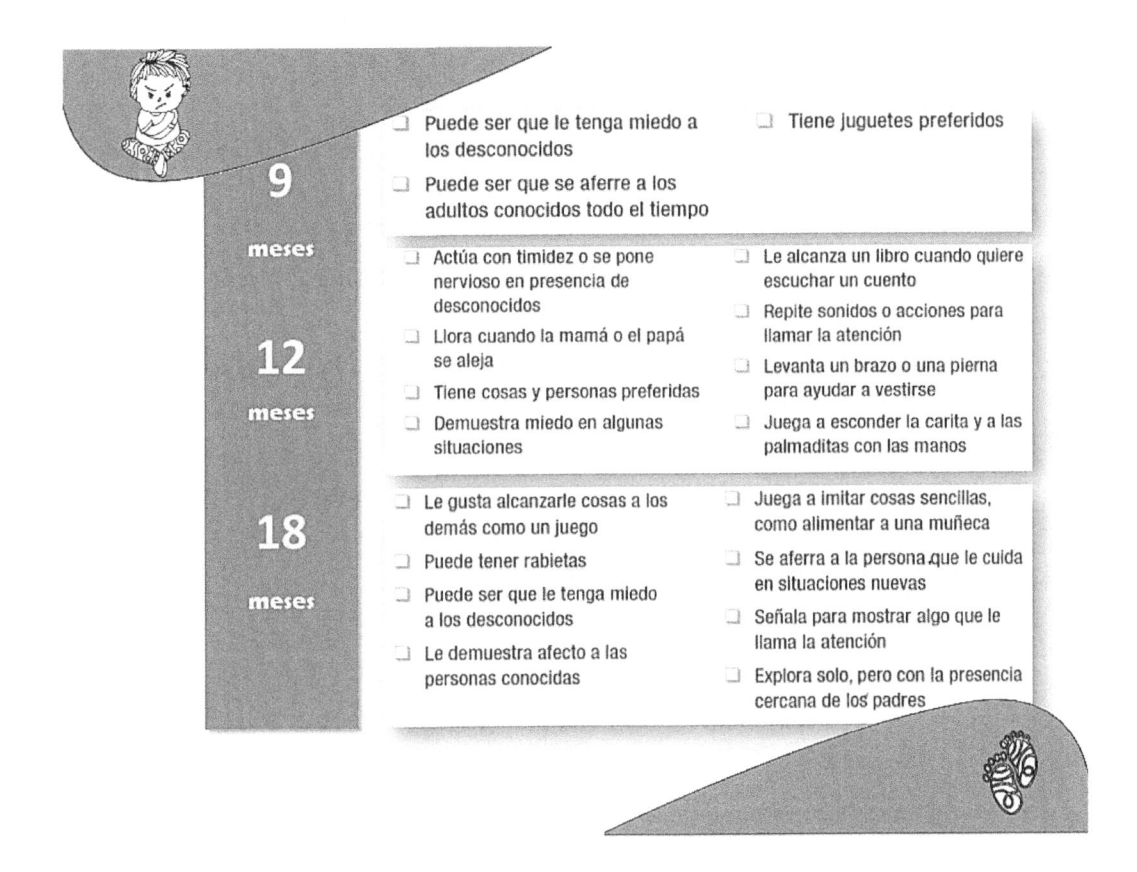

9 meses
- Puede ser que le tenga miedo a los desconocidos
- Puede ser que se aferre a los adultos conocidos todo el tiempo
- Tiene juguetes preferidos

12 meses
- Actúa con timidez o se pone nervioso en presencia de desconocidos
- Llora cuando la mamá o el papá se aleja
- Tiene cosas y personas preferidas
- Demuestra miedo en algunas situaciones
- Le alcanza un libro cuando quiere escuchar un cuento
- Repite sonidos o acciones para llamar la atención
- Levanta un brazo o una pierna para ayudar a vestirse
- Juega a esconder la carita y a las palmaditas con las manos

18 meses
- Le gusta alcanzarle cosas a los demás como un juego
- Puede tener rabietas
- Puede ser que le tenga miedo a los desconocidos
- Le demuestra afecto a las personas conocidas
- Juega a imitar cosas sencillas, como alimentar a una muñeca
- Se aferra a la persona que le cuida en situaciones nuevas
- Señala para mostrar algo que le llama la atención
- Explora solo, pero con la presencia cercana de los padres

¿Cómo ayudar en el desarrollo social-emocional de su bebé?

Hacia los 9 meses

- Preste atención a la manera en que su bebé reacciona ante situaciones nuevas o personas desconocidas, trate de continuar haciendo las mismas cosas que lo hacen sentir cómodo y feliz.
- Cuando comience a moverse más a su alrededor no se aleje mucho, así sabrá que usted está cerca y le brindará seguridad el poder verla o verlo.

---

[6] Cada niño se desarrolla de una manera única. Sin embargo, el uso de estos indicadores universales proporcionados por el Centro para el control y la prevención de enfermedades (CDC) de los Estados Unidos, ayuda a los padres en la comprensión de los rangos típicos de desarrollo en niños sanos, al mismo tiempo que se reconoce la amplia variación que existe entre ellos.

- Continúe con las rutinas pues ahora son especialmente importantes.
- Juegue a tomar turnos.
- Diga en voz alta lo que le parece que su bebé está sintiendo. Por ejemplo, diga "Estás triste, vamos a ver qué podemos hacer para que te sientas mejor".

Hacia los 12 meses

- Dele tiempo a su bebé para que se acostumbre a la nueva persona que lo va a cuidar, si es que la hay. Para que su hijo se sienta cómodo, tráigale el juguete, muñeco de peluche o mantita preferida.
- Cuando haga algo que no deba, diga "no" con firmeza. No le grite o le pegue, ni tampoco le dé largas explicaciones.
- Dele a su hijo muchos abrazos, besos y felicitaciones cuando muestra comportamientos apropiados, pero no abuse de los elogios. Sea objetivo en su reconocimiento.
- Dedíquese a alentar los comportamientos que usted desea ver y no ponga mucho énfasis en aquellos que no desea ver. Los refuerzos positivos siempre deben ser más frecuentes que las correcciones.

Hacia los 18 meses

- Ofrezca un ambiente seguro y lleno de cariño. Es importante ser constante y predecible.
- Felicite al niño cuando muestre un comportamiento apropiado y no lo castigue cuando "se porte mal".
- Describa sus emociones. Por ejemplo, dígale "*Te gusta cuando leemos este libro*" o "*te aburre cuando vamos en el carro*".
- Aliente los juegos de imitación.
- Fomente la empatía. Por ejemplo, cuando ven a un niño que está triste, aliente a su hijo a darle un abrazo o una palmadita en la espalda.

DESARROLLO COGNITIVO

A esta edad los bebés ya empiezan a mostrar su capacidad de resolver problemas y lo hacen como pequeños científicos. Observe lo que hace su bebé cuando agarra algo y lo agita o cuando se mete cosas a la boca que no le gustan. Es la edad de la experimentación por medio de la vía oral. Jean Piaget denominó a esta etapa *sensorio-motora* justamente porque su aprendizaje y desarrollo cognitivo se da a partir de sus cinco sentidos.

Los bebés entre seis y siete meses ya tienen una memoria colectiva y esto les permite recordar que una pelota se queda en su mismo lugar aun si se la cubre con una manta o una colcha. Se acuerdan los sonidos que emiten los chinescos y es por eso que saben exactamente qué hacer cuando los agarran.

Los bebés de ocho y nueve meses están fascinados con la manipulación de las cosas. Es un momento perfecto para sacar esas tablas o colchas de actividades que se venden en el mercado para poner en las cunas. Les encanta presionar objetos, alzar tapitas y hacer caer cosas solo para verlas actuar o caer. La hora de comer en esta edad puede ser un caos completo especialmente si se practica el método *Baby Led Weaning* o alimentación autorregulada caracterizado por permitir al bebé que sea quien agarre y lleve a su boca el alimento con sus manos.

Los bebés de diez a doce meses tienen mejores destrezas de memoria, de atención y de concentración, lo cual les permite mantenerse en una misma actividad por alrededor de 15 minutos. A esta edad también recuerdan la secuencia de sus propias rutinas, de manera que no se sorprenda si el bebé es quien lo dirige hacia el paso que viene después de una determinada actividad o si llora al darse cuenta que el adulto encargado de la rutina se saltó un paso importante en el ritual.

De los doce a los dieciocho meses los bebés inician su segundo hito de independencia, el cual culmina cuando finalmente pueden caminar por sí solos. Esta es la edad en la que muchos podrán hablar, comer, beber, limpiarse la boca y algunos hasta vestirse solos. No lo harán a la perfección pero usted podrá observar lo orgullosos que se sienten al intentar ser independientes en todas estas actividades diarias.

Hacia los dieciocho meses, los niños se trasladan hacia una etapa pre-operacional caracterizada por un afianzamiento de la función simbólica y hacia una inteligencia más representativa. Basándose en esquemas de acción internos y simbólicos, el niño ya no manipula la realidad a través de los sentidos, sino que puede hacerlo mentalmente evocando aquello que no está presente, como cuando usa su lenguaje o risas para atraer a mamá o a papá desde algún lugar de la casa.

Resolución de problemas

Todos los bebés entre siete y dieciocho meses, dado que ya pueden gatear y/o caminar, empiezan una nueva etapa de desarrollo cognitivo caracterizada por la experimentación y exploración. Esta exploración es parte del plan para su desarrollo cognitivo. Jean Piaget, famoso por sus aportes al estudio de la infancia, denominó a esta etapa *sensorio-motora*, la cual incluye un periodo llamado *pre-operacional* que inicia alrededor de los dieciocho meses y dura hasta aproximadamente los dos años. Este periodo intermedio es una transición necesaria entre la primera etapa que es netamente concreta y perceptiva, y la que le sigue que es mucho más abstracta y mental.

La etapa sensorio-motora abarca -en teoría- desde el nacimiento hasta los dos años de edad aproximadamente. En el primer año los niños se enfocan en sus acciones motrices y en su percepción sensorial. Al final del primer año, cambia su concepción del mundo y los niños reconocen la permanencia de los objetos cuando éstos se encuentran fuera de su propia percepción. Sin embargo, a esta edad los niños no son todavía capaces de elaborar representaciones internas y su pensamiento está limitado por su capacidad verbal. Cerca de los dos años, durante la etapa pre-operacional emerge una especie de "lógica de las acciones", donde toda actividad está motivada por la experimentación. Los niños investigan intentando encontrar causas y efectos para sus acciones. El juego cotidiano de manipular las cosas y meterlas a la boca es una forma de experimentación, de obtención de datos y de extracción de nuevas conclusiones. Es preciso dejar que los bebés aprendan por sí solos haciendo "prácticas y ensayos" como pequeños científicos, en lugar de guiar aquello que según nosotros ellos "deben aprender".

Los bebés como buenos científicos que son observan todo lo que está al alcance de su vista y aunque no lo hagan conscientemente, formulan hipótesis sobre cómo los objetos han de sonar o cómo han de saber al paladar. Para comprobar aquella hipótesis ellos agarran aquello que les llama la atención y lo meten a la boca para saborearlo, lo tocan para sentirlo y lo sacuden para comprobar si emite algún sonido especial. Esta es la etapa de la experimentación. Después de analizar los datos recibidos por sus diferentes canales sensoriales ellos comprueban y verifican la hipótesis reportándola a sus cuidadores. En esta etapa de verificación y comprobación es cuando vemos que intentan compartirnos la experiencia ya sea metiéndonos a la boca el mismo objeto baboso o dándonos indicaciones verbales o corporales de que disfrutaron la experiencia y que quisieran repetirla.

La resolución de problemas se desarrolla a través de experiencias de ensayo-error. Su bebé necesita tener oportunidades en las que intente, falle, intente, falle y lo repita de nuevo. Si bien estas experiencias pueden ser algo frustrantes, esta frustración dentro del marco del aprendizaje se considera sana y necesaria pues es lo que impulsa al bebé a persistir. La persistencia se aprende en la primera infancia. Si siempre estamos ahí para resolver todos sus problemas, para remover todos los obstáculos, para pasarles todos sus juguetes y para armar todos sus rompecabezas, estaríamos privando al bebé de la oportunidad de aprender y desarrollar. Las pequeñas frustraciones que se experimentarán en el camino hacia el aprendizaje son todas esperables, normales y no son del todo perjudiciales. Los bebés y niños deben aprender a gestionar sus pequeñas frustraciones y no es nuestro trabajo evitarlas a como dé lugar sino ayudarlos a procesarlas. De manera que no se trata de evitarles el mal momento sino de aprender a reconocer cuando el nivel de frustración es contraproducente al aprendizaje pues tampoco tiene caso crear frustraciones intensas e innecesarias a partir de juguetes o de juegos para los cuales no están listos madurativamente.

Juego

El proporcionar juguetes y contextos de juego que vayan de acuerdo a la edad madurativa de los niños se considera una práctica respetuosa de su desarrollo natural puesto que lo que se intenta a través del juego es motivar el aprendizaje y no afectar su auto-estima. Un niño que se siente presionado a interesarse por un determinado juguete para el cual no está listo, no tendrá la predisposición emocional necesaria para el aprendizaje. El aprendizaje verdadero inicia <u>en</u> y <u>con</u> el niño, no con sus padres. El niño es quien guía su proceso y decide con qué jugar, cuánto tiempo jugar y cómo jugar. Muchos padres en su afán de preparar a sus hijos para un mundo cada vez más competitivo los llenan de juguetes complicados que prometen desarrollar sus capacidades. Sin embargo, al hacer esto no nos damos cuenta que en vez de proporcionar valiosos aprendizajes o de fomentar el desarrollo de destrezas, estos juguetes solo traen frustraciones. Una cosa es lo que digan las compañías fabricantes de juguetes para convencerlo a usted de comprar sus productos y otra cosa muy diferente es lo que necesite o quiera su bebé en cada etapa de su desarrollo. Hay también los padres con poco respeto por el aprendizaje natural de los bebés. Estos padres les imponen el uso de un determinado juguete y les obligan a jugar de la manera en la que ellos creen que debe ser jugado. Corrigen a sus bebés en su uso causando no solo mucha más frustración de la necesaria sino también sentimientos de culpa en el bebé por no haber podido usarla "correctamente". Recordemos que el aprendizaje le pertenece al niño y así el juguete no esté siendo usado de la manera que el adulto espera, es la experiencia del niño la que origina el aprendizaje, no el juguete en sí.

Cuando los juguetes implican habilidades que van todavía muy por arriba de sus capacidades, en vez de disfrutarlos y aprender de ellos, éstos terminan por causar demasiada frustración innecesaria. Es normal que haya algo de frustración, por ejemplo, cuando un bebé de quince meses ve que su torre de cubos se le derrumba al cabo de solo unos dos o tres cubos. La frustración que siente al no poder perfeccionar el arte de hacer torres es algo normal y necesario para motivarlo a desarrollar sus habilidades espaciales. Los padres conscientes de esto seguramente animarán a sus bebés a que lo intenten de nuevo. Algo muy diferente sería darle a ese mismo bebé de quince meses algo como una colección de mullos para ensartar o los mega-legos que por más simple que nos parezca a los adultos, es una habilidad motriz para la cual un bebé de esa edad todavía no está listo. Lo más seguro es que terminemos los adultos ensartando los mullos por ellos o armando las estructuras de legos <u>para</u> ellos y no <u>con</u> ellos. No confundamos <u>el permitir</u> que nuestros bebés sientan algo de frustración con <u>el crear</u> ambientes que la provoquen. Si el juguete que hemos comprado le es todavía muy difícil de manipular, inclusive después de la práctica, es mejor esperar a que la madurez motriz del niño o niña sea la apropiada para aprovechar de los aprendizajes que ofrece el juguete. De lo contrario, estaríamos creando una frustración innecesaria y contraproducente.

Aprendizaje

El juego es aprendizaje y es uno de los elementos indispensables para que los niños se desarrollen intelectualmente, emocionalmente y socialmente. El juego enseña a los niños cómo funciona el mundo y qué rol juegan ellos en ese mundo.

Un factor muy importante en el juego, y por lo tanto en el aprendizaje, es la imaginación. La imaginación no es algo con lo que se nace sino algo que se desarrolla gradualmente a través del juego. El juego imaginativo empieza a verse al mismo tiempo que inician las primeras palabras, es decir, alrededor de los doce a dieciocho meses.

En este periodo los niños descubren que algunas cosas pueden tomar el lugar de otras. El pensamiento infantil ya no está sujeto a acciones externas y comienza a interiorizarse. Las formas de representación internas que emergen simultáneamente al principio de este periodo son: la imitación, el juego simbólico, la imagen mental y un rápido desarrollo del lenguaje hablado.

Jean Piaget decía que el juego estaba al servicio de la inteligencia. La inteligencia incrementa cuando el niño se encuentra con un nuevo evento, un nuevo concepto o una nueva información y lo *asimila* a su sistema de conocimiento. La nueva información se acomoda -o lo que es lo mismo- encuentra un lugar entre lo previamente aprendido, a esto Piaget llamó *acomodación*. La *acomodación* significa que los niños estructuran la nueva información en el cerebro para hacer sentido de ella en base a lo previamente conocido. Por ejemplo, el concepto de "perro" involucra comprender que es un animal con cola, con una nariz húmeda, con cuatro patas y muy peludo. Si de repente el niño o niña ve un gato, su cerebro va a reconocer al gato como algo parecido al perro. Se asimila este nuevo concepto a lo más parecido que el niño(a) ya conoce y su cerebro encuentra un espacio para acomodar este nuevo concepto. En su mente, el concepto de "gato" se ha basado en la comprensión de las diferencias entre éste y un "perro". El gato tiene todo lo anterior al perro (animal con cola, con una nariz húmeda, con cuatro patas y muy peludo) pero acomodar el nuevo concepto implica reconocer las características que lo hacen diferente (los gatos tienen orejas también pero son triangulares, tienen ojos también pero éstos se ven más alargados y tienen colas también pero son más largas).

El desarrollo de la inteligencia siempre involucra un balance entre la habilidad de asimilar y la habilidad de acomodar. Piaget observó dos categorías de juego: juego simbólico y juego imitativo. Las dos formas usan la imaginación. En el juego simbólico un objeto se vuelve el símbolo de algo más grande y más real. Los materiales u objetos usados en este tipo de juego son asimilados por el niño pero el niño no hace ninguna acomodación. Por ejemplo, el niño encuentra una caja de zapatos vacía. Esta caja ofrece una serie de posibilidades para la imaginación del niño. La caja sin la tapa puede simbolizar una cama, un bote, un carro; con la tapa puede ser un baúl de tesoros, una caja registradora, etc. Una imagen interna o idea de las posibilidades se proyecta a esa caja. La caja entonces se convierte en un bote o un barco, por ejemplo. El niño sabe que en realidad la caja es caja, no un bote o un barco, pero juega con este como si lo fuera. Es decir, el niño ha adaptado o acomodado la caja como un nuevo concepto. Su cerebro se ha concentrado en los puntos de similitud entre la caja y todos los posibles objetos que puede ésta representar. Su cerebro claramente distingue los símbolos del mundo real. Cuando se termina el juego, todos los conceptos siguen siendo los mismos. En el juego simbólico los niños registran los estímulos del mundo, los aceptan y los hacen ponerse al servicio de su fantasía. El juego no es con el objeto sino con la imagen transformada del objeto en sus mentes. Cuando los niños juegan con objetos cotidianos que simbolizan algo más, ellos ponen los objetos del mundo al servicio de sus deseos. En el juego simbólico no hay acomodación sino solo asimilación.

El juego imitativo, por el contrario, es un juego de acomodación y no hay asimilación. El juego imitativo se basa en los movimientos corporales y en la imitación de algo en particular. El niño observa alguna actividad física de un adulto o hermano mayor, e imita esas acciones. Por ejemplo, un niño o niña que observa a su padre rasurarse la barba moverá su cara y hará las mismas mociones que las de su padre al observarlo. Un niño o niña que ve a su mamá cocinar, imitará los mismos movimientos que ella hace con las ollas, las cucharas y los sartenes. El juego imitativo es muy útil para aprender los roles sociales y las acciones prácticas. Este juego imitativo en las etapas iniciales tomará mucho más significado después de los siete años de edad cuando los niños son mucho más conscientes de los roles sociales. De aquí la importancia de que los niños vean no solo a mamá haciendo labores domésticas sino también a papá. Esos son los tipos de aprendizajes que poco a poco transformarán a nuestras sociedades. Los niños necesitan aprender más sobre justicia e igualdad y menos sobre estereotipos de género.

En el juego imitativo, el niño actúa a partir de un modelo adulto y el propósito del juego es asumir que se tiene las mismas capacidades del adulto imitado. El juego consiste en acomodarse al modelo. Los niños adaptan su propio cuerpo a la acción del modelo dado y mientras más perfecta y precisa sea la imitación de los movimientos corporales, más provechoso será el juego. ¿Ha visto a un niño barrer, trapear o hablar por teléfono?

La imitación sirve la misma función que el juego simbólico. El niño juega a controlar el mundo. En el juego simbólico el niño pone a los objetos a su servicio para satisfacer sus deseos fantasiosos; en el juego imitativo el niño se transforma en el aquel modelo deseado. Sea cual fuere el tipo de juego que los niños elijan, la imaginación es el eje central de su mente. La imaginación es posible en la medida en que los niños puedan establecer puntos de similitud en los patrones conceptuales de su sistema mental. El barco no está presente a los sentidos, solo una caja de zapatos. Los poderes de Tarzán o de Superman tampoco están presentes, solo las extremidades del niño pero las similitudes entre los objetos reales y los ficticios son suficientes para construir una imagen interna.

El juego aparece en la superficie pero el aprendizaje se da internamente. Esto no lo entienden muchos padres y maestros. Muchos se quejan de que los niños quieren pasarse jugando todo el tiempo. Pareciera que la insistencia de un niño en jugar constituye un problema para los adultos. Pareciera que el juego es nuestro gran enemigo, pues todo lo que queremos que los niños hagan va en contra de él. Nuestra intención es que nos pongan atención y que hagan lo que les pedimos. No comprendemos que los niños están diseñados para jugar todo el día si es posible. Así es como ellos entienden y aprenden sobre el mundo, o como lo dijo Piaget, "cada nutriente necesario para estructurar nuestra percepción del mundo puede ser amoblado a través del juego".

INDICADORES DE DESARROLLO COGNITIVO[7]

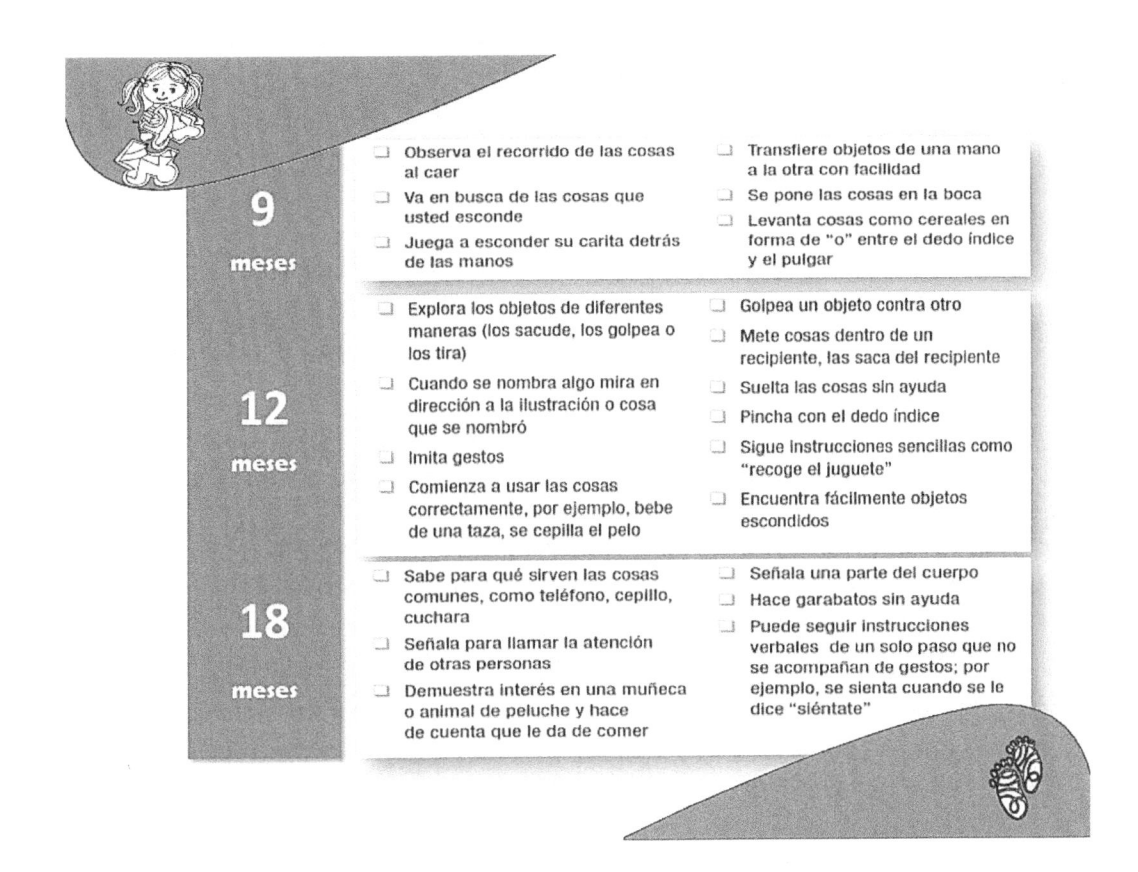

9 meses
- Observa el recorrido de las cosas al caer
- Va en busca de las cosas que usted esconde
- Juega a esconder su carita detrás de las manos
- Transfiere objetos de una mano a la otra con facilidad
- Se pone las cosas en la boca
- Levanta cosas como cereales en forma de "o" entre el dedo índice y el pulgar

12 meses
- Explora los objetos de diferentes maneras (los sacude, los golpea o los tira)
- Cuando se nombra algo mira en dirección a la ilustración o cosa que se nombró
- Imita gestos
- Comienza a usar las cosas correctamente, por ejemplo, bebe de una taza, se cepilla el pelo
- Golpea un objeto contra otro
- Mete cosas dentro de un recipiente, las saca del recipiente
- Suelta las cosas sin ayuda
- Pincha con el dedo índice
- Sigue instrucciones sencillas como "recoge el juguete"
- Encuentra fácilmente objetos escondidos

18 meses
- Sabe para qué sirven las cosas comunes, como teléfono, cepillo, cuchara
- Señala para llamar la atención de otras personas
- Demuestra interés en una muñeca o animal de peluche y hace de cuenta que le da de comer
- Señala una parte del cuerpo
- Hace garabatos sin ayuda
- Puede seguir instrucciones verbales de un solo paso que no se acompañan de gestos; por ejemplo, se sienta cuando se le dice "siéntate"

DESARROLLO DEL HABLA Y LENGUAJE

En esta etapa, el balbuceo empieza a sonar cada vez más como verdadero lenguaje. A través del balbuceo los bebés practican los sonidos que oyen en su ambiente y empiezan a usar las entonaciones apropiadas para cada situación. Alrededor de los ocho meses aparecen las primeras palabras *ma-ma*, o *da-da*. Alrededor de los nueve meses los bebés entienden las negaciones o límites de sus padres, las mismas que se caracterizan por el uso de la palabra "no". A esta edad,

---

[7] Cada niño se desarrolla de una manera única. Sin embargo, el uso de estos indicadores universales proporcionados por el Centro para el control y la prevención de enfermedades (CDC) de los Estados Unidos, ayuda a los padres en la comprensión de los rangos típicos de desarrollo en niños sanos, al mismo tiempo que se reconoce la amplia variación que existe entre ellos.

todavía no están listos para "obedecer" o cooperar ante un pedido. Eso tomará su tiempo. Simplemente comprenden el significado de la palabra "no". A los diez meses estas palabras que antes las decían por experimentación, ahora las dicen con significado e intención. Los sonidos y palabras ahora son usadas para comunicar. "*Ma*" podría significar mamá, "*ba*" podría ser papá, *na-na* podría bien ser la abuela o la comida. Habría que ir conociendo y satisfaciendo para aprender el vocabulario del bebé.

Alrededor de los nueve meses también inicia una etapa en la que los bebés imitan y repiten todo lo que escuchan. Estas habilidades de imitación indican que los bebés de esta edad tienen ya un registro de memoria a corto plazo (la capacidad de recordar algunos detalles de una experiencia específica durante un corto periodo de tiempo) a pesar de que todavía no se acuerdan de la mayor parte de sus experiencias. A medida que su desarrollo cognitivo avanza, también avanza su lenguaje.

El concepto de *permanencia de los objetos* del cual hablamos en la sección de desarrollo cognitivo se hace evidente también en el lenguaje pues empiezan a mencionar los objetos o a llamar a las personas que no están presentes o no pueden ver en el mismo ambiente o espacio. De igual manera, a medida que se desarrollan los conceptos de cantidad y de numerología, también empezarán a usar terminaciones con la ese (/s/) para representar plurales y también añadirán palabras como "más" o "nada", las cuales ya demuestran una comprensión de cantidad.

Hacia los doce meses los bebés continuarán balbuceando pero alrededor de su primer año es cuando dirán su primera palabra verdadera. Esta palabra bien puede representar a su cuidador principal o bien a un objeto o juguete en el ambiente inmediato. Las palabras que más frecuentemente escuchan -y que aprenden más rápidamente- son las relacionadas con la comida que más les gusta o que más comen, con la gente que más conocen y con los juguetes con los que más juegan. El bebé promedio de un año tiene un vocabulario de 3 a 8 palabras , las mismas que pronuncia independientemente, sin embargo, es capaz de entender alrededor de 20 palabras.

INDICADORES DE DESARROLLO DEL HABLA Y LENGUAJE[8]

9 meses
- Entiende cuando se le dice "no"
- Hace muchos sonidos diferentes como "mamamama" y "tatatatata"
- Imita los sonidos y los gestos de otros
- Señala objetos con los dedos

12 meses
- Actúa cuando se le pide que haga algo sencillo
- Usa gestos simples, como mover la cabeza de lado a lado para decir "no" o despedirse con la mano
- Dice "mamá" y "papá" y exclamaciones como "oh-oh"
- Hace sonidos con cambios de entonación (se parece más al lenguaje normal)
- Trata de repetir las palabras que usted dice

18 meses
- Puede decir palabras sueltas
- Dice "no" y sacude la cabeza como negación
- Señala para mostrarle a otra persona lo que quiere

¿Cómo ayudar en el desarrollo cognitivo y de lenguaje de su bebé?

Hacia los 9 meses

- Enséñele sobre causa y efecto haciendo rodar balones para atrás y para adelante, empujando autos y camioncitos y metiendo y sacando bloquecitos de un recipiente.

---

[8] Cada niño se desarrolla de una manera única. Sin embargo, el uso de estos indicadores universales proporcionados por el Centro para el control y la prevención de enfermedades (CDC) de los Estados Unidos, ayuda a los padres en la comprensión de los rangos típicos de desarrollo en niños sanos, al mismo tiempo que se reconoce la amplia variación que existe entre ellos.

- Juegue a las escondidas.
- Léale y háblele a su bebé.
- Diga en voz alta lo que le parece que su bebé esté sintiendo. Por ejemplo, diga "Estás triste, vamos a ver qué podemos hacer para que te sientas mejor".
- Describa lo que su bebé esté mirando; por ejemplo, "pelota redonda y roja".
- Describa lo que su bebé quiere cuando señala algo.
- Copie los sonidos y las palabras que emite su bebé.
- Dígale lo que desearía que haga en vez de lo que no quiere que haga. Por ejemplo, en lugar de decir "no te pares", diga "es hora de sentarse".

Hacia los 12 meses

- Dele papel y crayones y déjelo dibujar libremente. Muéstrele a su hijo cómo dibujar líneas de arriba a abajo y de lado a lado de la página. Felicite a su hijo cuando trata de copiarlas.
- Juegue con bloques, juguetes para clasificar según su forma y cualquier otro tipo de juguetes que fomenten el uso de las manos.
- Esconda juguetes pequeños y otras cosas y pídale a su hijo que las encuentre.
- Pídale que nombre partes del cuerpo o cosas que ven cuando van en el auto.
- Converse con su hijo sobre lo que usted está haciendo. Por ejemplo, "Mamá está lavándote las manos con una toallita".
- Léale a su hijo(a) todos los días. Deje que su hijo sea quien pase las páginas. Tomen turnos identificando las ilustraciones.
- Agregue más detalles acerca de lo que su hijo dice, trata de decir, o señala. Si señala a un camión y dice "c" o "camión" diga, "Sí, es un camión grande y es azul".

Hacia los 18 meses

- Esconda objetos debajo de las mantas, almohadas y anímelo a encontrarlos.
- Juegue con bloquecitos, pelotas, rompecabezas, libros y juguetes que enseñan causa y efecto y cómo resolver problemas.
- Nombre las ilustraciones de los libros y las partes del cuerpo.

- Dele juguetes que fomenten los juegos de imitación; por ejemplo, muñecos, teléfonos de juguete.
- Lea libros y hable acerca de las ilustraciones usando palabras sencillas.
- Copie las palabras que dice su hijo.
- Use palabras para describir sentimientos y emociones.
- Use frases claras y sencillas.
- Haga preguntas sencillas.

INDICADORES DE DESARROLLO MOTRIZ Y FISICO[9]

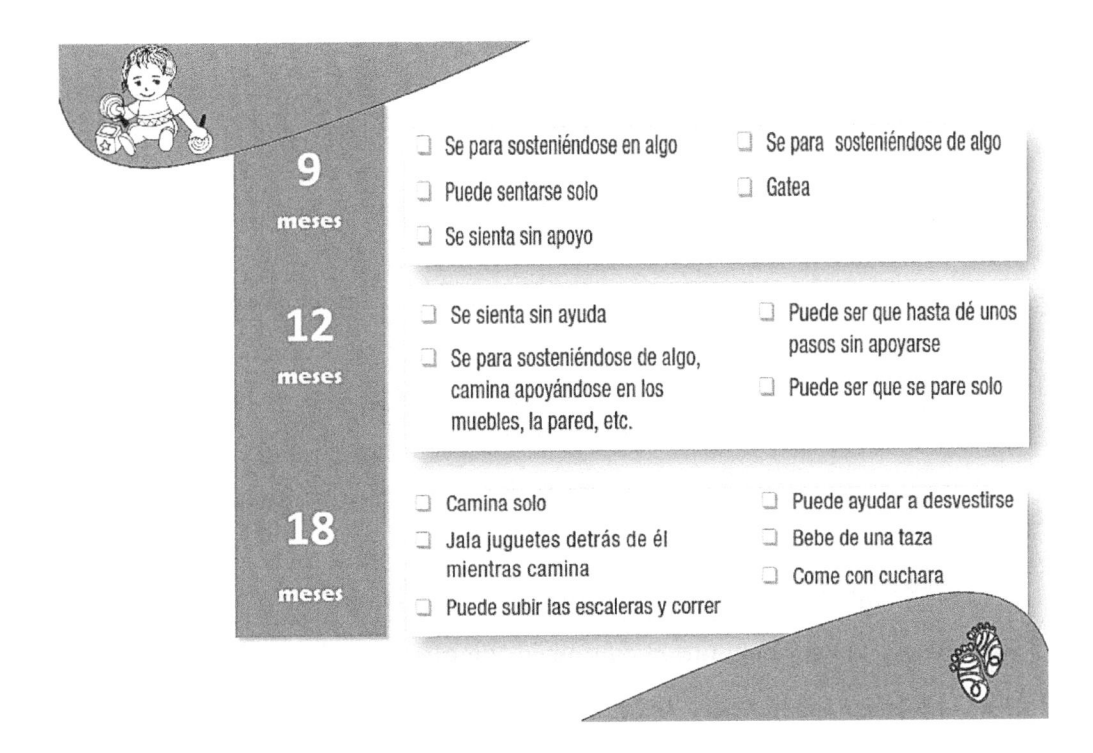

9 meses
- Se para sosteniéndose en algo
- Puede sentarse solo
- Se sienta sin apoyo
- Se para sosteniéndose de algo
- Gatea

12 meses
- Se sienta sin ayuda
- Se para sosteniéndose de algo, camina apoyándose en los muebles, la pared, etc.
- Puede ser que hasta dé unos pasos sin apoyarse
- Puede ser que se pare solo

18 meses
- Camina solo
- Jala juguetes detrás de él mientras camina
- Puede subir las escaleras y correr
- Puede ayudar a desvestirse
- Bebe de una taza
- Come con cuchara

---

[9] Cada niño se desarrolla de una manera única. Sin embargo, el uso de estos indicadores universales proporcionados por el Centro para el control y la prevención de enfermedades (CDC) de los Estados Unidos, ayuda a los padres en la comprensión de los rangos típicos de desarrollo en niños sanos, al mismo tiempo que se reconoce la amplia variación que existe entre ellos.

¿Cómo ayudar en el desarrollo motriz y físico de su bebé?

Hacia los 9 meses

- Prepare muchos lugares donde su bebé pueda moverse y explorar en forma segura.
- Ponga al bebé cerca de cosas donde se pueda apoyar y pararse sin peligro.

Hacia los 12 meses

- Entone canciones que describan acciones, como "Los pollitos dicen" o "Pimpón es un muñeco". Ayúdelo a mover las manos a la par de la canción.
- Dele a su hijo ollas, sartenes o un instrumento musical pequeño como un tambor o platillos. Anime a su hijo(a) a hacer ruido.
- Ofrezca muchos lugares seguros para que su niño pequeño pueda explorar. (Tome precauciones en su hogar para proteger la salud y seguridad de su bebé. Guarde bajo llave los productos de limpieza, lavandería, jardinería y cuidados del auto. Utilice cerrojos de seguridad y cierre las puertas de la calle y del sótano con llave).
- Dele a su hijo(a) juguetes para empujar como un vagón o un "carrito para niños".

Hacia los 18 meses

- Proporcione áreas seguras donde su hijo(a) pueda caminar y moverse sin peligro.
- Dele juguetes para que pueda empujar o jalar sin peligro.
- Tenga pelotas para que el niño pueda patearlas, tirarlas y hacerlas rodar.
- Aliente a su hijo(a) a beber de una taza y usar la cuchara, sin importar el reguero que haga.
- Juegue con burbujas y déjelo que las reviente.

DESARROLLO PERSONAL

Conciencia del Yo

Durante los primeros dieciocho meses los bebés gradualmente se hacen conscientes de su individualidad, de su cuerpo y de los límites del mismo. Aprenden que son una entidad física entera, no fragmentada ni compartida y son capaces de reconocerse a sí mismos en fotos, en videos o en el espejo, así no puedan todavía pronunciar su propio nombre o usar el pronombre "yo". Es por este motivo que los límites que se establecen antes de esta edad poca influencia tendrán en su comportamiento, pues para poder cambiar un comportamiento es imprescindible primero saberse como un ente separado, independiente, autónomo, capaz de controlar sus acciones y de afectar al ambiente. Un "no" por parte de los padres será entendido alrededor de los siete a nueve meses pero antes de los dieciocho meses difícilmente será recordado o aceptado pues el bebé no cambiará su comportamiento en función de él. Es el adulto quien tiene la responsabilidad de mantener al bebé fuera de peligro sin esperar que sea el bebé quien se acate a las reglas.

El desarrollo del concepto de permanencia del objeto va de la mano del desarrollo de la *Conciencia del Yo*. Los niños pequeños entienden que los objetos existen y tienen continuidad independientemente de si ellos pueden verlos o no. Esta continuidad es crítica para la formación de su identidad. Dado que los bebés adquieren un sentido de sí mismos a través del reconocimiento de sus cuerpos, lo lógico es que aquella percepción de sus cuerpos se vea afectada por las reacciones y comentarios de los padres al ver al niño o niña reconocerse y explorarse. Si, por ejemplo, los padres reaccionan negativamente al ver que explora sus genitales, el bebé entonces aprenderá que esa parte de su cuerpo es algo negativo. Esta valoración acerca de su propio cuerpo puede a la larga traer consecuencias negativas para su autoestima y sexualidad. Es el rol de los padres el permitir que los niños explorer sun cuerpos libremente, dedo por dedo y sin interferir en este proceso natural con mitos e ideas preconcebidas. Por el contrario, usted puede ayudar en el proceso con frases que fomenten el desarrollo del *Yo*. Diga cosas como: "*¡Descubriste tus lindos piecitos! Me huelen a empanadas, mmm….me las voy a comer*".

Autonomía

La *Conciencia del Yo* también va de la mano de la autonomía pues junto con el entendimiento del bebé de que es un ser físico, viene también el entendimiento de que es un ser autónomo. Alrededor de los nueve meses, el bebé empieza a darse cuenta que sus acciones tienen influencia en su ambiente. Se dan cuenta que pueden hacer caer a una cuchara o que cada vez que dicen "ma-ma", ella sonríe. Esta es la edad en la que usted se verá recogiendo cosas del suelo constantemente. No lo tome como un "mal comportamiento". Tómelo como una señal de que su bebé está haciendo cosas esperables que demuestran que su desarrollo va por buen camino.

Alrededor de los doce a quince meses su bebé empezará a dar sus primeros pasos y junto con esos primeros pasos su bebé afirmará su autonomía una vez más. Se convertirá en un ávido explorador y poco entenderá de peligros por lo que su autonomía se verá comprometida por muchos límites e impedimentos que lo harán sentirse frustrado. La frustración que un niño experimenta al retirarlo de las áreas peligrosas de la cocina, por ejemplo, es totalmente normal y esperable. Su bebé no entenderá el por qué fue retirado de aquel lugar pues no está listo para comprenderlo y dado nuevamente la oportunidad, es muy posible que vuelva a aquel lugar puesto que no entiende que "está prohibido". De ahí la importancia de proveer áreas seguras para la exploración de manera que no exista la necesidad de remover al niño del lugar o de entrar constantemente en conflictos innecesarios. Cierre la puerta de la cocina, del baño o de cualquier lugar potencialmente peligroso. Remueva las cosas frágiles o rompibles de su casa. Tenga a su bebé siempre al alcance de su vista y permita la exploración libre. Así estará fomentando su autonomía de maneras seguras.

A los dieciocho meses su bebé será cada vez menos bebé y cada vez más niño puesto que ha alcanzado un hito muy importante de autonomía que se evidencia cada vez que su niño dice "no" o cuando inician sus primeros berrinches. La autonomía, cuando **no** es reconocida por los padres o dada la importancia que merece, puede convertirse en duda o en vergüenza para la criatura. Los padres sobreprotectores suelen privar a sus hijos de desarrollar su autonomía dado que intentarán siempre salvarlos de caídas y de situaciones potencialmente frustrantes, las cuales son una parte normal de todo proceso de aprendizaje. Por otro lado, si el niño es criticado o culpabilizado por cosas como romper juguetes, derramar líquidos, o caerse, puede que desarrolle duda en sí mismo o poca confianza en su capacidad de enfrentar nuevos retos. De ahí que la prioridad en esta etapa es que el ambiente del hogar sea un ambiente "a prueba de niños" de manera que el bebé se sienta libre de explorar y los padres no sientan la necesidad constante de saturar el ambiente con frases como: "cuidado topes eso" o "no puedes acercarte a lo otro".

Finalmente, es igual de importante no privar al niño de importantes aprendizajes cuando algo no salió como esperábamos, aún en ambientes seguros y sin muchas restricciones. Las caídas, por ejemplo, son parte del aprendizaje natural. Muchos padres al consolar al bebé ante una caída deciden culpar al piso o al juguete que "los hizo caer". Y entonces dicen cosas como: "*Juguete malo, feo que le hizo a mi niño caer*". Este pequeño socio-drama lo hacen los padres bien intencionados en presencia del bebé como una manera de consolar poniendo la culpa en otro, cuando en realidad bien sabemos que el juguete no tuvo nada que ver. Fue el bebé o niño quien no lo vio y se tropezó en él, de manera que es mejor consolar al bebé y -una vez que haya pasado el llanto- podemos hacerle ver en dónde estuvo la falla sin culpar ni al bebé ni al juguete por ella. Los bebés necesitan saber que para aprender a correr primero debemos dominar el arte de caminar y esto tomará algunas caídas. Aun cuando bien sabemos que caerse no es un acto intencionado, al escuchar que no fue culpa del juguete sino parte de su propio proceso de aprendizaje, usted le enseña a hacerse responsable de sus propios actos y de su propio aprendizaje. El culpar al piso o al juguete nada le enseñará sobre la importancia de ser precavido al caminar para así evitar accidentes. Los bebés y niños necesitarán poco a poco aprender que los errores, caídas o fallas son solo eso, y no el fin del mundo.

Responsabilidades

Las primeras lecciones de responsabilidad en esta etapa son aprendidas por observación. Los bebés aprenden que el piso se barre, los derrames se limpian, los platos se lavan y que los juguetes se ponen en su lugar al observar a sus padres hacerlo. Es por este motivo que es importante permitir que el bebé sea testigo de todas estas tareas que los padres hacen en vez de hacerlas solo cuando el bebé duerme la siesta. Eventualmente cuando el bebé pueda caminar, querrá "ayudarlo" a hacer los quehaceres domésticos y lo recomendable es permitirles. Cierto es que no podemos esperar de ellos el mismo nivel de destreza de un adulto al limpiar. Sin embargo, no por eso desestime su oferta de ayuda por pequeña que sea. Si espera que lo haga "bien" quizá ya no le interese a su bebé ayudarlo.

DESARROLLO DE LA AUTODISCIPLINA

Las raíces de la autodisciplina están en la regulación emocional, la cual a su vez depende de la maduración cerebral. Por eso es tan importante madurar nuestras estrategias de guía, al mismo tiempo que madura el cerebro y con él, la autorregulación del llanto. Uno de los debates más grandes en relación a la crianza ha sido el relacionado con el llanto. ¿Es bueno dejar llorando a un niño? ¿Y si se lo deja llorar, por cuánto tiempo antes de que se vuelva perjudicial? La respuesta a esta complicada pregunta será igual de complicada. Lo que las neurociencias nos han regalado es una mirada a lo que pasa en el cerebro del bebé cuando éste llora de forma prolongada. Prolongada en términos científicos significa cerca de 15 minutos. Sin embargo, para que el llanto sea considerado tóxico y/o perjudicial no solo dependerá la duración del mismo sino la intensidad. La intensidad del llanto es directamente proporcional a la urgencia de la necesidad. Los primeros tres meses de vida es recomendable responder a las llamadas del bebé de manera pronta puesto que eso es lo único que comunica al bebé que su ambiente y sus cuidadores son confiables. La duración de la espera, sin embargo, va madurando y alargándose con el tiempo. Cuando un bebé de nueve meses quiere comer o pide un juguete extendiendo sus manos y dando gemidos, es perfectamente aceptable para los padres el pedir paciencia, y al hacerlo, basta con usar esas palabras exactas. No siempre es necesario y beneficioso correr hacia el objeto para alcanzárselo al bebé inmediatamente, o satisfacer su necesidad al segundo de ser expresada. Cargue al bebé o pídale con palabras suaves y claras que ha entendido su mensaje, que acepta su pedido y que deberá esperar o "ser paciente" por el motivo que sea, por ejemplo, porque usted está ocupada, porque aquello que quiere toma tiempo o porque lo que quiere comer recién se está cocinando. A los siete meses el bebé podrá esperar unos cuantos minutos, hacia los nueve meses podrá esperar unos cuantos minutos más y hacia los tres años -dependiendo de lo que sea- podría esperar hasta horas. A veces les frustrará mucho la espera (a nosotros también), y a veces no entenderán que usted no puede acelerar el proceso natural de algo que ellos quieren ese momento como por ejemplo la cocción de un alimento o el crecimiento de una planta. Usted tal vez se ría con esto último pero le aseguro que ha pasado. Los niños se frustran porque quieren su gelatina o su pastel, ese rato, no entienden sobre procesos de cocción o de congelamiento. No tema a esa frustración pues usted está ahí para calmar y verbalizar que comprende su sentir. La tolerancia es una habilidad importante que todo niño bien portado debe desarrollar, y sus hijos pueden empezar a desarrollarla gradualmente desde muy corta edad, así empezaran a comprender que el mundo no gira alrededor de ellos y que otros a su alrededor también tienen deseos y necesidades.

Recuerde además que existe una gran diferencia entre necesidades y deseos. Los deseos (el juguete, el helado o el cambio de ambiente) pueden esperar más tiempo y dependiendo de los límites que hayan establecido los padres, muchos de estos deseos no podrán ser concedidos. Las necesidades (alimento, cobijo, cambio de pañal o cercanía), por el contrario, son de carácter impaciente, de manera que mal hacemos en prolongar innecesariamente la espera si es algo que bien podemos satisfacer más prontamente.

La regla de oro para calmar al cerebro mamífero frustrado o tensionado y para comunicar límites de manera respetuosa es la siguiente: **ojo a ojo, piel a piel y corazón a corazón**. Al comunicar un "no", hágalo con firmeza pero a la vez con amabilidad. Asegúrese de tener toda la atención del bebé. La posición a la altura de sus ojos, agarrando su mano es conducente a la cooperación sin importar la edad del niño o niña. Por el contrario, el muy conocido dedo índice que se sacude al son de la voz alta y amenazadora conduce solo al desafío. Los niños, al igual que los adultos, somos más proclives a cooperar y a seguir las reglas cuando éstas nos son comunicadas de manera firme pero a la vez amable. La coerción y la presión solo resultan a la larga en poca cooperación y más resistencia. Esto lo vemos a diario en los diferentes sistemas sociales que nos rodean. Basta con empujar a cualquier persona de frente para darnos cuenta que la reacción instintiva es resistirse a ser empujado. Por eso, es de sabios recurrir a métodos más sensibles y amables para obtener cooperación.

Valores y moral

Criar con ética y respeto es la mejor clase de valores y de moral para los niños. Una criatura que es respetada, que ve que sus padres se respetan entre ellos y que respetan a los demás, en realidad no necesita ser educada en valores pues ya los está viviendo.

Para enseñar a los bebés sus primeras lecciones de valores y moral, basta con enseñarles ciertas palabras que expresan emociones. Por ejemplo, diga "¡au!", "¡ay!", "¡auch!" o "¡ayayay!" -o como suene la expresión de dolor en su cultura o país- cada vez que el bebé se hiere a sí mismo o hiere a los demás. Esto le demuestra que sus acciones tienen un efecto en los demás y que pueden causar emociones agradables o desagradables. Muestre su alegría al recibir un beso baboso o al ver una sonrisa de su bebé, esto le enseña que es valorado y que su existencia pone feliz a otros. De la misma manera, cada vez que usted sonríe o cada vez que frunce el ceño usted le está enseñando a su bebé los estándares de lo bueno y lo malo.

Autocontrol

Recordemos que el cerebro de un bebé de esta edad no está lo suficientemente maduro o desarrollado como para poder llevar a cabo el autocontrol. Sin embargo, los bebés de siete a nueve meses pueden ya comprender un "no" aunque no sean capaces todavía de hacer algo al respecto. Recién cerca de los dieciocho meses comprenderán que tienen influencia sobre sus propios actos.

Al enseñar a su bebé a adquirir autocontrol recuerde no abusar del uso de la palabra "no" y resérvela para las situaciones que realmente ameriten. La capacidad de los adultos de evaluar el peligro de un comportamiento o situación jugará un rol elemental en esta fase. Un bebé que lanza su juguete al aire, por ejemplo, lo hace porque está jugando y de no existir ningún peligro en el ambiente a raíz de aquel "juguete volador", lo más prudente sería permitir que el bebé siga jugando de esa manera. El uso de la palabra "no" será más efectivo cuando el ambiente de los niños no está saturado de ella. La mejor manera de evaluar su efectividad es cuando cerca de los doce meses el bebé dirige su mirada hacia usted u otro adulto significativo en su vida buscando guía y aprobación cada vez que se enfrente a situaciones dudosas que no puede evaluar por sí mismo. El bebé buscará en la mirada y en el lenguaje adulto las señales que le indican que lo que está por hacer es aceptable, o si supone algún peligro eminente. Este comportamiento de buscar una referencia social es una excelente y necesaria señal que nos comunica que la autodisciplina está desarrollándose. Por lo tanto, un "no" comunicado visualmente al girar la cabeza de derecha a izquierda comunica al bebé lo que éste busca para su autocontrol. De la misma manera, un "si" comunicado visualmente mediante el movimiento de la cabeza de arriba hacia abajo comunica al bebé que es libre de continuar su exploración de manera segura y sin riesgos.

Modales

Los modales no son sino actos que demuestran una concientización sensible acerca de los sentimientos de los demás. Una vez que los niños adquieran esa conciencia, tendrán buenos modales, sin importar qué tenedor utilicen.

La palabra clave aquí es *concientización*, el cual es un proceso gradual y continuará por el resto de la vida de un individuo. Nunca cesamos de aprender buenos modales. Alrededor de los dieciocho meses, sin embargo, como vimos anteriormente, una criatura comienza a entender que otras personas tienen sentimientos igual que él o ella, por lo que esta es la edad perfecta para empezar a *modelar* los comportamientos más específicos como el uso de las frases "por favor" y "gracias" puesto que estas "palabras mágicas" son frecuentes y necesarias en el diario vivir. No las dirán a la perfección inicialmente pero estarán aprendiendo a utilizarlas en los contextos apropiados y en ese sentido constituye también un aprendizaje social. Modelar significa que cuando usted pida algo a su pareja, usted lo hará con un "por favor" y dirá "gracias" no solo porque sería lo correcto o lo más educado, sino porque tiene un par de ojitos observándolo y aprendiendo de usted todo el tiempo.

EXPECTATIVAS REALISTAS

- **Si su bebé todavía se despierta por la noche, no desespere.** Los bebés que amamantan se despertarán tal vez un poco más que los bebés que han sido destetados. El sueño madura con la edad. Los bebés entre 7 a 18 meses toman entre 2 a 3 siestas por el día y duermen de 10 a 12 horas por la noche, pero eso no significa que las duerman de corrido. El despertarse una o dos veces cada noche por los primeros dos años de vida es totalmente normal y un bebé menor a nueve meses puede necesitar despertarse simplemente por necesidad emocional y no necesariamente por hambre. Algunos niños menores a 12 meses todavía sienten hambre cada 4 horas y quieren comer. Hay de todo. Sin embargo, la mayoría de los bebés se despiertan dos o tres veces cada noche hasta los seis meses y una o dos veces hasta el año. Algunos se despiertan una vez desde el año hasta el segundo año.

- **Utilice los indicadores de desarrollo infantil solo como eso, indicadores.** Cada niño tiene su propio ritmo y los indicadores en las tablas de este libro han sido basados en los comportamientos presentados por la gran mayoría de niños de la misma edad. Sin embargo, eso no significa que la minoría de niños (aquellos cuyos percentiles están bajo 25 o sobre 75) sean "anormales" o necesiten necesariamente intervenciones profesionales. En los procesos madurativos, tal como el sueño o el avance motor se debería hablar de rangos normales en niños sanos y no de promedios. Así por ejemplo, un niño que está en percentil 3 de peso probablemente no tiene ningún problema si no ha tenido bajas abruptas de peso, y a aquel que está en percentil 95 no tiene porqué ser llamado "pasadito" de peso, ni mucho menos "gordito". Los rangos (y percentiles) se establecen en base a niños sanos, de manera que tanto los percentiles altos como los bajos se refieren a niños sanos. Este concepto de los rangos normales es aún más importante entender cuando se trata de uno de los hitos más importantes de esta etapa que es caminar. Sin importar lo que usted haga o deje de hacer, los bebés terminarán caminando. Los bebés más acelerados lo empezarán a hacer alrededor de los nueve meses y los más lentos cerca de los dieciocho meses, pero ambos son igualmente sanos. La mejor manera de enseñarle a un niño a caminar es dejar de intervenir pues los procesos naturales ocurren por si solos y a su propio ritmo. A veces los adultos nos ponemos ansiosos y morimos de ganas de ver a nuestros hijos pasar a la siguiente etapa cuando en realidad ellos no tienen ningún apuro. Cada bebé tiene sus propios ritmos y si no gatea o no camina todavía, eso no quiere decir que algo esté mal. Significa simplemente que por ahora se siente bien descubriendo el mundo así y no está listo para pasar a lo siguiente. El control del cuerpo en el espacio y el dominio del equilibrio, son vivencias muy íntimas que nadie desde afuera puede determinar cuál es el momento para colocar al niño en tal o cual posición. Es por esto que la intervención del adulto "estimulando" o provocando posturas que el bebé todavía no domina, en realidad interfiere con la secuencia y entorpece las adquisiciones. Es mejor dejarlos aprender solos porque esto influye positivamente en su confianza y autoestima. En este contexto respetuoso de los ritmos de los bebés, "estimular" significa proveer ambientes adecuados para que se desencadenen los logros (un bebé que nunca juega en el suelo difícilmente gateará), pero sin interferir con ellos. Tengamos clara esa distinción.

- **Si su casa está llena de adornos frágiles, es momento de guardarlos para crear un ambiente seguro para el bebé.** Así el bebé podrá explorar libremente (especialmente cuando inicie el gateo) y usted podrá relajarse y vigilar el juego y la exploración desde una proximidad adecuada en vez que correr hacia el bebé cada vez que éste se acerca a topar algo potencialmente peligroso.

- **Los bebés de esta edad no siguen las reglas y poco cooperan ante un "no".** Como se dijo en este capítulo, no están madurativamente listos para hacerse responsables de sus propias acciones. Es por esto que la mejor manera de proceder es distrayendo al bebé de la situación para que deje de interesarse en aquello que no se quiere que siga haciendo. Ignore aquellas acciones o comportamientos que no causan ningún daño a otros o al ambiente como abrir y cerrar las puertas de las vitrinas o armarios, o bajar al piso las almohadas de la cama o del sofá. Estos comportamientos son esperables a esta edad y tienen un carácter exploratorio. Por ningún motivo deben ser interpretados como "malos comportamientos".

PRIORIDADES

Para el bebé:

- **Tener un espacio seguro para ejercer su progresiva autonomía e independencia.** Los niños nacen con un deseo natural de explorar, de curiosear y de entender cómo funciona el mundo. Ellos son pequeños científicos que naturalmente quieren aprender acerca del mundo creando sus propias hipótesis, experimentando con diferentes soluciones y llegando a sus propias conclusiones. Estas cualidades innatas se pierden con el tiempo pues los niños se enfrentan a un mundo en donde los adultos ponen una excesiva presión sobre aquello que los niños "deben" saber o aprender a determinada edad. Este sistema todavía muy prevalente, lamentablemente, trae consecuencias desfavorables para los niños. Cuando los niños son libres de explorar no solo espacios sino también sus gustos e intereses, ellos crecen sintiéndose conductores y agentes de su propia vida, lo cual repercute en el desarrollo de su sentimiento de responsabilidad.

- **Ser contenidos y encontrar confort en las palabras y brazos de los adultos cuando las cosas no salen como ellos las han planeado.** La contención en términos de crianza significa literalmente "contener" las emociones para que no se desborden más, o se expresen de maneras inapropiadas. Cuando un niño se desborda emocionalmente, es porque su recipiente o contenedor emocional aún no se ha desarrollado. Los niños no vienen al mundo con un recipiente listo para contener. Todo lo contrario, su sistema límbico es muy primitivo y solo a partir de la ayuda de un adulto los niños aprenden a regular sus flujos de emociones. Ningún aprendizaje será posible si las emociones intensas invaden el cuerpo y la mente de un infante. Es necesario primero ayudar a un niño o niña a bajar la intensidad de su frustración puesto que eso le permitirá a su mente abrirse a la posibilidad de aprender sobre otras maneras u opciones de desfogue emocional.

Para los padres:

- **Saber o "adivinar" lo que el niño quiere o busca.** A medida que su bebé desarrolla su lenguaje, será cada vez más fácil entender lo que necesita o pide. Sin embargo, en esta edad intermedia entre la movilidad y la adquisición del lenguaje puede ser muy difícil para los bebés el hacerse entender. Su frustración aumenta cuando intentan comunicarse y los adultos no los entienden. Es por eso que en esta etapa es de mucha ayuda enseñarle al bebé a comunicarse acompañando sus expresiones o palabras con signos, señales o gestos. Algunos padres piensan que si el bebé aprende a comunicarse por gestos, esto podría interferir en el desarrollo normal del lenguaje. Sin embargo, algunos estudios demuestran lo contrario. Aprender el lenguaje de señas puede en realidad mejorar el lenguaje y el vocabulario de un niño. Las señas sirven para realzar y no para reemplazar el lenguaje. Se tienen que usar paralelamente al habla para que su pequeño pueda entender la conexión entre el gesto y la palabra. Por ejemplo, podría empezar enseñándole la seña de "más" con relación a la comida (colocando las puntas de los dedos sobre los labios). Cada vez que diga la palabra, haga también la seña. Use siempre la misma señal, repítalo varias veces y ponga énfasis en la palabra clave a la vez que hace la señal, para que su bebé vea y escuche claramente la conexión entre los dos: *"¿Quieres **más**? Bueno, ¡te doy un poco **más**!"* O por ejemplo, puede enseñarle "se acabó" girando las palmas hacia arriba y hacia abajo. Estos son solo dos ejemplos pero existe todo un sistema de lenguaje de señas que podría enseñar a su bebé para mejorar la comunicación. Mientras tanto, solo sintonícese, conózcalo mejor e intente "adivinar" qué quiere comunicar.
- **Convertir el hogar en un ambiente "a prueba de niños".** En un ambiente seguro, el bebé se sentirá libre de explorar y los padres no sentirán la necesidad de saturar el ambiente con frases como: "cuidado topes eso" o

"no puedes acercarte a lo otro". Esa es la mejor manera de fomentar su autonomía e independencia a esta edad.

CUANDO BUSCAR AYUDA

Si bien cada bebé tiene su propio ritmo, el esperar más tiempo del indicado para que una habilidad o conducta aparezca no es la solución.

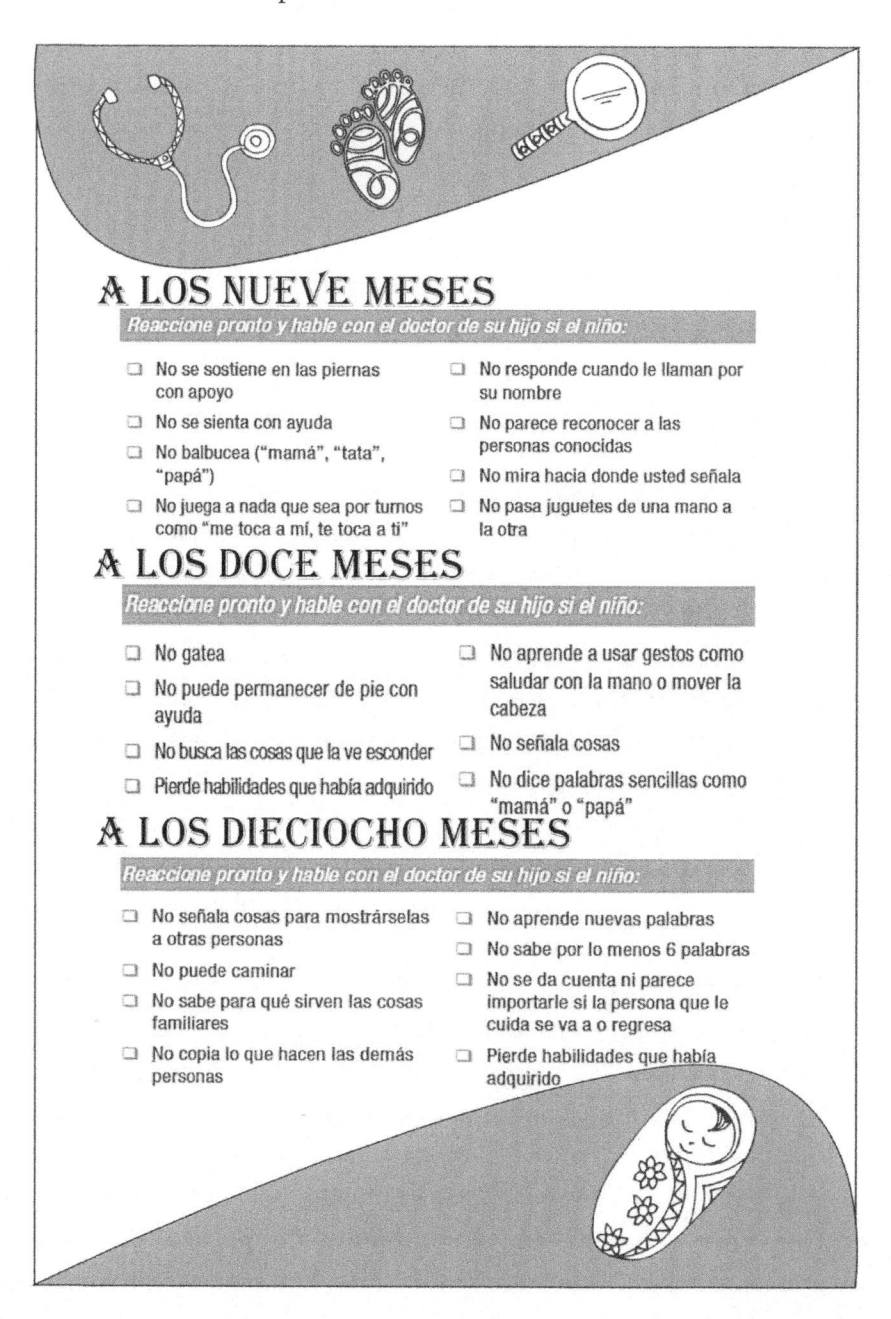

A LOS NUEVE MESES
Reaccione pronto y hable con el doctor de su hijo si el niño:

- No se sostiene en las piernas con apoyo
- No se sienta con ayuda
- No balbucea ("mamá", "tata", "papá")
- No juega a nada que sea por turnos como "me toca a mí, te toca a ti"
- No responde cuando le llaman por su nombre
- No parece reconocer a las personas conocidas
- No mira hacia donde usted señala
- No pasa juguetes de una mano a la otra

A LOS DOCE MESES
Reaccione pronto y hable con el doctor de su hijo si el niño:

- No gatea
- No puede permanecer de pie con ayuda
- No busca las cosas que la ve esconder
- Pierde habilidades que había adquirido
- No aprende a usar gestos como saludar con la mano o mover la cabeza
- No señala cosas
- No dice palabras sencillas como "mamá" o "papá"

A LOS DIECIOCHO MESES
Reaccione pronto y hable con el doctor de su hijo si el niño:

- No señala cosas para mostrárselas a otras personas
- No puede caminar
- No sabe para qué sirven las cosas familiares
- No copia lo que hacen las demás personas
- No aprende nuevas palabras
- No sabe por lo menos 6 palabras
- No se da cuenta ni parece importarle si la persona que le cuida se va a o regresa
- Pierde habilidades que había adquirido

3

Dieciocho meses a tres años

En esta etapa desde los dieciocho meses a los tres años, la vida emocional de un niño es parecida a una montaña rusa. Los altos y bajos son repentinos e intensos. Los altos son muy altos y los bajos son bien bajos. Los niños a esta edad están experimentando la emocionante pero peligrosa tarea de ser independientes de sus padres. Ellos quieren <u>hacer</u> cosas solos pero eso no significa que quieran <u>estar</u> solos. Quieren experimentar hacer las cosas por sí mismos como si fueran "niños grandes" pero al mismo tiempo necesitan sentirse mimados, protegidos y amados como si siguieran siendo los niños pequeños de siempre. Es una etapa diferente a la anterior pero no por eso más fácil. Se le ha dado mala prensa a esta etapa e incluso se la llama "los terribles dos" y eso es porque es la edad del desafío. El desafío a la autoridad es parte normal de esta etapa (tanto así que consta en los indicadores de desarrollo) y la mejor manera de acompañar a la infancia durante esta etapa es estableciendo límites claros y razonables, comunicados con empatía y respeto. Se trata de guiar sin herir y de corregir sin interferir.

DESARROLLO EMOCIONAL

La tarea de hacer que los niños se sientan seguros de nuestro amor y cariño continúa, aun cuando en esta etapa el niño busque momentos de independencia. Puede que los niños de esta edad se vuelvan un tanto menos cariñosos y más aventureros. Habrá días que no quieran recibir abrazos y otros días que no quieran separarse de sus cuidadores. Todo esto es parte normal de su proceso de autonomía y prueba de límites. Están aprendiendo cómo manejarse solos pero nos necesitan para saber que al hacerlo, tendrán guía y apoyo, siempre confiados de nuestro amor incondicional por ellos en esta difícil escuela de la vida.

Para los adultos acostumbrados a la crianza tradicional predominante, no nos es fácil demostrar amor incondicional en momentos en los que los niños están irritables, frustrados y enojados. Sin embargo, es en estos momentos justamente cuando más necesitan sentirse amados. A veces nos pegan o nos dicen "ya no te quiero" y ante estos comportamientos los adultos tendemos a "enseñarles una lección" rehusándonos a darles besos y/o abrazos minutos más tarde cuando sí lo soliciten. La gran mayoría de las veces tomamos sus comportamientos de manera muy personal. Cierto es que los niños nos hieren con sus comentarios y son difíciles de controlar a esta edad, pero recordemos que los comportamientos que exhiben no son sino una expresión netamente emocional que puede o no estar directamente relacionada a sus padres o cuidadores principales. Ya sea por querer "enseñarles una lección" o por sentirnos heridos, la verdad es que negar nuestro afecto solo empeora las cosas. La necesidad de los niños de sentirse queridos y atendidos es tan fuerte que harán lo que sea para satisfacerla. Esto significa que si la única manera de encontrar esa conexión y ese afecto es mostrándose irritable o llorando, entonces no dude que así lo harán.

Para los niños, el recibir atención negativa (esa que se obtiene en base a malos comportamientos) es mejor que no recibir nada. De la misma manera, cuando los niños no tienen nada de autonomía en sus vidas, es decir, cuando no se les permite opinar, optar por sus preferencias, o ser quienes decidan el orden de ciertas cosas, ellos harán lo posible por manifestarla en aquellas instancias en las que saben que sí tienen todo el control. Normalmente esto sucede al dormir, al comer, al ir al baño o al cepillarse los dientes. Coincidentemente estas son las actividades más difíciles de manejar en casa puesto que en ninguna de ellas podemos los adultos ejercer total control.

Pues bien, como ya se ha dicho, tanto la atención como la autonomía son necesidades básicas que si no se ven satisfechas, se ejercerán de maneras negativas. Sin embargo, antes de ahondar más en el tema de la atención es preciso cambiar la terminología puesto que aquellos comportamientos conocidos como "llamados de atención" tienen connotaciones negativas y son por lo general confundidos con actos de manipulación. De manera que en vez de referirnos a los malos comportamientos como "maneras de llamar la atención", los vamos a llamar comportamientos "que buscan conexión" pues a la final eso es lo que son. Al demandar atención de los adultos los niños lo que en realidad buscan es conectarse con ellos y los comportamientos que exhiben no son sino formas de obtener esa conexión.

Algo que ocurre muy a menudo, por ejemplo, es que los niños mayores a dos años -que bien pueden hablar- buscan conexión con los adultos a través de gritos, llanto, gemidos o quejidos. Esto lo hacen porque han aprendido que esos sonidos resultan eficaces para captar su atención. Los gemidos, quejidos y el llanto agudo suenan muy parecido a un rasguño en la pizarra o en una superficie de metal, y al escucharlos, los adultos por lo general actuamos casi inmediatamente para cesar con esos sonidos que resultan incómodos para nuestros oídos. Es fácil ignorar las primeras peticiones más suaves y menos ruidosas de los niños pues aquellas peticiones iniciales no incomodan al oído adulto. Sin embargo, esa mala costumbre nuestra de solo actuar ante estos sonidos incómodos, hace que inadvertidamente sucedan más frecuentemente. Si por el contrario los adultos respondiéramos a sus primeros intentos de conexión, o si reconociéramos su presencia, validáramos sus peticiones y solicitáramos su paciencia, entonces evitaríamos muchos comportamientos de este tipo.

Es realmente muy simple. Cuando los niños no reciben la atención y afecto que necesitan, entonces sus conductas inapropiadas se intensificarán consiguiendo así obtener la atención que necesitan así ésta sea enfocada solo a reprender, a castigar o a ser gritados por el mal comportamiento exhibido. Los niños suelen repetir los comportamientos que les han dado resultado, sean estos apropiados o no. De manera que si solo reciben la atención que desean cuando están "portándose mal" entonces téngalo por seguro que seguirán portándose de esa y otras mil malas maneras. En un principio pueden ser los lloriqueos o los quejidos los que llaman la atención negativa de los padres, pero si los padres aprenden a ignorar esos llantos y quejidos, entonces los niños recurrirán a otros comportamientos incluso más disruptivos e inapropiados como colgarse de las piernas o romper cosas en casa. Si usted está estancado en este ciclo negativo y no hace nada al respecto, lo más seguro es que los comportamientos inapropiados derivados de la falta de atención, se mantengan, y en el peor de los casos, aumenten.

Recordemos que en esta etapa ya no estamos hablando de bebés que lloran para solicitar atención, comida o brazos. Estamos hablando de niños de dieciocho meses a tres años, con capacidad de lenguaje, que a pesar de poder pedir con palabras aquello que necesitan, han elegido llorar, gemir o quejarse. Tampoco se implica que buscar conexión de esta manera sea un acto de manipulación. Los niños pequeños no manipulan a los adultos a través del llanto o de sus agudos quejidos. Los utilizan porque son lo único que les ha funcionado para obtener lo que necesitan. Cuando sus primeros intentos de comunicación son ignorados, los llantos y gemidos, por lo general, son lo que sigue. Ambas son señales de comunicación que denotan una verídica necesidad o deseo. De hecho, la manipulación los primeros años de vida resulta biológicamente imposible porque para poder manipular, los seres humanos necesitamos primero tener la maduración cerebral necesaria para comprender que las mentes de otras personas piensan de manera diferente a la nuestra permitiéndonos interpretar y predecir qué conducta tendrán los demás y sabiendo cómo se puede influir en ella con nuestra propia conducta. Los bebés y niños menores a tres años no tienen esa capacidad de interpretar lo que otros quieren, ni de ponerse en los zapatos de otros. Es por esto que les resulta imposible manipular a otros, pues en sus mentes solo cabe una cosa: que su realidad y sus deseos son la realidad y los deseos de todos.

La "Teoría de la Mente", que es el nombre científico que se le ha dado a esta capacidad de entender que otros tienen una mente independiente a la nuestra, se desarrolla alrededor de los tres o cuatro años. Es por esto que, antes de los tres años, el atribuir a una conducta el carácter de manipulante, no solo es erróneo sino imposible. Antes de los tres años, los niños tienen un solo recurso para lograr obtener de los adultos aquello que desean: la comunicación. Aquellos que no hablan, lloran. Y después lo hacen más fuerte hasta obtener una respuesta. Como ya vimos, quienes que ya pueden hablar, primero lo piden y si no se les concedió lo que pidieron a la primera, entonces lloran, se quejan o hacen berrinches. Todo esto está lejos de cumplir la definición de la Real Academia de la Lengua Española sobre la palabra *manipular*. Citado textualmente, *manipular* significa "intervenir con medios hábiles y, a veces, arteros, en la política, en el mercado, en la información, etc., con distorsión de la verdad o la justicia, y al servicio de intereses particulares". Ahora bien, es cierto que los bebés y niños pequeños intervienen con medios hábiles (sus llantos y berrinches) para satisfacer sus intereses personales. Sin embargo, estos medios hábiles se reducen a la comunicación de un genuino deseo. De ninguna manera están distorsionando la verdad o la justicia pues la única verdad que cabe es que tienen un claro deseo, y lo justo es que sea tomado en serio. Eso no significa de ninguna manera que sus deseos deban siempre ser complacidos, pero sí validados. La validación y la empatía es lo que permite a los adultos retomar el control de una situación, la coerción y los gritos, por el contrario, solo intensifican la frustración del niño o de la niña.

Emociones y regulación emocional

La mala prensa que se le ha dado a los "terribles dos" tiene que ver con la necesidad de los niños de sentirse autónomos y de tener potestad sobre sus propias vidas (lo cual es esperado y totalmente sano) mientras que al mismo tiempo aprenden a aceptar los límites.

Podríamos evitar los "terribles dos" si entendiéramos que esta es una etapa de mucha confusión emocional. Las reacciones que vemos en los niños ante el establecimiento de un límite no son sino dilemas emocionales que experimentan dentro de sí mientras aprenden a balancear aquello que quieren con aquello que se les permite hacer u obtener. Muy mal hacemos en interpretar esas reacciones como si se trataran de un ataque hacia nosotros pues el cómo interpretemos un comportamiento jugará un rol vital en nuestra capacidad de gestionarlo.

Muchas veces se escucha a los adultos decir que los niños no <u>quieren</u> comportarse bien o desempeñarse bien en alguna actividad o tarea. Al decir esto, se asume que el niño ha tomado una decisión de portarse mal, y por lo tanto, se concluye que nos está manipulando, que no está motivado, que solo quiere llamar la atención o simplemente que está probando sus límites. La verdad es, sin embargo, que los niños se portan bien y se desempeñan bien cuando <u>pueden</u> y tienen los recursos para responder a las demandas. No poder responder a la expectativa significa que hay una incapacidad de hacerlo ya sea por una falta de destrezas madurativas, sociales o emocionales, de herramientas o de conocimientos. Los niños enfrentan las situaciones de la única manera que saben hacerlo y a esta edad la manera más común de hacer frente a un límite firme o a un estímulo desagradable es llorando, gritando, gimiendo o pataleando. Necesitan guía, ayuda y mucha paciencia. Una vez que cambiemos nuestra manera de pensar al respecto del <u>porqué</u>, entonces seremos capaces no solo de gestionar las frustraciones adecuadamente sino que además podremos eliminar y evitar conductas inapropiadas en el futuro.

Los adultos establecemos límites antes que nada porque amamos a nuestros hijos y nos interesa su bienestar y seguridad. Más temprano que tarde, estarán valiéndose por sí solos en un mundo en donde no obtendrán todo lo que quieran de las formas o en los momentos que ellos quieran. Somos nosotros los encargados de enseñar a los niños a manejar las frustraciones que se generan ante las negativas y los límites. Bien dice el dicho, "quien mucho abarca, poco aprieta", y eso se aplica también a los límites. En todas las etapas -pero especialmente en esta- es de sabios tener pocas pero necesarias reglas que sean firmes pero a la vez establecidas con respeto. Todo lo demás es negociable. Ante una regla no negociable, nos compete y conviene ser consistentes para enseñar a los niños a qué atenerse. Ante un límite negociable, aprendamos tanto padres como hijos a ganar un poco y a perder un poco. La negociación es una excelente habilidad que les dará las herramientas que necesitarán en el futuro para ser exitosos y justos con otros en esta sociedad. Cuando los padres utilizamos el poder y la dominación para sustituir la negociación, perdemos la oportunidad de enseñar a los niños valiosas lecciones de diplomacia y, por el contrario, les enseñamos que la agresividad y la coerción son las mejores herramientas para conseguir lo que se quiere. Negociar no es una transacción monetaria del tipo "si dejas de llorar, te doy un helado". Negociar es reconocer que todos tenemos deseos y necesidades. Un buen negocio es el punto medio entre dos opciones extremas donde tanto los niños como los adultos aprenden a ceder.

Se puede negociar para ayudar a los niños a encontrar confort en una situación muy frustrante. Sin embargo, no siempre vamos a poder ofrecer consuelo y es necesario saber aceptar las situaciones tal y como son. No ganamos el partido de fútbol, tampoco nos invitaron a la fiesta de cumpleaños a la que tanto nos gustaría ir, ni tampoco podemos revivir a la mascota que se nos murió. Estas situaciones sobre las cuales tenemos poco control también son límites y los niños deberán aprender a lidiar con la frustración que estas situaciones les ocasionan. No hay tal negociación en esos casos y la frustración puede llegar a ser muy intensa porque no existe una salida que traiga alivio o consuelo al niño. En estos casos es cuando usualmente ocurre un desbordamiento emocional. Éste funciona como una olla de presión cuya tapa ya no pudo resistir y entonces no le queda más que alzarse y hacer mucho ruido para dejar salir aquel vapor. En esta etapa los desbordamientos emocionales (o berrinches) son esperables, normales y frecuentes. Los berrinches no son síntomas de un niño (o niña) malcriado(a), o mal educado(a); son los síntomas de un niño o niña frustrado(a) e impotente. Los berrinches son parte de un proceso de desarrollo de destrezas sociales y de autorregulación emocional típico de esta edad y desaparecerán por sí solos.

Desde el punto de vista neuro-científico, el tronco cerebral del cerebro del niño (que es la parte más primitiva, responsable de la supervivencia y de las emociones) no se comunica todavía con la parte superior del cerebro (que controla y regula la ejecución de las acciones). Para poder desarrollar vías de acceso entre las dos partes del cerebro, los niños necesitan tiempo de maduración y adultos que ayuden y guíen en el proceso. Es gracias a nuestra ayuda que sus partes cerebrales aprenden a trabajar efectivamente como equipo. Un desborde emocional ocurre porque las zonas cerebrales necesarias para permitir a un infante manejar sus emociones, no se han integrado todavía. Como padres, nuestro papel es el de calmar mientras los niños experimentan torbellinos emocionales en sus cerebros y en sus cuerpos. Si usted se enoja con un niño por tener una rabieta, éste bien puede dejar de llorar. Sin embargo, esto también puede significar que el sistema de alerta en su cerebro ha provocado además un deseo de separarse del adulto que ha intervenido. La otra posibilidad es que la rabieta se convierta en llanto silencioso, lo que significa que su nivel de cortisol (la hormona del estrés) permanecerá todavía en niveles muy altos. La contención (abrazos) y/o el acompañamiento verbal con palabras calmantes son las únicas maneras de ayudar a que las hormonas del estrés vuelvan a niveles normales.

En las décadas anteriores a la influencia de la neurociencia, la recomendación de los psicólogos solía ser la de ignorar el berrinche porque se pensaba que al atenderlo y al gestionarlo estaríamos reforzando ese "mal comportamiento". Algo de eso es cierto pero no es el gestionarlo lo que lo refuerza, sino el ceder en el límite o dar a la criatura lo que quiere para así evitar que se desencadene el berrinche o para terminar con él inmediatamente. Ahora que la tecnología permite a la neurociencia analizar el cerebro infantil más cercanamente, ha cambiado la interpretación de lo que es un berrinche y los científicos recomiendan acompañar en vez de ignorar. Al conocer cómo funcionan sus cerebros no solo nos volvemos más dispuestos a ayudar sino que además cambia nuestra manera de interpretar sus comportamientos negativos.

Acompañar durante un berrinche significa ponernos en los zapatos del niño e intentar comprender el origen de la frustración. En ese sentido, lo que sí podemos hacer es ignorar la conducta de ese momento para que no nos distraiga, no nos enfurezca, y nos permita poner atención a las emociones que están siendo expresadas inapropiadamente a través de ese comportamiento. Una vez que logramos ignorar lo que estamos viendo (las patadas, los gritos y palabras poco amables) entonces sí podremos gestionar la rabieta. Los niños no tienen los mismos recursos emocionales ni madurativos de los adultos, por lo tanto, son incapaces de verbalizar de manera coherente sus emociones. De su boca nunca saldrá: *"estoy enojado porque no me quisiste dar más dulces"*, en vez de eso, ellos se lanzan al suelo y gritan descontroladamente. En ese momento, razonar con ellos resulta inútil y en muchos casos abrazarlos, negociar o brindarles palabras de aliento lo único que causa es que se intensifique el berrinche. En esos casos el mejor apoyo es acompañarlos con nuestra cercanía física y con nuestro silencio.

Una vez que haya terminado aquel episodio usted puede entonces abrazar, consolar y razonar con sus hijos, si es que ellos están listos. Al momento del razonamiento, es preciso ayudar a los niños a verbalizar las emociones sentidas durante la rabieta. *"Ya vi que te enoja mucho no poder comer muchos dulces. A mí también me encantaría comerme muchos, pero no es saludable"*. Trate de usar frases que resalten las emociones sentidas y las causas del comportamiento y trate de evitar frases que etiqueten o culpabilicen al niño de los sentimientos sentidos. Ofrezca conductas alternativas para una próxima vez que esos sentimientos se presenten. Por ejemplo, morder fuertemente algo suave como un pedazo de tela, una almohada o hacer pedazos a una hoja de papel son conductas que pueden ofrecer la misma sensación de desfogue emocional y pueden ser buenas alternativas a una pataleta. De esa manera, estamos permitiendo la expresión de las emociones desagradables pero con comportamientos más apropiados, menos escandalosos y disruptivos, especialmente si estamos en lugares públicos.

A pesar que existen algunas maneras sensibles y respetuosas de gestionar las rabietas y berrinches, la mejor opción para los padres es sin duda hacer lo posible por evitarlas. Todos queremos evitarnos el mal momento y al hacerlo no estamos necesariamente interviniendo en el desarrollo normal del cerebro puesto que las vías cerebrales dedicadas a la regulación emocional también se construyen gracias al reconocimiento, identificación y verbalización de las emociones positivas y negativas de alta y baja intensidad. No es necesario que las emociones siempre se desborden para que el cerebro pueda construir vías de acceso entre el cerebro primitivo y el neocortex o cerebro desarrollado. Lo que sí es indispensable, es la interiorización y la comunicación de lo que se está sintiendo y pensando, independientemente de la intensidad. Esto se conoce como inteligencia emocional.

Muchos padres dudan sobre la necesidad de mostrarse empáticos a la hora de un berrinche y esta duda suele relacionarse muchas veces con la situación que lo ocasionó. Se suele pensar que si el berrinche fue ocasionado por la imposición de un límite (o al escuchar un "no"), entonces lo prudente sería dejar a los niños solos e ignorarlos en el berrinche porque gestionarlo de manera amable y respetuosa seria como invalidar el límite. Se cree que le empatía indirectamente comunica al niño que existe posibilidad de negociación. Este razonamiento es entendible considerando la influencia del conductismo en nuestra sociedad en las últimas décadas. Es difícil deshacerse de años de programación cerebral, sin embargo, es necesario desaprender. La empatía no invalida el límite, lo que hace es ayudar a los adultos a conectarse con los niños más efectivamente para poder ayudarles a pasar el trago amargo del momento.

Por otro lado, dado que los berrinches a menudo se dan en combinación con otros comportamientos disruptivos como pegar, escupir, morder y/o patear a los padres, éstos entonces -entendiblemente- se piensa que responder a la agresividad con palabras amables y con abrazos, de alguna manera comunica al niño que su comportamiento es aceptable. La verdad es, sin embargo, que la contención y las palabras amables de ninguna manera invalidan el límite ni impiden la corrección de los comportamientos agresivos. El límite es firme y se mantiene incluso durante el berrinche. Sin embargo, para que los niños puedan entenderlo y aprenderlo, los padres primero hemos de ayudarlos a tener la disponibilidad mental para que eso suceda. Ningún aprendizaje será posible si las emociones intensas invaden el cuerpo y la mente de un niño. Es necesario primero ayudar a los niños a bajar la intensidad de sus emociones (y así parar con las patadas, mordidas o escupidas) puesto que eso permitirá a sus mentes abrirse a la posibilidad de la reflexión y la comunicación. Recuerde que ellos aprenden a autorregular sus emociones a partir del modelo que los adultos proveen al gestionar tanto sus propios torbellinos emocionales como los de sus hijos.

La buena noticia es que la mayoría de berrinches son evitables, especialmente cuando los padres adoptan un estilo de disciplina democrático y sensible. Dado que los berrinches y rabietas expresan un sentimiento de impotencia y de falta de control, aquellos niños que sienten que tienen algo de opción y de control en sus vidas, tienden a tener menos berrinches. Esto significa que cuanto más poder de elección provea a sus hijos y cuanto menos disturbe sus rutinas de comer y dormir, menos frecuentes serán. Generalmente cuando un niño estalla con un berrinche es porque ya ha intentado expresar algún deseo o necesidad que no ha sido escuchada o atendida oportunamente. Al adoptar un estilo de crianza sensible y respetuosa, usted es más propenso a satisfacer o atender a las necesidades o deseos de sus hijos en sus primeras manifestaciones en vez de esperar a que éstas se intensifiquen. Aquí vale aclarar que la satisfacción de las necesidades básicas de sueño, de hambre, de cercanía, de atención, etcétera, es una cosa, mientras que satisfacer sus deseos materiales y otros caprichos, es otra. Los padres sabemos qué es lo mejor para nuestros hijos y saber decir "no" es necesario cuando lo que ellos nos pidan atente contra su bienestar o el bienestar de otros.

Miedos- Cuando su niño o niña era más pequeño(a), el miedo era generado primordialmente cuando un extraño lo tomaba lejos de sus brazos o cuando usted se iba y lo dejaba en la guardería, con familiares o con extraños. Si bien los niños de esta edad todavía pueden sentir ansiedad y miedo ante la separación, el miedo ahora toma un nivel más avanzado puesto que también avanzan sus habilidades cognitivas y de memoria. Entre los dieciocho meses y los tres años es muy común que los niños sientan miedo hacia las personas, lugares o cosas que ellos perciban como "peligrosas". Algunos ejemplos de estímulos que podrían provocar miedo son:

- Personas que se vean diferentes o que estén vestidas de maneras muy poco comunes (por ejemplo, payasos, policías, doctores y el barbudo Papa Noel).
- Ruidos fuertes tanto en casa como en lugares públicos (por ejemplo, la licuadora, la aspiradora, el escusado)
- Criaturas imaginarias o monstruos
- Cosas o animales que le gustaban antes (por ej. mascotas, resbaladeras, columpios, piscinas).
- Máquinas grandes u objetos grandes en movimiento (por ej. podadoras, sillas de ruedas)

Esta faceta del miedo es natural en esta etapa y se irá por sí sola si no le damos mucha importancia y si no reaccionamos negativamente a ella. El miedo es una emoción normal y debemos darle el lugar que merece en vez de negar que se esté expresando. No hay peor cosa para cualquier persona que se le diga que aquella emoción que está sintiendo no es válida, o peor aún, que es mentira. Si su hijo expresa su miedo hacia una araña, por ejemplo, decir cosas como: *"No pasa nada, a ti no te dan miedo las arañas"* es generar inseguridad. Es evidente que sí le dan miedo, de lo contrario no lo diría, ni lo expresaría. En vez de negar, validemos ese miedo con una frase empática que confirme a la criatura que no está loca o sola en su sentir. La empatía no solo calma sino que además genera conexión: *"Yo sé que tienes miedo a las arañas. A mí también me daban miedo cuando era niña pero después aprendí que si no las molesto no me harán daño"*. Una frase de este estilo tiene más probabilidades de ayudar a un niño o niña, que insistir en que no está sintiendo lo que sí está sintiendo o pedirle que se olvide de su miedo.

DESARROLLO SOCIAL

Los niños de esta edad son una dicotomía interesante. Les encanta formar parte de círculos sociales más grandes como la familia extendida o los centros preescolares pero al mismo tiempo no están listos para sobrellevar por sí solos las exigencias sociales exitosamente. Les encanta estar con otros niños de su edad pero no están listos para compartir o cooperar con ellos. Les encanta ser parte de todo lo que sucede en su entorno social siempre y cuando lo que se haga sea hecho a su manera. Puede que también empiecen a interesarse en un nuevo ambiente o que quieran "marcar territorio" de maneras algo agresivas cuando están frente a un nuevo grupo de niños.

Amigos

Las amistades son muy importantes en el desarrollo social y cognitivo de todos los niños, pero no pueden ser forzadas. Los niños entre dieciocho meses y tres años están todavía en una etapa egocéntrica y creen que el mundo da vueltas alrededor de ellos. Recordemos que a esta edad los niños no han desarrollado todavía la *Teoría de la Mente*, de manera que ellos conciben todo lo exterior y los deseos de otros como una extensión de sí mismos. Es por eso que para ellos no hay nada de malo en arrebatar un juguete de las manos de un "amigo". Para los niños de esta edad la palabra "compartir" en realidad significa "esto es mío". Los conceptos necesarios para establecer y mantener relaciones amistosas entre niños, por ejemplo, eso de tomar turnos o del respeto a lo ajeno son conceptos todavía muy complicados para las mentes de esta edad.

Más allá de la madurez, sin embargo, la verdad es que los adultos necesitamos revisar y redefinir el concepto de *compartir*. De hecho, usted como adulto nunca esperaría que su amigo se despoje de su teléfono celular, su carro o su computadora personal para dárselos a usted. ¿O sí? Sin embargo, los adultos pedimos eso de los niños todo el tiempo. Les pedimos que "compartan" sus juguetes y lo que en realidad estamos diciendo es que se despojen de ellos por completo para dárselos a otros. Esa expectativa tiene poco sentido. Compartir la comida cuando se tiene en abundancia o aprender a tomar turnos son aprendizajes necesarios siempre y cuando se considere la edad del niño y siempre que el niño que comparte no se quede sin nada.

Con la guía y anticipación de los adultos, los niños pueden aprender exitosamente las reglas que gobiernan la interacción humana entre pares. En esta etapa, los adultos podemos ayudar de la siguiente manera:

1. Cuando sabemos que otros niños van a venir a la casa a jugar, podemos pedir a nuestros niños de esta edad que guarden o escondan aquellos juguetes que no están dispuestos a compartir.
2. Tener disponibles múltiples copias del mismo juguete como carritos o muñecas de manera que todos los niños tengan uno igual o parecido.
3. Si se va a organizar actividades estructuradas, procurar que cada niño cuente con su propio set de materiales en iguales cantidades y/o colores para evitar las peleas.
4. Cuando los niños se estén peleando por un juguete, tome esa oportunidad para enseñarles a esperar y a tomar turnos. Mientras el niño espera, ofrezca otras alternativas o juguetes.
5. Evite interferir con frases como "*¡debes compartir!*" o "*¡no está bien arrancar el juguete de las manos!*". En vez de eso, ofrezca sugerencias como "*¿qué tal si juegas con esto un poco más y después se lo das a Carlos?*" o "*¿quisieras jugar con este un poco más antes de prestárselo a Carlos?*". Este tipo de frases en positivo comunican la expectativa mientras que al mismo tiempo enseñan a los niños el concepto de tomar turnos sin necesidad de humillarlos o avergonzarlos.
6. Intervenga solo cuando sea necesario o cuando se ha desatado una pelea. Permita inicialmente que los niños resuelvan sus propios conflictos sociales. Si es obvio que necesitan ayuda, entonces intervenga.

A pesar de que se ha hecho lo posible por anticipar, los conflictos entre niños de esta edad son inevitables. Algunos niños pegan como una manera de "defender su derecho" de tener un determinado juguete. Si ese es el caso, remueva al niño por unos momentos mientras dice algo como: *"ya veo que estás enojado, pero lo siento, nos vamos por acá porque eso duele"* y manténgalo con usted hasta que se calme. Una vez calmado, regréselo al juego. Cuando usted remueve un niño o niña del juego, no necesariamente garantiza que él o ella vayan a dejar de pegar, halar el pelo o pellizcar a otros niños en el futuro. Seguramente lo vayan a volver a hacer puesto que a esta edad los niños son emocionales e impulsivos y no filtran sus comportamientos por las vías cerebrales del control y de la razón. Sin embargo, la consistencia de los adultos en estos casos permitirá dar paso al aprendizaje social. La valiosa lección que usted enseña a los niños al removerlos de una situación en donde ellos actúan como los agresores es que esos comportamientos hieren a otros y arruinan relaciones. Al mismo tiempo que usted los remueve de esta situación y se los lleva a otro lugar más calmado y seguro, asegúrese de proveer espacio para la expresión de la ira que lo llevó a agredir. Comunique que verbalizar la emoción desagradable es una salida más sana y aceptable y de ser necesario, provea opciones de desfogue como un grito muy alto usando una almohada o algo de ejercicio exhaustivo como saltar al son de la música de alto ritmo. No deje solo al niño o niña y ofrezca la oportunidad de volver a la situación de juego una vez que hayan conversado al respecto de esos comportamientos y una vez que la intensidad de la ira haya bajado a niveles manejables. Vuelva a repetir estas acciones las veces que sean necesarias si el niño o niña vuelve a agredir.

Rutinas

Los niños a toda edad necesitan estructura y predictibilidad, pero especialmente las necesitarán a esta edad. La falta de una rutina consistente a esta edad hace a los niños más irritables, especialmente si pasan una gran parte del día con sus abuelas, niñeras o en los centros infantiles. Las rutinas hacen a los niños sentirse seguros y tienen tanta importancia que el mismo niño recordará a los adultos el orden y/o el lugar para cada actividad o evento. El niño o niña dirá si primero van los zapatos y después el suéter, o si primero se cepilla los dientes y después se pone la piyama. Sabiendo la importancia de las rutinas, usted puede establecer actividades diarias que sean fáciles de cumplir para todos los adultos que comparten la responsabilidad de la crianza. Si, por ejemplo, un baño antes de ir a dormir por la noche es parte de lo que usted considera necesario y factible, intégrelo a su rutina nocturna. Si por el contrario el baño es algo que causa batallas innecesarias en casa, elija otro momento para el baño o para cualquier otra actividad que haga la rutina diurna o nocturna más difícil de llevar a cabo. Algunas familias bañan a sus los niños pequeños dos o tres veces por semana, otras prefieren todos los días a una determinada hora. No existe una lista de actividades necesarias o indispensables para una buena rutina. Lo importante es que se elijan actividades que puedan realizarse de manera consistente y procurando que se realicen en el mismo lugar de la casa. Las actividades más comunes y más recomendadas por la noche suelen ser leer cuentos, comer, jugar un determinado juego o cantar una determinada canción. Sin embargo, cosas más simples como acostarse juntos en la cama o tomar un vaso de leche antes de ir a dormir pueden ser también considerados parte de la rutina. El baño también es una actividad que muchos autores de crianza recomiendan por la noche pero en realidad no es necesario bañar a los niños todos los días a no ser que sea una actividad que su niño disfrute, en cuyo caso puede introducirse en la rutina como algo recreativo o con propósitos relajantes y no necesariamente como una actividad de aseo personal. Recuerde que los niños pequeños transpiran mucho menos que los adultos, y por lo tanto, se puede prescindir del baño diario.

Por otro lado, tenga en cuenta que existe una diferencia entre rutinas y horarios. Se puede seguir una rutina sin ponerle una hora a todo lo que se hace. De la misma manera, si bien muchos niños prefieren que sea la misma persona quien realice las mismas rutinas, al final no es tan importante si un día las hace mamá, otro día las hace papá y un tercer día las hace la abuela o la niñera. Lo que importa es que el niño pueda predecir lo que ocurrirá en su ambiente, y esto le dará mucha seguridad aun cuando no está en su propio ambiente o con sus propios padres. Esta seguridad, a su vez, ayudará a que su niño sobrelleve de mejor manera las ansiedades propias de cada transición entre un ambiente y otro.

INDICADORES DE DESARROLLO SOCIAL-EMOCIONAL[10]

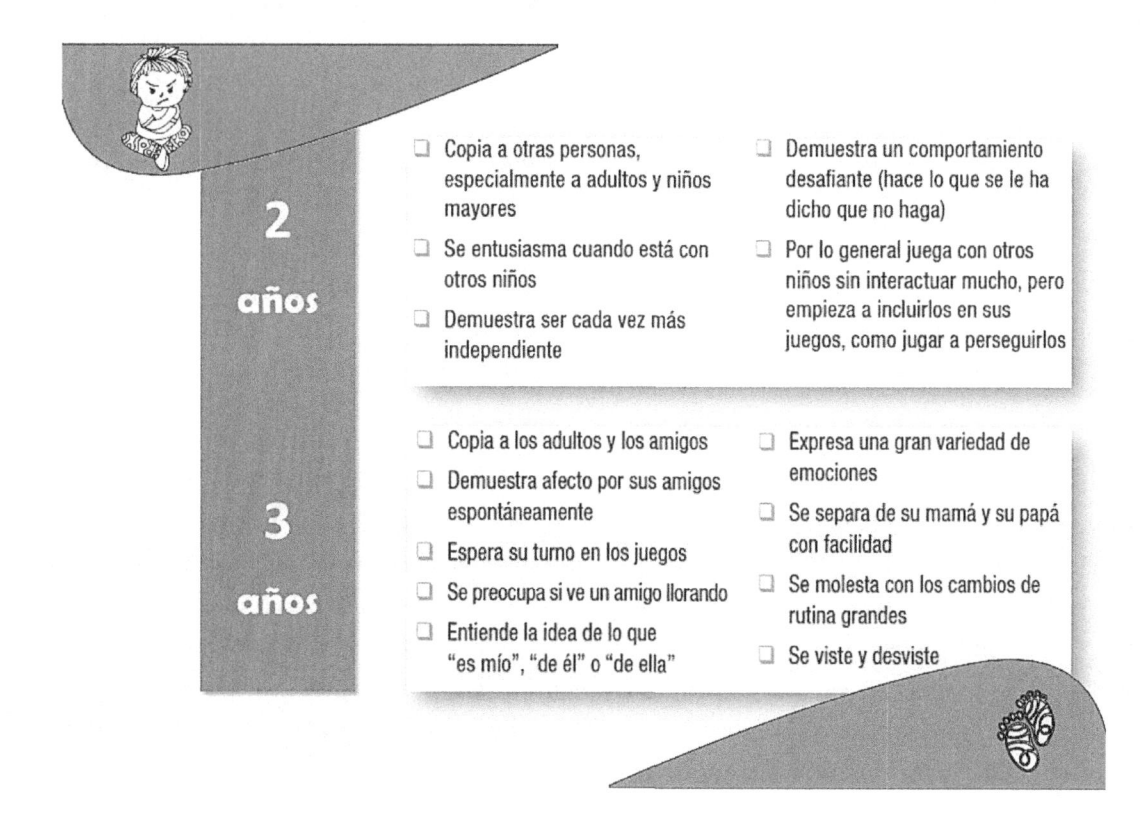

2 años
- Copia a otras personas, especialmente a adultos y niños mayores
- Se entusiasma cuando está con otros niños
- Demuestra ser cada vez más independiente
- Demuestra un comportamiento desafiante (hace lo que se le ha dicho que no haga)
- Por lo general juega con otros niños sin interactuar mucho, pero empieza a incluirlos en sus juegos, como jugar a perseguirlos

3 años
- Copia a los adultos y los amigos
- Demuestra afecto por sus amigos espontáneamente
- Espera su turno en los juegos
- Se preocupa si ve un amigo llorando
- Entiende la idea de lo que "es mío", "de él" o "de ella"
- Expresa una gran variedad de emociones
- Se separa de su mamá y su papá con facilidad
- Se molesta con los cambios de rutina grandes
- Se viste y desviste

¿Cómo ayudar en el desarrollo social-emocional?

Hacia los 2 años

• Deje que su hijo(a) ayude con tareas sencillas en el hogar, como barrer o preparar la cena. Felicítelo por ser un buen ayudante así no haga un trabajo perfecto.

• A esta edad, los niños todavía no interactúan con otros niños al jugar (aunque estén juntos) y no saben compartir. Cuando vienen amiguitos a jugar, deles muchos juguetes para que todos tengan algo. Observe siempre la interacción e intervenga si hay una pelea o discusión.

---

[10] Cada niño se desarrolla de una manera única . Sin embargo , el uso de estos indicadores universales proporcionados por el Centro para el control y la prevención de enfermedades (CDC) de los Estados Unidos, ayuda a los padres en la comprensión de los rangos típicos de desarrollo en niños sanos , al mismo tiempo que se reconoce la amplia variación que existe entre ellos.

- Preste mucha atención a su hijo(a) y felicítelo cuando sigue las instrucciones. Evite reaccionar exageradamente cuando se comporta en forma desafiante. Dedique más tiempo a felicitarlo por su buen comportamiento que a reprenderlo cuando no se "porta bien".

Hacia los 3 años

- Reúnase a jugar en grupos con su hijo(a) o vaya a otros lugares donde hay más niños para darle oportunidad de socializar con pares de la misma edad.
- Ayude a su hijo(a) a resolver los problemas cuando está molesto.
- Hable sobre las emociones de su hijo(a). Por ejemplo, dígale *"me doy cuenta de que estás enojado porque tiraste la pieza del rompecabezas"*. Anime a su hijo(a) a identificar sentimientos tanto en los libros que leen juntos como en las situaciones que se presentan en el día a día.
- Establezca reglas y límites para la familia entera e intente involucrar de alguna manera a su hijo(a) en la creación de las mismas. Si su v hijo(a) no respeta una regla, no se preocupe mucho, el desafío es normal. Refuerce y recuérdele la regla consistentemente e intente maneras respetuosas de gestionar las situaciones desafiantes.

DESARROLLO COGNITIVO

Esta es una etapa fascinante para los niños puesto que sus mentes se empiezan a darse cuenta de que piensan, sienten, perciben y recuerdan cosas - y no solo eso - sino que estas cosas son diferentes a las cosas que otras personas piensan, sienten, perciben y recuerdan. Este descubrimiento que sucede en esta etapa es paulatino y les permite desarrollar habilidades de resolución de problemas. Funciona como un catalizador de la imaginación y del lenguaje pues en esta edad el lenguaje es una verdadera herramienta de expresión personal y de comunicación.

Resolución de problemas

Si todavía no ha sido testigo de un grito de frustración que nace a raíz de un problema no resuelto, no se preocupe, pues en esta edad lo verá muy a menudo. Esta es la etapa en la que los niños desafían las leyes de la física y de la gravedad, y juegan con sus juguetes de maneras poco convencionales aunque no por eso poco comunes. Los niños que adoran los trenes o carros querrán construir puentes o carreteras mágicas donde los trenes cuelguen de un hilo, floten en el aire o hagan cosas nunca antes vistas. Querrán, por ejemplo, que sus trenes (sin motor) suban por sí solos a pesar que las vías van de bajada. Aquellos niños o niñas que juegan con muñecas o peluches se encontrarán con que éstas no están siempre vestidas o posicionadas de las maneras que ellos desean y en un afán de "resolver ese problema" fuerzan sus extremidades a la posición deseada lo cual puede terminar rompiéndolas. Todo esto es buena señal pues es producto de una imaginación en desarrollo. Sin embargo, dado que no todo lo que se imaginan puede ser ejecutado en la realidad, los niños se frustran, gritan, patalean y piden ayuda inmediata de sus padres para que sean ellos quienes hagan realidad sus fantasías. Ante estas normales frustraciones los padres bien podemos acudir al pedido de ayuda, remediar el problema y acabar con la frustración de manera inmediata. Sin embargo, para desarrollar la capacidad de resolución de problemas, lo mejor no es remediar sino ayudar al niño a recordar sus experiencias similares pasadas o ayudarles a ver dónde está el problema para que sean ellos quienes lo resuelvan solos. Otras veces sus peticiones y fantasías no podrán ser cumplidas pues aún con la intervención adulta, las leyes de la física y de la gravedad simplemente no pueden ser alteradas o desafiadas. Cierto grado de frustración es esperable y es buena para alentar el esfuerzo y la imaginación. Si siempre estamos resolviendo los problemas por ellos al primer grito, entonces les estamos privando de desarrollar sus propias capacidades de resolución. Cierto es que el grito incomoda al oído de cualquiera y lo que queremos todos al oír el grito o el llanto es acabar con él. Sin embargo, una cosa es calmar y guiar en el camino y otra muy diferente es caminar el camino por ellos. Se puede calmar el grito y la frustración sin completar la tarea por ellos. En la medida de lo posible, permita que los niños resuelvan sus propios problemas e intente mantenerse al margen de ellos. Enséñeles a pescar en vez de darles el pez.

Existen tres tipos de pensamientos relacionados con la resolución de problemas. Éstos se verán "en acción" muy frecuentemente en esta etapa:

Pensamiento lineal – Este es el tipo de pensamiento que se requiere para lograr un objetivo. Un niño que quiere alcanzar una galleta de la alacena puede que decida acercar una silla para subirse en ella y alcanzar su galleta.

Pensamiento consecuencial- Este tipo de pensamiento es el que permite al niño considerar lo que pasaría como consecuencia de un acto. Por ejemplo, un niño sabe que para que un globo inflado se reviente, tendrá que sentarse en él o pincharlo o que para que una torre de bloques se derribe, necesita ponerle más peso encima.

Pensamiento divergente- Este tipo de pensamiento es el que permite al niño intentar diferentes maneras de resolver un mismo problema. Lo usan muy a menudo para "salirse con la suya" en cuanto a los límites de sus padres o a los deseos y decisiones de otros que les afectan a ellos. Un niño que quiere el juguete de su hermana puede primero intentar pedírselo. Si ella se niega, intentará hacer un trueque. Si eso no funciona tal vez intente acudir a sus papás para que sean ellos quienes la obliguen a dárselo. De la misma manera, este tipo de pensamiento les permite intentar otras maneras de satisfacer su imaginación al intentar reproducir en el juego algo que han imaginado o que desafía las leyes físicas.

Juego y aprendizaje

A partir de esta edad, el juego y el aprendizaje irán en una sola sección. Y es que en realidad es muy difícil hacer una diferenciación. Antes de esta edad, mucho del aprendizaje se daba durante la interacción con los padres pero a medida que los niños se vuelven más móviles e independientes, su manera de aprender es jugando no solo con sus padres sino con juguetes, objetos y con todo aquello que les ofrezca el ambiente. El juego es la manera en la que los niños toman las riendas de su aprendizaje.

Durante esta etapa los niños dedicarán entre 5 y 6 horas diarias al juego. El juego es una parte integral del desarrollo físico, cognitivo, sensorial y emocional. A medida 'que los niños crecen, sus habilidades de correr, trepar y saltar mejoran y esto les anima a buscar actividades que les permitan poner en práctica sus nuevas y más complejas destrezas. Las salidas al parque o al aire libre se vuelven aún más enriquecedoras y necesarias en esta etapa. De la misma manera, a medida que sus capacidades cognitivas se vuelven más complejas, los niños buscarán juguetes que reten sus procesos de pensamiento. Este es el diseño natural de todo proceso. A partir del dominio de una habilidad o destreza, nace y se alimenta otra habilidad o destreza más compleja.

Por todo lo dicho anteriormente, los mejores juguetes en esta etapa son aquellos que permiten el despliegue de todas las destrezas en desarrollo, tanto físicas o motoras, como cognitivas. Todo lo que los parques populares suelen ofrecer (resbaladeras, obstáculos, escaleras, sube y bajas) son elementales para permitir al niño o niña aproximarse hacia un dominio más preciso y fino de sus movimientos motores gruesos. A este grupo de juguetes se añaden los carritos, triciclos y demás vehículos que les permitan practicar la coordinación y el pedaleo. Para el enriquecimiento sensorial, la plastilina y el juego con agua (en la tina o en el lavabo) brindan al niño infinitas experiencias de aprendizaje espacial. En cuanto al desarrollo cognitivo, todo juguete que pueda ser adaptado a la curiosidad o a las necesidades del niño o niña será mejor. Los bloques y legos, por ejemplo, ofrecen una variedad de opciones para el despliegue de la imaginación pues pueden ser convertidos en un puente, después en una pista de carros y luego en una casa. A partir de estos juguetes los niños aprenden sobre las relaciones espaciales entre un objeto y otro mientras que los ponen al servicio de su imaginación. En ese sentido, no se preocupe de facilitar un determinado juguete que usted crea apropiado para una determinada acción. Si el niño o niña está jugando a que el vaso desechable es la tacita de té, no es necesario que usted corra a su dormitorio para encontrar esa tacita de té del set de tacitas que usted le compró hace un mes. Su niña o niño está bien jugando tal y como lo está haciendo. Reemplazar los juguetes del momento con algo aparentemente "más apropiado" o "mejor" solo satisface su necesidad de adulto de saber que valió la pena invertir su dinero en el juguete. No se confunda.

Otro tipo de juego que es muy enriquecedor es el juego de roles. Los juegos de roles permiten a los niños expresar sus emociones libremente sin correr el riesgo de ser juzgados por otros. Un niño o niña que -por ejemplo- juega a ser la mamá con su muñeca puede que la haga llorar pues no pudo comerse todos sus dulces de la piñata de la fiesta a la que fueron. De esta manera, él o ella transfiriere sus propias emociones o situaciones pasadas a la muñeca. O incluso puede que la pegue, transfiriendo así su ira hacia ella y no hacia la persona a quien realmente quisiera pegar. Un infante que pega a la muñeca ha aprendido que a ella no le dolerá. El acto de pegar es solo una manera (y en muchos casos la única manera) que tienen los niños para de demostrar agresión a esta edad. Incluso los niños que no son pegados en casa pegan a sus muñecas o amiguitos de vez en cuando. La agresión física, lamentablemente, será -por algún tiempo- el recurso más frecuente que tendrán los niños para expresar su ira hasta que sus circuitos cerebrales desarrollados digan lo contrario, o hasta que les enseñemos otras maneras más apropiadas de expresar la ira, lo cual implica aprender a reconocerla. No se trata entonces de penalizar lo que están sintiendo sino de dar a los niños un espacio más saludable de expresión para sus emociones desagradables.

Recordemos que ningún aprendizaje productivo resultará si obligamos a los niños a jugar un determinado juego o con un determinado juguete. Usted puede ofrecer el juguete, interesarlo a un niño o niña a jugarlo, pero quien toma la decisión final de jugar o no con él es el niño o niña. Puede que la primera vez no le interese un juguete en particular, o puede que lo pida, juegue con el solo una vez y deje de interesarle. Nunca se sabe con los niños de esta edad justamente porque son ellos y sus mentes las que deciden moldeando así su propio aprendizaje. Es por esto que resulta mejor tener pocos juguetes que sean buenos y versátiles a tener muchos juguetes que sean utilizados muy poco. Deje llevarse por los intereses de sus niños, pregúnteles e interésese en sus preferencias lúdicas y de aprendizaje. A veces los adultos tendemos a insistir en el juego que nos gustaría más para ellos. Sin embargo, recuerde que el aprendizaje no nos pertenece. Muchos niños no están interesados o listos para pedalear con el triciclo porque están más interesados en dominar los asuntos cognitivos primero. Otros no tienen interés en los legos, rompecabezas o bloques y prefieren salir a pedalear y a corretear todo el día. Tarde o temprano, sin embargo, todos los niños llegarán a desarrollar sus capacidades en todas las áreas, a su tiempo y sin presiones. Ese es su diseño natural. Nuestro rol es estar atentos a las señales de que están listos para algo más o algo diferente, y así poder ofrecerles los espacios y las herramientas que los llevarán hacia sus nuevos objetivos. El hecho de que algunas de estas habilidades o destrezas consten en las tablas de indicadores del desarrollo no significa que todos los niños <u>deban</u> hacerlas y su ausencia tampoco debería indicar que es necesaria una cita inmediata con el pediatra. Otras habilidades -como el caminar, el hablar y el control de esfínteres- por el contrario, sí son hitos que se dan dentro de ciertos rangos de edad y que dependen más de la madurez y no tanto del interés de cada niño o niña. Estas últimas habilidades sí deben ser motivo de preocupación cuando no se presentan dentro del **rango** de edad esperado. Así por ejemplo, la mayoría de bebés darán sus primeros pasos alrededor de los 12 meses. Unos pocos lo harán muy temprano como alrededor de los 9 meses y otros pocos lo harán más tarde como a los 18 meses. Sin embargo, tanto el bebé de 9, el de 12 y el de 18 meses cumplieron con el hito dentro del rango de edad esperado aun si las tablas indican este hito a los 12 meses que es cuando lo exhiben la gran mayoría.

Por otro lado, volviendo al tema de los juguetes, muchos niños de esta etapa se aferran a un juguete, peluche u objeto en particular. Esto lo hacen por lo general los niños que necesitan más seguridad emocional y poco se ve en niños que pasan todo el día y la noche junto a un mismo adulto. A este tipo de juguete se lo conoce como "objeto transitorio" y suele acompañar al niño al carro, a la cama y a veces también a las guarderías y visitas a la abuela. Si este es el caso de su niño o niña, sea sensible y no lo esconda ni pida que lo reemplace. Ese objeto representa algo importante para su niño o niña y poco le importa cómo se vea o qué tan sucio esté. Eventualmente lo dejará pero hasta que eso suceda ese objeto cumplirá un rol importante en su seguridad emocional especialmente en momentos de transición o de ausencia de su cuidador principal.

A continuación una lista de sugerencias de juguetes comúnmente disponibles en el mercado para este rango de edad:

De los dieciocho a veinticuatro meses:

- Bloques o legos
- Cubos o tazas para apilar por tamaño
- Donas didácticas
- Figuras geométricas para clasificar
- Juguetes de acuerdo al interés del niño o niña

- Mesas de agua o de arena
- Juegos de construcción
- Rompecabezas sencillos
- Libros y cuentos

Después de los dos años:

- Juguetes para moverse, coches, triciclos
- Pizarra, pinturas, juguetes con música para incentivar la expresión
- Formas geométricas de diversos tamaños y colores(clasificaciones, seriaciones)
- Rompecabezas
- Libros y cuentos
- Juegos de construcción, instrumentos musicales, plastilina
- Cosas para la imitación (disfraces, cubos, utensilios de cocina, casitas)

INDICADORES DE DESARROLLO COGNITIVO[11]

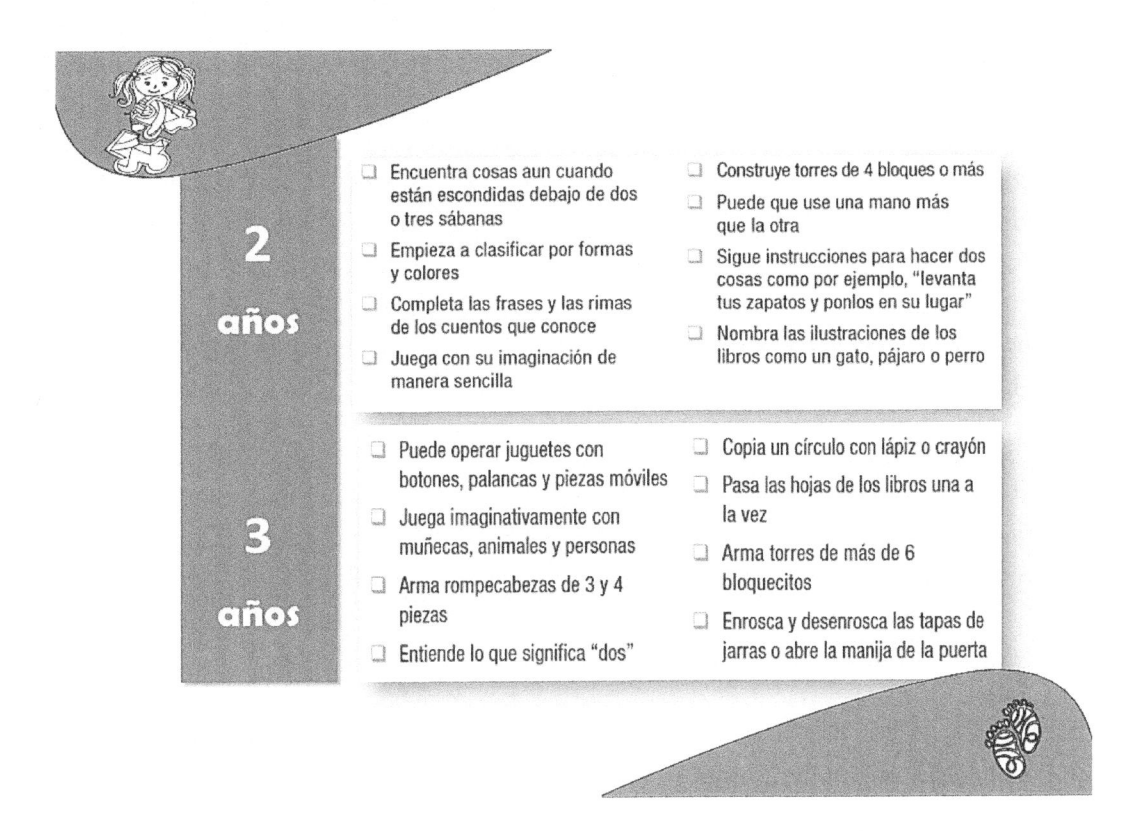

2 años
- Encuentra cosas aun cuando están escondidas debajo de dos o tres sábanas
- Empieza a clasificar por formas y colores
- Completa las frases y las rimas de los cuentos que conoce
- Juega con su imaginación de manera sencilla
- Construye torres de 4 bloques o más
- Puede que use una mano más que la otra
- Sigue instrucciones para hacer dos cosas como por ejemplo, "levanta tus zapatos y ponlos en su lugar"
- Nombra las ilustraciones de los libros como un gato, pájaro o perro

3 años
- Puede operar juguetes con botones, palancas y piezas móviles
- Juega imaginativamente con muñecas, animales y personas
- Arma rompecabezas de 3 y 4 piezas
- Entiende lo que significa "dos"
- Copia un círculo con lápiz o crayón
- Pasa las hojas de los libros una a la vez
- Arma torres de más de 6 bloquecitos
- Enrosca y desenrosca las tapas de jarras o abre la manija de la puerta

DESARROLLO DEL HABLA Y LENGUAJE

El lenguaje florece entre los 18 y 36 meses porque los niños a esta edad tienen la madurez cognitiva necesaria para pensar de manera abstracta y simbólica. Por lo tanto, pueden usar palabras como símbolos de sus ideas y pueden guardar estos símbolos en su memoria a largo plazo para ser usadas después, cuando el ambiente y la necesidad lo consideren necesario. Es por esto que se dice que la mejor edad para aprender un segundo idioma es durante esta etapa, pues las mentes de los niños están recibiendo y grabando constantemente la información de su entorno así aquello que aprendan no les sea útil o funcional en ese momento.

---

[11] Cada niño se desarrolla de una manera única . Sin embargo , el uso de estos indicadores universales proporcionados por el Centro para el control y la prevención de enfermedades (CDC) de los Estados Unidos, ayuda a los padres en la comprensión de los rangos típicos de desarrollo en niños sanos , al mismo tiempo que se reconoce la amplia variación que existe entre ellos.

A partir de los 18 meses los niños empiezan a hablar sus primeras ideas completas. Dicen cosas como "más teta" o "no agua" (cuando no quieren bañarse). Estas primeras frases suelen estar relacionadas con sus necesidades más básicas o con sus rutinas más importantes. Eventualmente, cerca de los 24 meses, estas frases maduran y se vuelven más informativas y egocéntricas. La frase "más teta" podría convertirse en "mi teta". La frase "no agua" puede que se convierta en "no quiero agua". Los niños de esta edad usan mucho los pronombres "mío" y "mi". Interesantemente, a esta edad los niños también dicen más "no" que "sí" y esto concuerda con su nivel de desarrollo social-emocional pues el desafío es una parte normal y sana en esta etapa y se hace evidente no solo en las actitudes sino también en el lenguaje de esta edad.

Entre los 18 y los 20 meses, los niños aprenden alrededor de 10 nuevas palabras al día. Para cuando cumplen dos años la mayoría ya pueden emitir frases de tres palabras y son capaces de cantar canciones simples. Su *Conciencia del Yo* también madura y los niños comienzan a hablar de sí mismos, de lo que les gusta, de lo que no les gusta y de lo que piensan y sienten. Los pronombres los confunden, por lo que puede que intenten evitarlos diciendo "bebé quiere", en vez de "yo quiero".

Desde los dos años a los tres años, los niños aumentarán su vocabulario hasta 300 palabras. Unirán nombres y verbos para formar frases completas y simples como "quiero jugar pelota". Puede que les cueste un poco al principio determinar cuál es el volumen adecuado que deben usar al hablar, pero aprenderán rápido. También están empezando a aprender a usar pronombres como "yo" y "tú".

A los tres años la conversación de los niños es mucho más compleja y sofisticada. Pueden sostener una conversación, relatar una situación y ajustar su tono de voz, inflexión y vocabulario al de la persona con la que están hablando. De hecho, saben cómo hablar con un bebé y saben que pueden ser más verbales con los adultos. Podrán ya decir su nombre y su edad y contestar cuando les pregunten algo.

INDICADORES DE DESARROLLO DEL HABLA Y LENGUAJE[12]

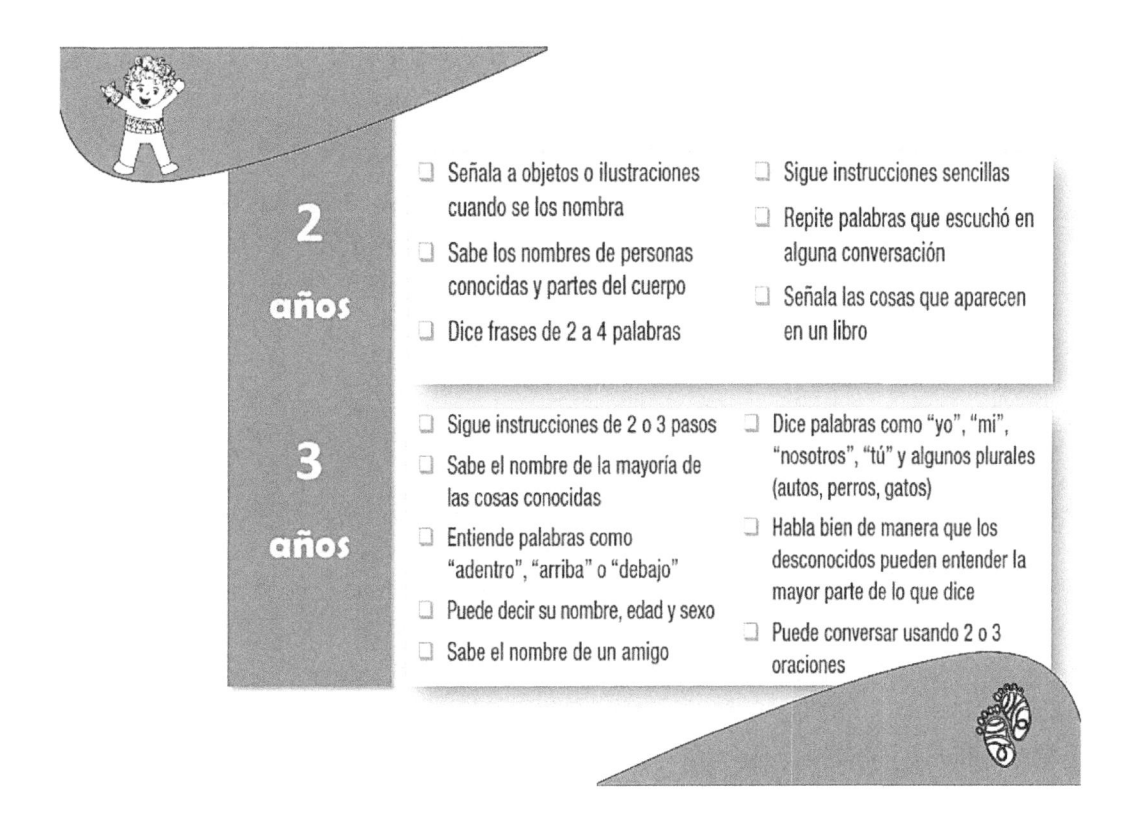

2 años
- Señala a objetos o ilustraciones cuando se los nombra
- Sabe los nombres de personas conocidas y partes del cuerpo
- Dice frases de 2 a 4 palabras
- Sigue instrucciones sencillas
- Repite palabras que escuchó en alguna conversación
- Señala las cosas que aparecen en un libro

3 años
- Sigue instrucciones de 2 o 3 pasos
- Sabe el nombre de la mayoría de las cosas conocidas
- Entiende palabras como "adentro", "arriba" o "debajo"
- Puede decir su nombre, edad y sexo
- Sabe el nombre de un amigo
- Dice palabras como "yo", "mi", "nosotros", "tú" y algunos plurales (autos, perros, gatos)
- Habla bien de manera que los desconocidos pueden entender la mayor parte de lo que dice
- Puede conversar usando 2 o 3 oraciones

¿Cómo ayudar en el desarrollo cognitivo y de lenguaje?

Hacia los 2 años

- Esconda los juguetes del niño en la sala y deje que los encuentre.
- Ayude a su hijo(a) a armar rompecabezas que tengan formas, colores o animales de granja. Nombre cada pieza cuando su hijo(a) la coloca en su lugar.

---

[12] Cada niño se desarrolla de una manera única. Sin embargo, el uso de estos indicadores universales proporcionados por el Centro para el control y la prevención de enfermedades (CDC) de los Estados Unidos, ayuda a los padres en la comprensión de los rangos típicos de desarrollo en niños sanos, al mismo tiempo que se reconoce la amplia variación que existe entre ellos.

- Anime a su hijo(a) a que juegue con bloquecitos. Tome turnos con él para construir torres y derrumbarlas.
- Haga proyectos de arte con su hijo(a) usando papel, crayones y pintura. Describa lo que su hijo(a) hace y ponga sus dibujos en la pared o en el refrigerador.
- Enséñele a su hijo(a) a identificar y nombrar partes del cuerpo, animales y otras cosas comunes.
- No corrija a su hijo(a) cuando dice una palabra en forma incorrecta. En su lugar, dígala usted correctamente. Por ejemplo, "eso es una *pelota*."
- Anime a su hijo(a) a usar la palabra en vez de señalar las cosas. Si su hijo(a) no puede decir la palabra entera ("leche"), ayúdelo con el sonido de la primera letra ("l"). Con el tiempo, puede guiarlo para que diga toda la oración: "yo quiero leche".

Hacia los 3 años

- Juegue a encontrar figuras iguales. Pídale a su hijo(a) que encuentre objetos iguales en libros o en la casa.
- Juegue a contar. Cuente las partes del cuerpo, los escalones y otras cosas que usa o ve todos los días.
- Dele a su hijo(a) instrucciones de 2 o 3 pasos. Por ejemplo, "ve a tu habitación y trae tus zapatos y tu abrigo".
- Léale a su hijo(a) todos los días. Pídale a su hijo(a) que señale cosas en las ilustraciones y que repita las palabras después de usted.
- Dele a su hijo(a) una "caja con útiles" con papel, crayones y libros para colorear. Coloree y dibuje líneas y formas con su hijo(a).

EDADES Y PRIORIDADES

INDICADORES DE DESARROLLO MOTRIZ Y FISICO[13]

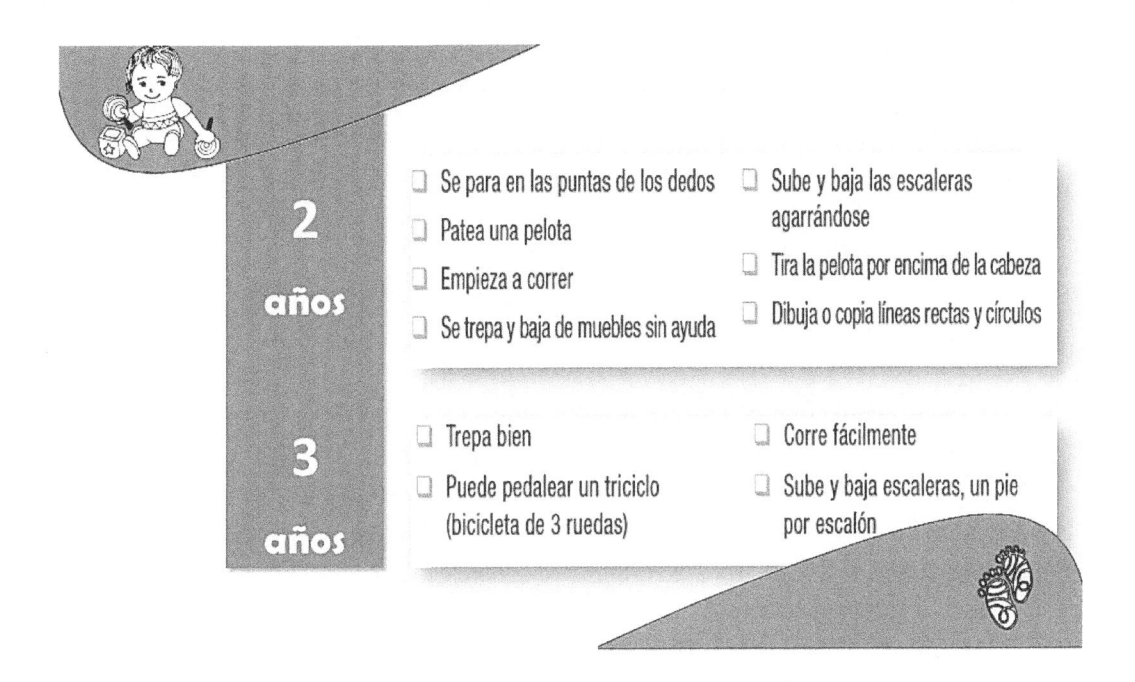

2 años
- Se para en las puntas de los dedos
- Patea una pelota
- Empieza a correr
- Se trepa y baja de muebles sin ayuda
- Sube y baja las escaleras agarrándose
- Tira la pelota por encima de la cabeza
- Dibuja o copia líneas rectas y círculos

3 años
- Trepa bien
- Puede pedalear un triciclo (bicicleta de 3 ruedas)
- Corre fácilmente
- Sube y baja escaleras, un pie por escalón

¿Cómo ayudar en el desarrollo motriz y físico?

Hacia los 2 años

•   Pídale a su hijo(a) que le ayude a abrir puertas y cajones y a pasar las páginas de los libros y revistas.

•   Cuando ya camine bien, pídale a su hijo(a) que le ayude cargando cosas pequeñas.

•   Juegue a patear la pelota con su hijo(a), pasándola una y otra vez. Cuando su hijo(a) haya aprendido, anímelo a correr y patear.

•   Lleve a su hijo(a) al parque para correr y treparse en los juegos o caminar por los senderos naturales. Supervise a su niño o niña con mucha atención.

---

[13] Cada niño se desarrolla de una manera única. Sin embargo, el uso de estos indicadores universales proporcionados por el Centro para el control y la prevención de enfermedades (CDC) de los Estados Unidos, ayuda a los padres en la comprensión de los rangos típicos de desarrollo en niños sanos, al mismo tiempo que se reconoce la amplia variación que existe entre ellos.

Hacia los 3 años

- Dele la mano a su hijo(a) para subir o bajar las escaleras. Cuando pueda subir y bajar con facilidad, anímelo a tomarse del pasamano.

- Juegue con su hijo(a) afuera de la casa. Vaya al parque o a caminar por un sendero. Deje que su hijo(a) juegue con libertad y sin actividades estructuradas.

DESARROLLO PERSONAL

Conciencia del Yo

A medida que los niños empiezan a madurar y a saberse a sí mismos como seres independientes y autónomos, el rol de los padres es ayudarlos a establecer una imagen de sí mismos como seres capaces y amados. El reconocer las señales de esta individualidad que empieza a emerger ayudará a los adultos a nutrir su sentido de independencia y su *Conciencia del Yo*. Estas señales son:

- A los 18 meses ya pueden reconocerse a sí mismos en una foto, pueden señalarse y decir su nombre.

- Hacia los 2 años usted verá cómo su lenguaje está lleno de referencias de sí mismo. Las palabras, "mío" o "mi" son más frecuentes.

- Los niños suelen referirse a sí mismos en tercera persona. Por ej.: "*Caty quiele agua*".

- El concepto de propiedad y su incapacidad de compartir es todavía más evidente a esta edad puesto que para definir su Yo, resulta necesario definir qué es lo "mío".

- Los niños se vuelven mucho más preocupados por su seguridad física y puede que pidan usar curitas o ungüentos para aliviar pequeños dolores o rasguños en la piel.

- Los niños son más asertivos y parte de esta asertividad se evidencia con el frecuente uso del "no". Un niño o niña que dice "no" frecuentemente está afirmando su deseo de ser diferente a sus padres. Aun si el niño o niña quiere decir "si" ante la oferta de un helado o un dulce, tal vez lo que primero le salga es un "no" puesto que en el "no" se afirma su diferenciación. Y aún después de decir "no", puede que agarre el dulce de sus manos y se lo coma. O por el contrario, puede decir "si" para inmediatamente después decidir que ya no lo quiere. Todo este juego del "sí" y del "no" es parte normal de su emergente *Conciencia del Yo*.

- Alrededor de los 2 años se añade otra dimensión a su identidad: el género. Los niños son capaces de clasificarse a sí mismos en base a su género pero siguen confundidos en cuanto a lo que significa ser varón o mujer. A veces piensan que el sexo o el género se puede cambiar simplemente al usar otro tipo de ropa o que éste puede cambiar con el tiempo. Esto no debe preocupar a los adultos pues es una parte normal del proceso. Es también algo normal que los varones jueguen con muñecas o que las niñas jueguen con carros. No es necesario forzar a una criatura a que juegue con amiguitos del mismo sexo pues a esta edad tanto los varones como las mujeres están perfectamente bien jugando con quien sea. Eventualmente tendrán un sentido de su género que les impulsará a buscar amiguitos más afines a sus gustos. Por lo pronto, recién están aprendiendo a aceptar esa diferenciación.

Autoestima

Al inicio de esta etapa, los niños formarán una imagen de sí mismos que será bastante objetiva ("Soy una persona, existo independientemente de mis padres, soy niño o niña"). Sin embargo, poco a poco formarán una imagen un tanto más subjetiva de sí mismos. Esta especie de autoevaluación subjetiva suele estar relacionada con el tipo de discurso que escuchan en casa por parte de los adultos. Las palabras tienen mucho poder y bien hacemos en cuidar con celo todo aquello que sale de nuestra boca. La palabra dicha es como el agua derramada puesto que no se puede recoger. Por lo tanto, lo más prudente es procurar que el agua que reguemos sea agua que nutra y no que envenene. Las palabras nutren y crean, pero también pueden destruir. Cuántos frutos se han malogrado a partir de frases dichas repetidamente y sin pensar. Frases como "qué tonto", "no sirves para nada", "no toques eso que seguro lo rompes", "este niño es un desastre", son misiles que llegan a la mente de nuestros hijos y van conformando su voz interna, haciéndolos sentirse fracasados incluso en momentos de éxito. Por eso es imprescindible que sembremos en sus cabezas voces de optimismo y de esperanza, no de fracaso e inseguridad. Cuida los mensajes que comunicas a tus hijos, pues esos mensajes se traducen en autovaloración. Un niño amado y respetado se ve a sí mismo como una persona digna de amor y de respeto. Por el contrario, un niño tratado con palabras hirientes solo podrá ver reflejada la misma imagen de sí mismo que sus padres han creado de él.

A continuación algunos consejos para nutrir el autoestima de los niños:

- Al gestionar una situación conflictiva o al establecer límites, recuerde hablar estrictamente de lo que pasó y de las emociones que se dieron. Evite culpabilizar y no use términos que definan al infante (ej. irrespetuoso, malcriado, grosero) sino palabras que definan a las emociones sentidas (ej. miedo, iras, celos) y a la situación (ej. desorden, ruido, falta de comunicación).

- Busque y pregunte su opinión

- Dé a los niños la oportunidad de comunicar y optar por sus preferencias

- Evite el uso de etiquetas tanto en los aspectos físicos (gordito/flaquito) como en los aspectos de su personalidad (grosero/malcriado)

- El autoestima **no** se forma con frases como "¡eres tan especial!" o "¡eres el más inteligente!" o "¡tú puedes ser todo lo que quieras ser!". Estas frases no conducen más que al egocentrismo, a la idea de que son el centro del universo y que son superiores a otros. Mucha concentración en estas frases hace que los niños piensen que ellos tienen valor solo en la medida en la que sepan demostrarnos que son aquello que hemos dicho que son: "especiales", "inteligentes", y/o "capaces de lograrlo todo". Es importante reconocer los triunfos de los niños, sin embargo, estos reconocimientos deberían estar realmente justificados por algo puntual y específico en donde pueda existir espacio para la mejora. Por ejemplo, "¡qué lindo dibujo este que hiciste!" es una frase puntual y objetiva que reconoce la habilidad plasmada en un dibujo. Por el contrario "¡eres el mejor artista de todos!" es una frase que invita al egocentrismo.

Autonomía

Este es el tema central que prima entre los 2 y los 3 años. La *Conciencia del Yo* o el entendimiento de que son un ente separado de otros da paso también a una intensa gana de hacerlo todo por sí mismos y de hacerlo todo a su manera. Esta etapa, si bien normal, puede ser bastante desgastante si los padres se empeñan en enseñar a los niños que ellos no son quienes mandan y no pueden decidir nada. Por el contrario, los padres que proveen algo de opción o de espacios seguros donde los niños puedan ejercer esa autonomía suelen tener mejores resultados: sus hijos son más cooperadores y sus días suelen ser más llevaderos. Las batallas de poder suelen incrementarse en esta etapa puesto que los niños saben que hay ciertas cosas en las que ellos tienen total control como al comer, dormir o cepillarse los dientes. Por eso, cuando no tienen la oportunidad de optar o de ser quienes decidan ciertas cosas en el transcurso de cada día, verán la oportunidad perfecta para tomar total control cuando saben que sí podrán hacerlo. Esta necesidad de ser autónomos es también la responsable de desatar algunos berrinches.

Entonces ¿qué podemos hacer? ¿Les dejamos que hagan lo que quieran? No. Tampoco se trata de eso. Los límites son importantes y dan seguridad a los niños de toda edad pero eso no significa que debamos tener muchos límites o que debamos establecerlos sin una clara razón. Siempre evaluemos el porqué de nuestros límites y una vez razonados, mantengámoslos firmes. Lo que contribuye a un ambiente más cooperador es asegurarse que no prime el demandar y el requerir sin que existan iguales cantidades de opción y de espacio. Cuando los niños tienen algo de espacio para decidir ciertas cosas como el orden de sus actividades (por ej.: bañarse antes o después de comer), o si se les da la libertad de elegir qué alimentos de la mesa servirse en su plato, o de elegir su ropa para el día, entonces las posibilidades de que los niños cooperen cuando no exista la posibilidad de optar, serán más altas. De la misma manera, el permitir que durante el juego sean los niños quienes decidan qué se va a jugar y cómo ha de jugarse satisface su necesidad de tener algo de control. Los niños, al igual que los adultos, necesitan sentir que tienen algo de potestad en sus vidas. Mientras más podamos llenar su sentido de potestad, más cooperarán con nosotros al momento de establecer un límite no negociable.

Parte de la afirmación de la autonomía involucra el querer hacer las cosas por sí mismos. Los niños a esta edad quieren intentar hacerlo todo pero al mismo tiempo no son capaces de anticipar o de evaluar si serán o no capaces de realizarlo exitosamente. Querrán tal vez vestirse solos sin necesariamente ser capaces de abotonarse o de cerrar el cierre del pantalón. Querrán ayudar a cocinar o a servir la mesa. Todo esto puede ser negociado con paciencia, sentido común y algo de flexibilidad. El reto para los padres es encontrar maneras de ayudar a los niños a hacer aquello que quieren intentar hacer sin necesariamente prohibirles hacerla o hacerla por ellos.

A continuación algunas ideas para nutrir la autonomía de su niño y no perder la cabeza en el intento:

- *Permita y ofrezca ayuda.* Los niños querrán hacer cosas que sabemos que todavía no pueden hacer como verter jugo en un vaso o cortar con cuchillo el queso. Mientras usted esté ahí para ayudar y supervisar, permita al niño o niña intentar estas cosas sabiendo que al hacerlo vamos a terminar con jugo desparramado o con queso desperdiciado. En estos momentos recuerde cuál es su prioridad, ¿la limpieza o el sano desarrollo de su hijo(a)? Ofrezca ayuda y háganlo juntos.

- *Dé espacio para el error.* La frustración que los niños experimentan al no poder perfeccionar ciertas habilidades es una frustración sana y necesaria para impulsarlos a seguir intentándolo. Estas son valiosas lecciones de persistencia y de esfuerzo. No corra al rescate inmediatamente y permita a los niños sentir algo de frustración antes de intervenir.

- *Haga ciertos ajustes.* A veces solo se trata de hacer ciertos ajustes para procurar que los niños puedan experimentar más éxito con aquello que intentan hacer. Por ejemplo, si lo que quieren es verter leche en una taza, tal vez podemos aumentar las probabilidades de éxito en esta tarea dándoles una taza bien grande para que el derrame sea menor.

- *Tómese su tiempo.* El corre-corre de la vida diaria a veces no nos permite dar tiempo a los niños para intentar nuevas tareas o actividades a su propio ritmo. Ellos se demoran mucho más al intentar hacer algo que nosotros lo hacemos en cuestión de segundos y la tendencia es dar preferencia al ahorro del tiempo. Cuando le sea posible, tómese 10 minutos extra para dar tiempo al niño o niña para ponerse sus zapatos o para cerrarse su suéter, por ejemplo.

Responsabilidades

Si bien los niños de esta edad no pueden hacerse responsables de la completa limpieza de sus habitaciones, ni de tender sus propias camas, pueden empezar a esta edad a involucrarse en actividades o en quehaceres domésticos a manera de ayudantes. Estas pequeñas responsabilidades les ayudarán no solo a desarrollar su sentido de responsabilidad sino a iniciar su camino hacia la organización puesto que para realizar estas actividades los niños tendrán que poner en marcha sus capacidades de razonamiento, memoria y de planificación. Por ejemplo, para ayudar a poner la mesa los niños deben primero calcular cuántas son las personas que comerán para después asegurarse de que cada persona tenga una servilleta y un set de cubiertos. Para regar las plantas, deben primero llenar la regadora con agua y después deben recordar en dónde está cada planta.

A continuación una lista de actividades que los niños de esta edad están listos para hacer:

- Recoger o guardar sus propios juguetes
- Poner servilletas, platos y cubiertos en la mesa
- Regar las plantas
- Poner la ropa en la canasta de ropa sucia o en la lavadora
- Poner sus propios platos y cubiertos sucios en el fregadero o en el lavador de platos

- Botar basura en el basurero
- Limpiar sus propios derrames líquidos
- Proporcionar pañales o paños húmedos a los padres (para ellos mismos o sus hermanitos menores)
- Limpiar polvos
- Arreglar los libros en una repisa

Además de darles pequeñas responsabilidades también es tiempo de empezar a enseñarles a enfrentar responsablemente las consecuencias de sus propios actos. Al permitirles verter leche o agua en sus propios vasos, estamos no solo permitiendo algo de autonomía en independencia sino también abrimos espacio para el error, lo cual es muy importante para permitir que los niños desarrollen su sentido de responsabilidad. Si el niño o niña derramó algo de agua o de leche en la mesa al intentar verterla en su vaso, es hora entonces de pedirle que limpie el derrame que ocasionó. Con calma y sin culpar al niño o niña, pásele el papel toalla para que limpie el derrame sin tampoco esperar perfección en la limpieza. Si -por ejemplo- armó un rompecabezas en el piso y quiere armar otro, pídale que lo guarde en la caja antes de sacar el siguiente rompecabezas. Estas pequeñas cosas enseñan grandes lecciones de responsabilidad. Los niños de esta edad pueden además empezar a tomar las riendas de su propia higiene. Con algo de supervisión, ellos pueden lavarse y secarse las manos, pueden jabonarse solos en la tina de baño y pueden ayudar a poner la ropa en la lavadora.

Tal vez la parte más difícil de enseñar a los niños a ser responsables es comprender que la gran mayoría de las veces uno termina haciendo el trabajo de todas maneras después de que el niño o niña haya "ayudado". No obstante, es importante dar el espacio para que los niños ayuden y aprendan a ser responsables aún si la cantidad de trabajo termina siendo igual o más para los adultos. Es muy tentador hacerlo todo nosotros (porque lo hacemos mejor y más rápido) pero al privar a los niños de esas oportunidades estamos creando un mundo de personas servidas, poco autosuficientes y sobre todo que se sienten merecedoras de todo sin poner nada de parte. Los niños necesitan ser dados la oportunidad de ayudar a otros y de hacer cosas por sí mismos, no les privemos de los aprendizajes que estas oportunidades les brindan.

DESARROLLO DE LA AUTODISCIPLINA

Valores y moral

Conjuntamente con el entendimiento de su individualidad y su autonomía con respecto a sus progenitores, los niños de 18 meses también están desarrollando las cualidades que definirán su personalidad. Este es el momento preciso para que los niños aprendan a discriminar lo bueno de lo malo, lo correcto de lo incorrecto. Este es el momento de empezar a establecer límites y de hacerles saber que sus comportamientos y acciones afectarán a otros en el entorno. Poco a poco y con paciencia, los niños serán capaces de construir su propia brújula moral. Esa brújula moral madurará con el tiempo y será la responsable de generar sentimientos de culpa o de vergüenza cuando hayan incumplido las reglas. También será la responsable de generar satisfacción cuando se sienten y se saben cómo individuos responsables y buenos. Así es como se forman los valores personales y la moral de las personas.

El proceso de formación de valores y de la moral inicia con la conciencia, esa voz interna que guía nuestra manera de proceder basada en lo que conocemos sobre lo bueno y lo correcto. Las raíces de la conciencia se siembran entre los 18 a 36 meses puesto que en esta edad los niños están madurativamente listos para entender que hay ciertas acciones que están bien y otras que están mal. Cuando un niño o niña rompe algo y busca una reacción en la cara de mamá, él o ella está registrando esa respuesta para entonces reaccionar de la misma manera cuando algo similar suceda. De la misma manera, los niños registran las caras sonrientes o satisfechas de sus padres cuando ellos hacen algo que les place, les gusta o les hace reír a los adultos. Repetirán esas acciones para provocar las mismas reacciones y entonces podrán convencerse de que aquello que hicieron es algo que *deben* o que *no deben* hacer. Los niños son pequeños científicos y a pesar de que no han elaborado sus hipótesis de manera consciente, las tienen y las validan una y otra vez hasta tener suficiente evidencia para llegar a una conclusión. Por eso a esta edad es necesaria mucha paciencia y consistencia de los padres, pues el aprendizaje es caótico y las lecciones son repetitivas.

Los padres podemos ayudar en este proceso siendo consistentes de nuestras reacciones y respuestas ante las acciones tanto positivas como negativas de nuestros niños. En vez de insistir y repetir *"¡no me pegues!"*, es mejor explicar por qué. *"No me pegues porque me duele cuando me pegas y eso me hace sentir triste."*. Siempre que establezcamos un límite será muy importante comunicarlo firmemente y seguido de un *porqué*. Al escuchar la razón de los límites los niños aprenden a cambiar sus comportamientos no solo porque "esa es la regla" sino por la manera en que estos comportamientos afectan a otros. Estas pequeñas explicaciones además ayudan a los niños a hacer lo correcto, no para evitarse una reprimenda o para hacer enojar los padres, sino porque entienden las implicaciones en los sentimientos y el bienestar de otras personas.

La aparición de la empatía durante esta etapa es también una señal del desarrollo de la moral. La empatía es el prerrequisito de la conciencia pues es ella la que permite sentir gusto por la alegría de otros o dolor por sus sufrimientos. La empatía es una habilidad que necesita ser nutrida con el ejemplo y ejercitada con algo de coaching emocional. Los padres podemos fortalecer el desarrollo de la empatía hablando de los sentimientos tanto nuestros como suyos y dándoles un nombre y un espacio para su expresión. También se puede promover la empatía gracias al juego de roles en el cual los niños tienen la oportunidad de resolver simbólicamente problemas que quedaron pendientes en el pasado, y afrontan directa o simbólicamente sus preocupaciones emocionales presentes. Los niños proyectan o transfieren sus emociones hacia sus peluches o muñecas y resuelven sus propios malestares ofreciéndoles abrazos o consuelo.

Todo lo dicho anteriormente no implica que los niños de esta edad estén listos para empatizar en todo momento. No. Que no le sorprenda ver que su niño o niña se burle o se ría al ver a alguien caer y lastimarse. Si bien está empezando a entender y a reconocer los sentimientos en otros, eso no significa que esté listo para mostrarse abiertamente empático ante el dolor ajeno o para ser generoso con sus pertenencias. Siguen siendo egocentristas por mucho más tiempo y ponen sus intereses frente a los intereses y sentimientos de otros.

Autocontrol

Dado que esta es la edad del egocentrismo, de los constantes "no" y del desafío a la autoridad, la disciplina suele ser un tema que preocupa de sobremanera en esta etapa. Algunos padres ante el normal y esperado desafío se portan cada vez más estrictos y tajantes con sus hijos para terminar de una vez por todas con la rebelión antes de que se les salga de las manos. Otros, por el contrario, se preocupan de que muchos límites y restricciones terminen por aniquilar la curiosidad innata de sus niños y entonces les dejan hacer lo que ellos quieran y cuándo ellos quieran. Ninguna de las estas dos aproximaciones es la recomendada. Los niños se desarrollarán mejor en un ambiente que no sea ni autoritario ni permisivo.

Cuando piense en disciplinar a sus hijos, piense en educarlos, no en castigarlos. El término "disciplina" viene del Latín *discipulus* que significa "alumno" o "pupilo" y de *disciplina* que significa "educar" o "enseñar". El castigo no enseña la lección a largo plazo y por lo tanto, no disciplina. Quienes valoramos los derechos humanos básicos creemos que el humillar y el privar a los niños de su dignidad, libertad o autonomía son medios que no justifican el fin. Si la finalidad es que los niños aprendan a manejarse en un mundo lleno de límites, entonces nuestra responsabilidad es educarlos y enseñarles a hacerlo sin que eso signifique humillarlos o herirlos en el intento. Dentro del marco de una crianza respetuosa y consciente, la meta a largo plazo es la autodisciplina. Queremos que nuestros niños sean capaces de distinguir lo bueno de lo malo, lo aceptable de lo inaceptable y lo positivo de lo negativo. La meta a corto plazo es la cooperación. Queremos que los niños cooperen, no que obedezcan. La cooperación es voluntaria y se basa en el entendimiento de que su rol en la dinámica familiar y en el sistema social cuenta y es importante. La obediencia, por el contrario, se deriva de la sumisión y del miedo a la reprimenda de parte de la figura de autoridad.

Así pues, la meta de la disciplina es enseñar a los niños lo correcto de lo incorrecto y permitir que desarrollen el autocontrol que les permitirá desenvolverse efectivamente y alegremente en este mundo por sí solos y sin necesidad de ser retados o corregidos en todo momento. Esta es la edad precisa para empezar a guiar a los niños hacia esa meta. Si la idea de lo aceptable y lo inaceptable no se introduce hasta después, será más difícil que los niños internalicen esa información en el futuro.

Para lograr crear un ambiente sensible y respetuoso, pero a la vez con límites y reglas, considere estas sugerencias.

1. Asegúrese de tener áreas en la casa en las que su niño o niña de esta edad pueda explorar libremente y de manera segura. Mueva todas las cosas valiosas o frágiles a otros lugares de la casa o guárdelas durante este periodo de tiempo para procurar que el ambiente no se sature de frases como "no toques esto" o "cuidado con lo otro". Mucha concentración en esas frases puede interferir con la natural curiosidad del niño, y por lo tanto, con su aprendizaje y desarrollo normal.

2. En aquellas situaciones en las que su niño o niña está irritable, intente primero distraer antes de confrontar. Saque su juguete favorito, cambie el tema de conversación, presente una nueva actividad, ponga algo de música.

3. Intente consolar y contener las normales frustraciones antes de gritar o reprender. Resolver la frustración o agresión de los niños con frustración o agresión adulta solo añade más leña al fuego. Para extinguir la agresión o frustración es necesaria la calma y la compasión. Calma no significa pasividad, significa madurez.

4. Establezca pocos límites pero aquellos pocos que sean justos, claros y consistentes. Tenga expectativas de comportamiento realistas. Los límites son importantes porque dan estructura y seguridad a los niños. Sin embargo, muchos límites innecesarios pueden ser contraproducentes. En vez de saturar la vida de los niños con límites poco razonables intente dar la prioridad a unos pocos pero necesarios como aquellos que tienen que ver con la alimentación sana, la agresión hacia otros o aquellos límites no negociables como el uso del cinturón de seguridad en el carro. Concéntrese en esos y sea consistente. Manténgalos firmes así el niño o niña llore o se frustre. Mostrarse flexible con un límite solo para terminar con el llanto solo enseña a los niños a seguir llorando para lograr obtener lo que quieren. Por el contrario, muéstrese empático cuando exprese su frustración sin que eso signifique eliminar o ignorar el límite establecido.

5. Cuando diga "no" acompáñelo siempre de un porqué. Por ejemplo *"no se bota la comida al piso porque se desperdicia y se ensucia el piso"*.

6. Cache a su niño con "las manos en la masa" pero haciendo algo bueno y dígale lo orgulloso que se siente de aquel buen gesto o comportamiento que observó. Por ejemplo, si su objetivo es que sus hijos se sienten en silencio durante una salida a comer, usted puede usar el buen ejemplo de un hijo(a) para animar a los otros hijos a seguirla: "*Me encanta como Gaby está sentada tan tranquilita*". Evite comparaciones. Simplemente limítese a reconocer el comportamiento positivo.

7. Use consecuencias lógicas o naturales para que ellas por su propio peso enseñen valiosas lecciones. El uso de consecuencias lógicas y naturales es un método respetuoso del aprendizaje natural de los niños. Al usar consecuencias, los padres simplemente ayudan a los niños a entender la asociación entre la acción y su efecto o resultado. Para que las consecuencias lógicas tengan valor educativo, es necesario que cumplan con los siguientes cuatro elementos:

    - La consecuencia debe ser respetuosa. Nuestro objetivo no es hacer que el niño o niña sufra sino que aprenda a tomar una mejor decisión en el futuro. Si existe o si se inflige culpa, vergüenza o dolor, entonces estamos hablando de un "castigo", no de una consecuencia.

Los niños castigados se centrarán en la "autoprotección" y no en aprender la lección. Las consecuencias efectivas son respetuosas con los niños.

- La consecuencia debe estar directamente relacionada con el mal comportamiento. Para que los niños aprendan, la consecuencia tiene que ser sensata para el niño y debe estar relacionada con la mala conducta. Por ejemplo, la consecuencia por arrojar las piezas de un rompecabezas en la habitación o en el agua, es perder el privilegio de jugar con ellas por un determinado lapso de tiempo. La consecuencia de no apagar el videojuego cuando se le pide o cuando la regla familiar lo establece es perder el privilegio de jugar con él por un día, o por una semana dependiendo de la edad del niño.

- La consecuencia debe ser revelada por adelantado para dar la oportunidad a los niños de cambiar su conducta. Si a pesar de la anticipación o de la advertencia el niño o niña ha elegido continuar con el comportamiento inapropiado, entonces la responsabilidad de la acción recae en él o ella, y su mente está lista para aprender de la experiencia. Si no se le dio oportunidad de cambio, ni ningún tipo de advertencia, la consecuencia no tiene efecto educativo puesto que el niño o niña no se hará responsable de sus acciones. Ante sus ojos, el adulto que impone la consecuencia no es más que un castigador.

- La consecuencia debe ser entendida y/o verbalizada por los niños. Para asegurarnos que los niños comprenden claramente el comportamiento que se espera de ellos y la consecuencia de no seguir la regla, pídale al niño o niña que se lo diga a usted. Por ejemplo, "¿me puedes recordar cuál es nuestra regla sobre jugar videojuegos y cuál es la consecuencia de no hacerlo?" Una vez que tengan un acuerdo verbal, entonces se ha confirmado el entendimiento del límite o la regla.

Modales

Adquirir buenos modales toma mucha consistencia y reforzamiento. Si usted es consistente sus niños naturalmente aprenderán a decir "por favor" y "gracias". Otros requerirán de más práctica y reforzamiento. Por ejemplo, si su hijo(a) dice: "*¡papi, quiero jugo!*" usted podría decir como quien enseña otro idioma: "*repite conmigo: Papi, quiero jugo por favor*", y ante esa repetición usted puede responder de manera acorde: "*Claro, mi amor, ahorita te sirvo*". Si se hace esto constantemente, llegará el día en que ellos dirán "gracias", "por favor", "buenos días" y "buenas noches" por sí solos y sin necesidad de obligarlos. Recuerde que los modales no son sino aprendizajes sociales que inician con el ejemplo y se refuerzan con más ejemplos y oportunidades de práctica.

EXPECTATIVAS REALISTAS

- **Madurativamente hablando, recién cerca de los 18 meses los niños empiezan a comprender que ellos tienen una influencia sobre sus propios actos.** Entender este proceso puede resultar muy difícil para los adultos puesto que los motivos que a nosotros nos impulsan a comportarnos de cierta manera son diferentes a los motivos de un niño pequeño. Por eso, hasta que comprendamos bien esa diferenciación la tendencia de los adultos será la de hacer interpretaciones erróneas sobre un comportamiento y calificarlo de manipulador o de mal intencionado, puesto que nos basamos en las motivaciones que los adultos tenemos al comportarnos de esas mismas maneras. Cuando un niño o niña pega, por ejemplo, no es porque quiere herir a otra persona (esa sería la deducción lógica del mismo comportamiento proveniente de un adulto), sino porque simplemente ese niño o niña está fascinado con la leyes de causa-efecto y está aprendiendo que por cada acción hay una reacción. El niño o niña pega al papá, el papá dice "no" y a pesar del "no", la criatura lo vuelve a hacer. Esto refleja que el niño está desarrollando su entendimiento de que sus acciones tienen un impacto en el ambiente, lo cual es un descubrimiento paulatino. Les tomará a los niños algunas veces de repetir la misma acción y de escuchar la misma respuesta para establecer una asociación del tipo causa-efecto.

Entonces, ¿cómo actuar ante estos comportamientos aparentemente agresivos? Entendiendo que dichos comportamientos no son actos mal intencionados, no podemos esperar que los niños pequeños se hagan completamente responsables de sus actos, al menos no todavía. Y aunque sí son comportamientos innegablemente inapropiados puesto que hieren a otros, a esta edad no es absoluta responsabilidad de los niños el evitarlos. Aquí es el adulto quien debe actuar como guía, con paciencia, constancia y sin reaccionar con exageración. La recomendación ante estos comportamientos es muy simple: remover a la persona o al animalito que está siendo agredido. Si usted está siendo agredido, diga "no" firmemente y aléjese por un momento. Aproveche la oportunidad para enseñar vocabulario emocional y valide su sentir con frases como: *"veo que estás enojado, pero no así, eso me duele"*. Esto le enseña al niño o niña que cada vez que lo hace las personas o animalitos se alejarán de él o ella (conclusión: a nadie le gusta ser agredido). Remover a los niños agresores o pegarles de vuelta, por el contrario, solo les comunicará que es necesario castigarlos o aislarlos por cosas como aprender y errar en la escuela de la vida.

Cuando usted se aleja momentáneamente o remueve a quien está siendo agredido, no necesariamente garantiza que en un futuro los niños dejen de pegar, halar el pelo o pellizcar. Seguramente lo van a volver a hacer puesto que seguirán experimentando con ese comportamiento, pero mientras se responda siempre de la misma manera, no dude que el aprendizaje está sucediendo. La consistencia en estos casos es clave. La valiosa lección social que usted enseña a los niños al decir "no" firme y amablemente cada vez que agreden es que ciertos comportamientos no son admitidos. Al mismo tiempo usted fortalece su relación con ellos al validar sus emociones, y ofrecer alternativas en vez de ponerse en un plano hostil como si fuera su oponente. Si lo hace siempre de esta manera, cerca de los tres años los niños tendrán suficientes memorias grabadas en su mente como para comprender cuáles son las leyes que gobiernan la interacción humana. Aquellos con mascotas pueden también aprender a interactuar respetuosamente con ellas, no solo porque es éticamente correcto, sino porque los animalitos pueden reaccionar de maneras agresivas con los bebés si éstos son agredidos por ellos.

- **Espere protestas, espere negativas, espere frustración, espere agresión, espere el uso frecuente de la palabra "no", espere que rompan las reglas.** Los niños de esta edad querrán probar qué tan firmes son sus límites y querrán asegurarse de que en realidad son necesarios. Eso lo podrán comprobar solo si los adultos a su alrededor son constantes al establecerlos. La mala prensa que se le ha hecho a los "terribles dos" tiene que ver con la necesidad de los niños de sentirse autónomos y de tener potestad sobre sus propias vidas (lo cual es esperado y totalmente sano) mientras que al mismo tiempo aprenden a aceptar los límites. No es "malcriadez". Es un proceso normal que es parte de su sano desarrollo. Recuerde que el desafío consta en la tabla de indicadores de desarrollo socio-emocional para los niños de 2 años.

- **No tome personal sus comportamientos y su falta de madurez.** Recuerde que si bien ya no son bebés, tampoco son adultos ni podrán comportarse como tales. Muchos niños de esta edad se seguirán despertando por la noche a veces hasta 2 veces. El sueño sigue madurando y eso no significa que lo hagan "a propósito" ni que quieran molestarlo(a) a usted por la noche.

- **La angustia ante la separación no es un asunto que haya quedado en el pasado.** Muchos niños que van a las guarderías o centros infantiles se seguirán resistiendo a la separación. Muchos se resistirán también al ir dormir por la noche en sus propias camas. Recuerde que biológicamente hablando el cerebro depende todavía del cuidado de un adulto para crecer y desarrollar. Biológicamente hablando, la independencia toma mucho más tiempo en la especie humana que en otras especies debido a que nacemos solo con el 25% de nuestro cerebro desarrollado. La corteza cerebral añade un 70% de su masa después del nacimiento y en los primeros tres años alcanza un 90% de su tamaño permanente. El desarrollo cerebral es un proceso dependiente del cuidado parental, de manera que biológicamente hablando, los niños no pueden ser independientes antes de los tres años puesto que ese es el tiempo que le toma al cerebro desarrollarse a un 90% de su capacidad. Una independencia sana solo es posible a través del desarrollo cerebral, y un desarrollo cerebral sano solo es posible gracias a un ambiente sensible, predecible y seguro que dé lugar a la conexión (o al vínculo de apego seguro) con los padres. Es justamente la dependencia lo que impulsa la búsqueda de la independencia, de manera que en vez de preocuparnos por que los niños nos buscan y necesitan, preocupémonos cuando no lo hagan.

- **El control de esfínteres es un ejemplo del proceso de maduración del autocontrol (el cual es típico de los niños de 2 a 3 años) al lado de los problemas de comportamiento, como las pataletas y las batallas de la alimentación.** La mayoría de los niños sin retrasos madurativos, o trastornos neurológicos logran el control diurno entre los dos y los tres años, y el control nocturno hacia los cinco años. Desde una perspectiva científica, sin embargo, no existe evidencia suficiente de que exista una edad perfecta. Tanto aquellos niños que han sido entrenados antes de los 2 años, como aquellos que han dejado el pañal después de los 4, no han sufrido ningún problema ni psicológico ni fisiológico. Sin embargo, si nos inscribimos bajo una crianza respetuosa, entonces la edad ideal es aquella que dicta el niño (o la niña), no los padres. En ese sentido, el trabajo de los padres consiste en estar pendientes de las señales de que están listos y, después, acompañar en el proceso. Estas señales son:

-El deseo de imitar a los padres o a otros, e identificarse con ellos cuando estos hacen cosas cotidianas como cocinar, barrer o ir al baño.
-El querer ejercer control y tomar decisiones de cuándo y dónde hacer las cosas (sentido de autonomía).
-El tener una comprensión de que hay un orden y un sitio para cada cosa
-Amanecer con el pañal seco por las mañanas indica que ya es posible un control de esfínteres nocturno

-Si no mojan el pañal muy frecuentemente por el día (y cuando lo hacen lo llenan como globo), indica que están listos madurativamente para el control de esfínteres diurno pues orinan en intervalos menos frecuentes.
-Tener las habilidades motrices para dirigirse al sanitario y usarlo
-La habilidad de hablar y tener los conceptos relacionados con el uso del baño, (poder decir "baño", "caca", o "pipí").

Antes de los dos años muchos niños no reúnen todos estos requisitos sin los cuales no es recomendable que se inicie el control de esfínteres. Algunos estudios confirman que el proceso de entrenamiento del control de esfínteres es menos largo y difícil cuando se inicia después de los 27 meses de edad. La gran mayoría de niños, sin embargo, no están listos incluso después de los 36 meses (3 años). Para leer más sobre este hito, diríjase a los capítulos finales del libro que tratan de transiciones importantes.

- **Los niños no están listos para compartir todavía.** Lo que entendemos por "compartir" debe ser analizado y redefinido especialmente cuando se trata de niños de esta edad. Compartir la comida cuando se tiene en abundancia o aprender a tomar turnos son aprendizajes necesarios a esta edad siempre y cuando el niño que comparte no se quede sin nada. El aprender a compartir es un proceso lento y todavía difícil de entender para los niños de esta edad y aun si la entendieran, no pidamos a los niños hacer cosas que nosotros mismos no podamos cumplir o hacer como adultos.

- **La melindrosidad a esta edad es muy común.** Algo pasa con la gran mayoría de niños cuando cumplen dos años. Incluso aquellos que eran "buena muela" o de "buen comer" después de la edad de dos años dejan de ser como antes. Los niños que una vez fueron felices comiendo todo tipo de cosas repentinamente rechazan las comidas que eran sus favoritas y no solo eso, también se niegan a probar nuevos alimentos.

Según los biólogos evolutivos, la razón por la cual los niños de esta edad rechazan ciertas comidas más saludables y se sienten más atraídos por las comidas dulces es porque los humanos hemos evolucionado para pensar que los sabores amargos y agrios son una señal de posible toxicidad y los niños con sus cuerpos más pequeños y capacidades menos desarrolladas para la desintoxicación, son más vulnerables a los efectos de las toxinas. De hecho, los biólogos creen que muchas de las toxinas que encontramos en alimentos de origen vegetal evolucionaron precisamente para disuadir a los animales a que se los coman. Esto no quiere decir que los alimentos amargos sean malos para nosotros. Muchas hierbas y vegetales amargos tienen propiedades medicinales. Sin embargo, esta es una de los argumentos que pueden explicar la normal aversión hacia los vegetales.

Además de lo que respecta a lo gustativo, los niños pequeños han sido "programados" para seleccionar los alimentos disponibles más ricos en energía. Onza por onza, los niños necesitan más alimentos que nosotros. Y no sólo necesitan más alimento para crecer, sino que necesitan más comida (proporcionalmente hablando), ya que son menos eficientes al procesar su energía. Esto es debido a su tamaño. Los cuerpos más pequeños tienden a tener una mayor área de superficie con respecto a su volumen, por lo que pierden más calor corporal. Las criaturas más pequeñas también tienden a tener tractos digestivos más cortos y más pequeños, por lo que les es más difícil de digerir los alimentos con alto contenido de fibra y/o toxinas.

La selección natural ha puesto más presión sobre los niños pequeños, pues tienen que centrarse en los alimentos que ofrecen una gran cantidad de energía y con poco volumen. Esa es la tendencia que vemos entre los primates. Los monos ardilla prefieren "comida rápida" disponible como frutas e insectos de la naturaleza. Por el contrario, los grandes gorilas pueden permitirse más tiempo procesando las hojas y tallos de las plantas.

Ante todo esto no se sugiere que debamos cruzarnos de brazos y ver como la herencia que nos han legado nuestros ancestros se apodera de nuestra mesa familiar. El especular acerca de las razones simplemente nos ayuda a entender y a sentirnos consolados sabiendo que nuestros hijos no están solos en su excesiva selectividad de comidas. Durante este periodo de "melindrosidad" hemos de encontrar formas de vencer esa programación biológica para que nuestros hijos disfruten una dieta balanceada. La forma más fácil de evitar que los niños coman solo comidas chatarras, dulces y/o azucaradas es no tenerlas disponibles en casa de manera que no exista la opción de comerlas.

PRIORIDADES

Para el niño o niña:

- **Sentir seguridad en todo momento mientras al mismo tiempo aprende a ejercer su autonomía y su independencia.** Por eso los niños protestan ante la separación y por eso a veces experimentan ciertos miedos que antes no existían como miedo hacia ciertas personas, lugares o cosas que ellos perciban como "peligrosas".

- **Comer justo lo que necesite y cuando lo necesite.** Muchos niños necesitan comer a menudo (hasta seis veces al día) incluyendo tres comidas principales y dos o tres aperitivos o entre comidas. Es justamente porque comen frecuentemente que se considera totalmente sano y normal que se salten una comida principal. Tenga esto en mente a medida que se establezca un patrón de comidas en casa. Acuérdese que la hora de la comida es simplemente la hora en la que se presentará las posibilidades de comida a sus niños en casa. Puede que los niños de esta edad no quieran tomar esas oportunidades cada vez que sean presentadas, y eso es normal. Esta tampoco es edad para que los niños aprendan acerca de la etiqueta, de manera que insistir que nos acompañen en la mesa si no quieren comer es entrar en una guerra perfectamente evitable. Habrá tiempo para que aprendan más sobre buenos modales. También es normal que los niños de esta edad coman poco pero frecuentemente, pues están quemando muchas calorías entre una actividad y otra, lo cual requiere que recarguen sus baterías frecuentemente. El tener disponibles cosas de picar o aperitivos saludables como barras de granola, yogurt, queso o frutas será de gran ayuda para que su niño o niña pueda recargar sus energías de manera saludable.

- **Hacer berrinches y rabietas.** Las rabietas y berrinches son muy frecuentes en esta edad y como ya lo vimos en este capítulo, son parte de una etapa del proceso evolutivo de niños de esta edad y desaparecerán por sí solos. Para poder acompañar los desbordes emocionales de forma respetuosa es fundamental comprender que si bien son episodios fastidiosos y nos ponen en situaciones embarazosas cuando se dan en público, son normales y a veces necesarias para descargar una emoción que necesita ser liberada.

Para los padres:

- **Dar espacio y opción en la medida de lo posible**. Aunque esté tentado, nunca obligue a los niños a comer. Los niños están ahora en una etapa en la que será aún más importante no forzarlos.

    -*"¡Qué bien respira tu hijo, oye, justo el aire que necesita, ni más ni menos!"*
    - *Sustituye 'respira' por 'come' y 'el aire' por 'la comida'."*
    Julio Basulto, nutricionista

Si bien los adultos bien podrían introducir comida a la boca de sus hijos - ya sea con juegos, distracciones o a la fuerza- quienes tienen el control final de la situación son los niños pues de ellos depende si la quieren tragar o si la van a escupir. Las batallas a la hora de comer en realidad no enseñan a los niños a desarrollar un gusto por ellas. Todo lo contrario, como regla general, la gente desarrolla menos gusto por un alimento que han sido obligados a comer. Esto de no obligar a los niños a comer puede ser para nosotros un concepto difícil de aceptar porque muchos de nosotros fuimos obligados a comer hasta dejar limpios nuestros platos. Se nos hizo sentir remordimiento al compararnos con otros niños en el mundo que no tienen nada que comer. Estas lecciones de empatía y caridad, están muy bien, pero a su debido tiempo y dentro de los contextos apropiados.

A pesar de que el obligar a comer pueda justificarse como un acto bien intencionado la verdad es que a la final no se logra que los niños tengan gusto por las comidas. Al interferir con sus hábitos alimenticios de esa manera no les estamos permitiendo aprender a regular y a responder a sus propias señales de hambre, lo cual es una habilidad vital cuando se trata de mantener un peso saludable. Lo saludable es comer cuando se tiene hambre lo cual implica no comer cuando no se tiene hambre, incluso durante la cena de Navidad.

Por eso es una decisión inteligente y respetuosa el permitir que los niños disfruten de su limitada libertad al elegir qué comidas comer y cuánto comer. Eso no significa que los niños deban elegir en qué consistirá la cena. Los padres tenemos la responsabilidad de proveer los tipos de comidas saludables que necesitan los niños en esta edad de mucha actividad. El rol de los padres se limita a presentar una variedad de comidas sanas y permitir a los niños la libertad de elegir cuales de ellas quieren comer y si quieren o no comer del todo. Los padres podemos guiar o conducir a un niño a elegir comidas sanas, pero a veces eso requiere que usemos algo de creatividad.

El soborno es una estrategia menos invasiva, pero igual de inefectiva a la hora de comer. Típica escena en muchas familias: Los padres quieren que los niños coman el brócoli o las espinacas que se han servido en la mesa. Los niños las rechazan, las botan en el piso o las dejan intactas en el plato. Los padres, con todas las buenas intenciones, les dan una charla sobre comidas sanas y nutritivas. Les aseguran que se pondrán fuertes y sanos (como Popeye) al comer su espinaca. Otros tal vez intenten negociar cada mordisco:

"Si te comes toda la ensalada, entonces te doy el postre". El problema con estas tácticas es que a largo plazo no funcionan porque pueden generar rechazo a la comida en vez de generar aceptación. Eso no significa que no debamos enseñarles sobre los beneficios de comer cosas sanas, pero el celebrar cada mordisco o el premiar cada porción comida solo hará que se propaguen los malos hábitos alimenticios. ¿Cómo? Muy simple. Las galletas, dulces o helados al ser presentados como premio forman en la mente de los niños la impresión de que son más valiosos que la comida en sí. Se supone que los premios son algo bueno, ¿verdad? De manera que para obtener "lo bueno" hemos de trabajar duro con "lo malo" para ganarlo. Entonces si el comer brócoli es "trabajo duro", estamos haciendo algo malo de lo bueno y algo bueno de lo malo. Estamos dando mensajes contradictorios. Por un lado les decimos "los dulces no son comida" y por otro "si te comes las verduras te doy un par de dulces". ¿Ves el doble mensaje? Todos sabemos que aquellas comidas con mucho azúcar no son esenciales en la dieta de los niños, de manera que al no ser presentadas como opción o como premio, no se está privando a los niños de nada necesario.

- **Contener las emociones y mostrarse sensibles en los momentos de dificultad emocional.** Como se dijo anteriormente, muchos padres dudan sobre la necesidad de mostrarse empáticos a la hora de un berrinche porque piensan que gestionarlo de manera amable y respetuosa seria como invalidar el límite. Este razonamiento es entendible considerando la influencia del conductismo en la sociedad en las últimas décadas, sin embargo, es erróneo.

- **Ser asertivos y usar una modalidad de comunicación positiva.** Esto implica replantear la manera en la que solicitamos cooperación y complacencia de los niños. El uso excesivo de la palabra "no" invita al desafío especialmente si se trata de niños de esta edad. En vez de usar frases usando la palabra "no", una comunicación positiva implica enviar el mismo mensaje sin el uso de la negativa. Si usted pregunta con un "no" por delante ("¿no quieres ir a la casa?") o cuando usa amenazas que incluyen un "no" para conseguir el comportamiento deseado ("si no vienes, no te doy helado"), las probabilidades de que le respondan negativamente o con un "no" se incrementan. En vez de eso, empiece sus frases con "tan pronto" o "apenas" ("apenas bajes del columpio nos vamos a la casa" o "en cuanto limpies tus juguetes, te llevo al parque"). Las frases verbalizadas en positivo comunican una expectativa de que los niños harán lo que usted espera de ellos, haciéndolos más proclives a complacer.

- **Día a día ser pacientes y elegir la calma y la razón por sobre el autoritarismo.** Sea selectivo en tus batallas, a veces es mejor tener paz que tener la razón. Muchos conflictos entre padres e hijos serían perfectamente evitables si tan solo los padres aprendiéramos a ceder un poco, y a dejar de insistir en siempre tener la razón. Estamos tan acostumbrados a un modelo de crianza jerárquico y autoritario que tenemos miedo a ceder ante los límites innecesarios o no tan importantes, como si eso representara una debilidad de nuestra parte.

- **No forzar a los niños a dar besos y abrazos a otras personas.** Los niños a esta edad están aprendiendo a reconocer y respetar su individualidad, de manera que forzarlos a mostrar afecto sería contraproducente y puede tener implicaciones a largo plazo. Cada vez que obligamos a dar un beso o un abrazo, menospreciamos la importancia del consentimiento. Es su cuerpo, por lo tanto su decisión. Este es un mensaje aún más poderoso que debe ser comunicado a las niñas dado que son ellas las víctimas más comunes del abuso sexual. Debemos enseñarles sobre privacidad y consentimiento si queremos que tengan las herramientas necesarias para parar o evitar una situación potencialmente peligrosa o para contarnos que algo así pasó sabiendo que toda situación de contacto físico que no involucre consentimiento, es una situación de riesgo.

El beso y el abrazo si bien son parte de las normas sociales de nuestra cultura, son también elementos no indispensables que pueden fácilmente ser reemplazados por un apretón de manos. Si esas son las reglas de la interacción adulta, ¿por qué esperamos cambiar esas reglas para los niños? Para ser cordiales, "educados" y cumplir con las normas y expectativas de comportamiento, basta con enseñarles a los niños a decir "buenos días", "buenas noches" y acompañar esos saludos con un apretón de manos. El beso y el abrazo obligados están de más.

La sugerencia entonces es ofrecer a los niños opciones frente a una situación en donde algún adulto pide o reclama el saludo con beso. Al decir frases como *"No tienes que dar beso si no quieres, pero si es necesario que des la mano y/o digas 'buenos días'. Todos lo hacemos pues son las reglas de cortesía"*, no solo educamos a los niños y les enseñamos a respetar sus sentimientos y su cuerpo, sino también educamos a los adultos a respetar las decisiones y sentimientos de los niños. Aquel que quiera un beso y abrazo de un niño o niña, que se lo gane.

CUANDO BUSCAR AYUDA

Si bien cada niño tiene su propio ritmo, el esperar más tiempo del indicado para que una habilidad o conducta aparezca no es la solución. Existen normas universales y rangos de edad para la aparición y adquisición de nuevas habilidades o conductas. Seamos respetuosos de los ritmos de cada niño sin que eso signifique caer en la negligencia. Es nuestro deber intervenir oportunamente cuando el caso amerite puesto que cuando se trata de un retraso del desarrollo evidente, la intervención profesional es clave.

A LOS DOS AÑOS

Reaccione pronto y hable con el doctor de su hijo si el niño:

- No usa frases de 2 palabras (por ejemplo, "toma leche")
- No sabe cómo utilizar objetos de uso común, como un cepillo, teléfono, tenedor o cuchara
- No copia acciones ni palabras
- No puede seguir instrucciones sencillas
- No camina con estabilidad
- Pierde habilidades que había logrado

A LOS TRES AÑOS

Reaccione pronto y hable con el doctor de su hijo si el niño:

- Se cae mucho o tiene problemas para subir y bajar escaleras
- No mira a las personas a los ojos
- No puede operar juguetes sencillos (tableros de piezas para encajar, rompecabezas sencillos, girar una manija)
- No usa oraciones para hablar
- No entiende instrucciones sencillas
- No imita ni usa la imaginación en sus juegos
- No quiere jugar con otros niños ni con juguetes

4

Tres años a cinco años

Los prescolares que se sienten seguros y confiados del amor de sus padres están listos a esta edad para aventurar fuera de la seguridad emocional que les brinda el hogar, aunque no por mucho tiempo. Entre la edad de 3 y 5 años los niños todavía necesitan el amor y presencia de los padres aún si no son tan obvios en pedirlos como antes. Se dará cuenta a esta edad que ellos ya pueden regular sus emociones más fácilmente que antes, aunque todavía están aprendiendo lentamente a regular su ira. Durante este tiempo, también notará que los miedos a las cosas imaginarias (como los fantasmas o los monstruos) vienen ahora acompañados de creatividad y pensamiento abstracto.

DESARROLLO EMOCIONAL

Esta es una etapa en la que la independencia es todavía más evidente y la relación con los padres cambia, puesto que ya no solicitan explícitamente los cariños y el contacto físico de sus padres tanto como lo hacían antes. Todo esto es una señal positiva de desarrollo, sin embargo, puede verse interferida con mensajes contradictorios pues existe la errónea idea de que para fomentar la independencia en los niños es necesario comunicarles que ya no necesitan estar en las faldas de mamá ni dar la mano a papá. En toda etapa, los niños dan tres pasos hacia adelante pero a veces dan un paso hacia atrás en cuanto a su seguridad. Estos altibajos se harán más evidentes a esta edad. A veces esa necesidad de seguridad se manifiesta con comportamientos más representativos de niños menores y se interpreta por los padres como una señal de que algo no está bien, por lo que en vez de proporcionar a los niños la seguridad que necesitan (a través de un simple abrazo o de dejarlo sentarse en nuestras faldas), los adultos comunicamos que esos comportamientos de afecto ya no son aceptables.

Cierto es que los niños prescolares deben pasar la mayoría de su tiempo explorando, jugando y no buscando contacto físico con los padres, sin embargo, aquellas instancias en las que sí lo busquen no deberían ser penalizadas. Rechazar los pedidos de afecto y de cercanía física de los niños solo empeorará las cosas puesto que el rechazo no satisface la necesidad. Los niños seguirán intentando pedir aquello que les fue rechazado y lo harán a veces a través de comportamientos negativos y no necesariamente usando palabras. Por el contrario, los niños que están saturados de demostraciones verbales y físicas de cariño, se sentirán plenos y seguros, e irán por la vida despreocupados puesto que confían en la consistencia de aquella base emocional segura que son sus padres.

Es muy común todavía en pleno siglo XXI que los padres se cuestionen sobre el efecto que las demostraciones de cariño tendrán en los niños, especialmente los varones. Se cree erróneamente que muchos besos y abrazos harán a los varones menos "varones" y que esas demostraciones de cariño son solo para niñas. Estos prejuicios se acompañan además la elección de ciertos juguetes como carros, espadas, pistolas, pelotas, etcétera. Muchos adultos creen que la elección de juguetes tiene algo que ver en la formación tanto de la personalidad como de las tendencias sexuales de una persona. La verdad es que tanto varones como mujeres necesitan afecto tanto de sus mamás como de sus papás y los juguetes, deportes o hobbies en sí mismos nada tienen que ver con las tendencias sexuales o con los roles culturales de género. Por el contrario, mucho tienen que ver con el sano despliegue de la personalidad e imaginación de los niños y niñas. Los prejuicios adultos suelen interferir con la capacidad de los niños de desarrollar libremente. No permita que esto suceda. Durante el día, busque momentos en los cuales pueda robarles un beso o apapacharlos y decirles cuánto los ama. Estas instancias de demostración espontánea de afecto funciona como la gasolina del buen comportamiento y de la seguridad.

Emociones y regulación emocional

Alegría e ira

Estas dos emociones que tan intensamente fueron expresadas en los años anteriores ahora se manifestarán de diferente manera. Los niños de edades 3 a 5 son más hábiles regulando sus emociones de manera que ya no se verán tantas instancias de euforia extrema o de frustración extrema. Aunque si bien los niños de esta edad pueden seguir experimentando las situaciones con la misma intensidad que antes, ahora podrán sobrellevarlo más calmadamente. Los berrinches y rabietas a esta edad ya deberían ser cosa del pasado. Ahora la ira puede tal vez expresarse de maneras más maduras pero no por eso apropiadas. Seguirán necesitando la guía del adulto para saber qué expresiones de ira son apropiadas y cuáles no. Cada vez que los niños expresen su ira o su frustración a través de comportamientos poco apropiados (como lanzando cosas o pegando), siga estos tres pasos:

1. **Acepte y valide la ira como una emoción desagradable, pero normal y natural.** El validar significa dar permiso para sentir sin juzgar, castigar, aislar o amenazar a los niños por el hecho de que están sintiendo una emoción

desagradable, o por sentirla en relación a nosotros. Validar es una especie de traducción del idioma emocional al idioma de palabras.

2. **Verbalice la emoción dándole un espacio y un nombre.** Una vez que sean identificadas esas emociones, los niños deben aprender las palabras que las definen. Esto además ayuda a los niños a tener un modelo de manera que a medida que van creciendo y aprendiendo a hablar, puedan expresarlas ellos solos sin necesidad de nuestra "traducción". Esto ayudará a minimizar malos comportamientos, pues una vez que sepan describir sus emociones, generalmente una frase llena de las entonaciones propias de dicha emoción, bastarán para expresarla. Al no tener esas herramientas verbales a su disposición los niños se valen de acciones.

3. **Provea otras alternativas más aceptables para expresar la emoción.** Para que una conducta inapropiada pueda ser eliminada exitosa y democráticamente, el niño debe ser presentado con opciones de conductas más apropiadas a través de las cuales pueda desfogar esas mismas emociones desagradables la próxima vez que se presenten. A veces basta con enseñarles el lenguaje de las emociones; otras veces será necesario presentarles opciones más concretas como morder o pegar a una almohada o hacer trozos a un pedazo de papel. Todas estas son acciones que permiten el desfogue de la ira. Para unos niños el ejercicio exhaustivo es terapia, para otros la música a todo volumen produce el mismo efecto. Habrá que ir experimentando para encontrar el canal más apropiado para la expresión de las diferentes emociones desagradables que están detrás de los comportamientos inapropiados.

Miedos

Los niños más pequeños usualmente se asustan ante ciertas cosas concretas como la aspiradora, los ruidos altos, ciertos animales, relámpagos o truenos. Sin embargo, a medida que su capacidad de pensar de manera abstracta madura, también maduran los miedos. La imaginación y creatividad de los niños de esta edad dan lugar a miedos que se generan también en el mundo imaginario. Los miedos de los niños prescolares se originan en una de estas tres fuentes: 1) su propia experiencia, 2) la experiencia observada en otros, o 3) lo desconocido. Si un niño o niña asocia el dolor experimentado en el dentista, con el dentista, puede entonces desarrollar un miedo hacia todos quienes llevan delantal blanco. Si ve que un niño se cae de la resbaladera en el parque y llora, puede que desarrolle miedo por las resbaladeras. Por el contrario, el miedo a lo desconocido es algo más general. Los niños de esta edad siguen necesitando ambientes de mucha predictibilidad y rutina. Les gusta hacer lo mismo todos los días y casi en el mismo orden. Cuando algo se sale del esquema o de la rutina normal, los niños suelen experimentar un miedo o ansiedad general ante las experiencias nuevas o las salidas inesperadas.

Todo esto es normal y temporal, y si se lo maneja con la misma sensibilidad con la que se manejan otras emociones, entonces estos miedos se irán por sí solos con el tiempo. Al igual que con la ira, es importante validar el miedo, darle un espacio y un nombre a la emoción. Es importante además reducir la exposición ante los estímulos o situaciones que causan miedo pues eso no ayudará en lo absoluto a la seguridad del niño o niña. En este grupo de estímulos se incluyen los programas de televisión violentos, sangrientos o de terror. Evite exponer a los niños a series o películas de adultos. Algunos niños son capaces de ir a dormir después de haber visto una imagen terrorífica en la tele y de haber conversado con los papás sobre el hecho de que todo es mentira. Otros niños, por el contrario, aún después de la conversación con los padres mantienen esas imágenes en su mente y los personajes de terror toman vida en su imaginación.

Para evitar o reducir el miedo general causado por lo desconocido, es recomendable preparar a los niños de esta edad para las experiencias nuevas o para los ambientes desconocidos. Esto reducirá la ansiedad o el miedo que pueden experimentar además de que ayuda a que estén más dispuestos a disfrutar la experiencia. Por ejemplo, si ha planificado una salida a un evento especial, intente en lo posible conversar sobre lo que se espera ver en el evento. Si hay fotos en el internet sobre el evento, muéstreselas al niño o niña y converse sobre algunas cosas que posiblemente verá. Todo esto aumenta las probabilidades de que la experiencia sea placentera para todos en la familia.

DESARROLLO SOCIAL

Los prescolares están listos para extender sus lazos sociales más allá de la familia nuclear. Les gusta estar con otros niños y constantemente buscan experiencias de juego con otros. Todo este aprendizaje social hace que inviertan mucha energía emocional a la hora de socializar y pueden llegar a sentirse muy agotados al final del día. Muchos padres que tienen a sus niños en las guarderías o centros infantiles se enfrentan con dificultades por la noche después de una larga jornada de actividades e interacción social. Las instancias de llanto, frustración e irritabilidad pueden ser minimizadas cuando se mantiene una rutina consistente y cuando los niños consiguen descansar lo suficiente por la noche para empezar con nuevas energías al día siguiente.

Un niño o niña que ha tenido una buena conexión con sus padres y que se ha sentido pleno(a), querido(a) y realizado(a) está listo(a) para extender sus conexiones hacia otros. De sus padres ha aprendido a socializar. Los padres han sido sus primeros "amigos" puesto que gracias a ellos ha aprendido las reglas de una convivencia sana y de una relación duradera. Cuando los padres han modelado comportamientos amables y respetuosos en casa, los niños sabrán transferir esos comportamientos a otros contextos sociales. Junto con el buen ejemplo, los niños de esta edad necesitan oportunidades de interacción con otros niños para poner en práctica aquello que han aprendido. Los estudios sugieren que los niños que más éxito social tienen una vez que entran a la escuela son aquellos que han sido provistos con oportunidades de interactuar de forma supervisada. Es decir, cuando los padres han estado presentes durante las primeras socializaciones de los niños. La supervisión garantiza que haya intervención y guía adulta en caso de presentarse alguna dificultad o pelea entre niños. Los padres suelen corregir los comportamientos negativos ya sea modelando los comportamientos adecuados o convirtiendo el momento conflictivo en una lección de vida o en un aprendizaje social. Por el contrario, cuando los padres no supervisan las primeras interacciones entre niños, ni les ayudan a resolver sus problemas o a corregir sus comportamientos inapropiados, éstos suelen llevar consigo esos comportamientos inapropiados a otros contextos como la escuela.

Amigos

Esta etapa es crucial para al aprendizaje y desarrollo social puesto que de éstos dependerá el éxito futuro. Muchos niños de edades 3 a 5 ya tienen amigos en sus centros escolares en donde existen reglas para la convivencia y los juegos estructurados, de manera que ya no existe la opción de no querer compartir. Las actividades escolares les enseñan a los niños habilidades muy importantes que les ayudarán a desarrollar y a ser exitosos. Sin embargo, también es cierto que en los centros prescolares existe poco tiempo para jugar libremente con los amiguitos pues el énfasis suele estar en las actividades lúdicas estructuradas. Algunos estudios experimentales sugieren que los niños de edad preescolar y escolar se benefician más del juego libre que de las actividades de juego estructuradas. Así pues, no es de sorprenderse que los niños de 4 o 5 que han estado toda la mañana en la escuela quieran jugar libremente por la tarde. Ellos saben —consciente o inconscientemente— que en casa el juego no es estructurado, las reglas son más flexibles y en algunos casos inexistentes. Los juguetes son los propios; el compartir se vuelve una opción personal y sobre todo, no está prohibido reír, corretear y payasear en cualquier momento.

No dude en ofrecer más tiempo de juego libre en casa que el que se ofrece en la escuela. Es durante el juego libre que los niños aprenden realmente a compartir, a tomar turnos, a ceder, no porque existan reglas necesariamente sino porque estas oportunidades libres generan habilidades sociales reales que les permiten construir relaciones amistosas duraderas , basadas en el entendimiento mutuo y en la apreciación del uno por el otro. Permita a los niños elegir sus amistades. Los niños de esta edad querrán tener un o una "mejor amigo(a)" aunque suelan destronarlos de ese puesto especial de un día para otro. Esto es parte normal de la experimentación social puesto que están aprendiendo a encontrar personalidades afines. Sin embargo, si a usted no le gusta el amiguito con quien su niño o niña elije jugar, explique por qué no piensa que deberían seguir jugando. Los niños también necesitan aprender a identificar cuáles son las características de comportamiento o de personalidad deseables y saber rechazar las poco deseables.

Rutinas

Aun cuando los niños de esta edad ya están listos para interactuar con otros que no sean sus padres o familia inmediata, todavía les es difícil hacer la transición de una actividad a otra o de un ambiente a otro. Aun cuando exista una rutina consistente, la anticipación o previo aviso de lo que ocurrirá en los próximas horas, minutos o al día siguiente, toma importancia a esta edad porque ayuda al niño a prepararse para su día lleno de actividades y transiciones. Por el contrario, cuando los niños son sorprendidos con una orden como: *"¡nos vamos del parque ya!"*, ésta puede desencadenar frustraciones llantos y/o berrinches que si bien a esta edad ya son muy escasos, todavía pueden ocurrir. La anticipación, la predictibilidad y la guía tienen el poder de prevenir conflictos durante la transición entre una actividad a otra, aún si son actividades que los niños realizan todos los días en casi el mismo orden. Ahora. Si bien los niños no tienen noción del tiempo, el decirles algo como *"nos vamos en 5 minutos"* es de todas maneras un buen aviso que les permitirá prepararse mentalmente para la salida (en este caso del parque) haciendo más posible que no haya tanta resistencia cuando sea hora de la despedida del lugar y de los amiguitos. En la medida de lo posible intente conversar con su niño o niña sobre los planes del día especialmente si se salen de la rutina normal. Detalles como quién los recogerá de la escuelita o quién los traerá a casa son importantes para ayudar a que el nivel de ansiedad baje, haciéndolos más proclives a cooperar en todos los pasos del proceso. Anticipar lo que se viene es una herramienta que ayuda a prevenir muchas luchas de poder entre padres e hijos. Dependiendo de lo que sea, a veces será prudente avisar con minutos y no días de anticipación para no ir cargando con la ansiedad por tanto tiempo (como cuando tienen programada una vacuna).

A continuación algunos consejos para ayudar a los niños a hacer la transición de una actividad a otra:

1. *Comunicar el pedido de manera firme y amable, poniéndonos al nivel de sus ojos y usando frases que comuniquen la expectativa de que se va a hacer lo que se le ha pedido.* Para un niño o niña en la edad desafiante lo peor que se puede hacer es darle una orden al estilo sargento donde no existe una razón del pedido o donde no quede ninguna salida. Es más probable que los niños cooperen cuando se comunica el pedido amablemente y en positivo. Por ejemplo, decir *"apenas te laves las manos podemos comer"* es muy diferente a decir:" *¡lávate las manos ya!*". La primera comunica que el pedido tiene una razón lógica de ser (porque vamos a comer); la segunda solo comunica quién es el que manda en casa y es más probable que los niños de esta edad se resistan. La otra estrategia que suele resultar es proveer dos opciones cuando las hay: *"¿Quieres bañarte antes o después de comer? o ¿quieres lavarte las manos con jabón de barra o jabón líquido?* ". Estos "trucos" comunican la expectativa de que lo que pedimos se va a hacer y los niños suelen complacernos aunque no les interese lavarse las manos. Eligen complacernos gracias a que tenemos una buena relación con ellos.

2. *Proveer predictibilidad y guía en la transición.* Si el niño (o niña) está en el medio del juego, es recomendable darle algo de aviso previo y no sorprenderlo(a) de repente con un pedido, especialmente si el pedido es algo que no le interese como ir a la cama o cepillarse los dientes. Al dar aviso previo, los niños tendrán la oportunidad de darle al juego el final que ellos deseen. Cuando no exista la posibilidad de dar a los niños algo de tiempo para concluir el juego, entonces una manera de ayudar en la transición es que los adultos intervengamos en él para encontrar maneras creativas de cerrarlo con broche de oro. Aquellos que juegan con trenes y carritos querrán verlos estacionados en los lugares desde donde partieron. Las muñecas tal vez deberán ser puestas de vuelta en su cama con la lamparita apagada. Sea lo que sea, el proveer un "final feliz" al juego aumenta en gran medida las posibilidades de que los niños cooperen y realicen una actividad que poco les interesa hacer.

3. *Si nada de lo anterior ha servido para obtener complacencia, de manera calmada y sin perder el control intente usar consecuencias lógicas.* Las consecuencias lógicas se derivan directamente del comportamiento y son aplicadas una vez que los niños han sido dados la oportunidad de cambiar su comportamiento problemático inicial. Comunique la consecuencia anticipada de manera

calmada y posicionándose al nivel de sus ojos. Podría sonar algo así: *"Para comer es necesario que todos tengamos las manos limpias. Podrás acompañarnos a comer una vez que te las laves, de lo contrario, no podrás acompañarnos en la mesa y te quedarás sin comer, ¿entendido?"* Espere confirmación y dé la oportunidad de hacer lo que usted pidió. Si no lo hizo, no le sirva su plato en la mesa hasta que lo haga. Muchos piensan que al dejarles decidir a los niños si van a cooperar o no con el pedido, se les está concediendo el poder de "hacer lo que quieran". Sin embargo, al dar a los niños la oportunidad de decidir entre dos opciones quien en realidad tiene el poder es el adulto puesto que es él quien decide cuáles serán estas opciones. En este caso en particular las dos opciones dadas comunican al niño o niña que esa es la hora de comer, y no hay otra. Los adultos les damos la oportunidad de tomar la decisión correcta. La consecuencia lógica anticipada que resultaría de la elección de no lavarse las manos sería que debe esperarse hasta que se sirva nuevamente la siguiente comida así el niño exprese hambre por algunas horas. Si le damos de comer cuando quiera entonces echamos a perder todo el esfuerzo anterior. Si esto último ocurre y el niño o niña ha elegido quedarse sin comer, seamos congruentes haciendo el mismo pedido (lavarse las manos) cada vez que sea la hora de comer y así eventualmente se volverá un hábito que formará parte de la rutina.

Usted puede aplicar los consejos ofrecidos en los párrafos anteriores para asegurarse de que las actividades y rutinas en casa se mantengan dentro de los horarios establecidos para la familia. Los horarios empiezan a ser importantes para muchos padres de esta etapa puesto muchos niños de esta edad deben ya levantarse temprano para ir a sus escuelitas o centros infantiles. La consistencia en la rutina diaria permitirá a los niños ir a dormir a una hora razonable para que sus cuerpos descansen lo suficiente y estén listos para absorber nuevos aprendizajes al siguiente día. Si por el contrario, el niño o niña todavía permanece en casa durante el día, un horario rígido no es necesario mientras haya dormido sus horas completas. Aun así, la rutina ayuda al día a día y permite que los niños sientan sueño a más o menos la misma hora todos los días. A continuación algunos consejos más que ayudan a los padres a conseguir que los niños duerman temprano por la noche:

- *Crear un ambiente acogedor para ir a dormir.* A nosotros nos gusta tener una cama cómoda con una almohada que no nos haga doler la nuca. A los niños también. Asegúrese que su colchón no sea ni tan duro ni tan suave para que el cuerpo del niño logre descanso reparador. Añada a su cama un objeto que sirva de transición. Una colcha o un peluche dan a los niños la seguridad que necesitan para estar solos por la noche y para combatir cualquier ansiedad o miedos. Procure no poner una televisión en el cuarto de los niños. Y si la tiene, asegúrese de limitar su uso antes de ir a dormir. Ciertos programas son estimulantes y no permiten la relajación.

- *Mantener buena salud.* Algo muy simple pero muy importante de recordar es que la actividad física fomenta un buen sueño. Hoy en día, sin embargo, muchos niños no tienen la actividad física que necesitan. Pasan mucho tiempo frente al televisor y con los juegos de video o iPads en sus manos. La Academia de Pediatría Americana recomienda no más de dos horas de televisión al día para niños entre tres y dieciocho años. Algunos estudios muestran que a pesar que los niños son físicamente activos durante algunas partes de su día, menos del 2% de su tiempo es empleado en actividades de alta intensidad física, el cual promueve una buena salud cardiovascular y un mejor sueño. La actividad física está directamente relacionada con un sueño saludable. Según estudios de la Universidad de Stanford, el ejercicio puede mejorar los patrones de sueño e incrementar las etapas tres y cuatro del sueño, que son las etapas de sueño más profundas y reparadoras. Esto es verdad no solo en los niños sino en cualquier persona.

- *Relajación antes de dormir.* Muchas veces los niños son mandados a sus camas y a pesar de las rutinas y la alimentación correcta, sus cuerpos no están lo suficientemente cansados y/o relajados para dormir. Se quedan mirando al techo esperando a poder dormir o en el peor de los casos salen de sus camas para seguir jugando porque no pueden conciliar el sueño. En estos casos es imprescindible enseñarles a relajarse una vez que estén en la cama. Hay muchas técnicas de relajación a continuación. Mire cuál es la mejor para su caso y si es necesario combine algunas de ellas para ver cuál funciona para su hijo(a).

  - Lectura - La lectura de un libro por papá o mamá no solo es estimulante para sus cerebros sino que les ayuda a dormir porque la atención se enfoca en escuchar la historia y esta permanencia en ella , escuchando una misma voz, causa relajación cerebral.
  - Libros en CD - Los cuenta cuentos o libros en CD funcionan de manera similar a la lectura por parte del padre o madre. El escuchar un cuento por la noche les relajara mentalmente. Si no tiene libros o no puede sentarse con ellos a leerles un cuento, intente adquirir libros infantiles relatados en CD.
  - Masajes- Un masaje en la cama tiene un efecto relajante. El masaje puede ser simple pero en áreas claves como en los pies y en la espalda. Si el masaje se interrumpe por una ida al baño o alguna otra necesidad, sus efectos desaparecen. Por eso es importante que los

niños ya hayan completado todas sus rutinas antes de ir a la cama como lavarse la boca y ponerse la pijama.
- ➢ Yoga- Si usted usa Yoga en su vida como método de relajación, entonces enseñe a sus hijos algunas de los métodos de respiración, relajación y estiramiento. Estos tienen un efecto relajante para el cuerpo y la mente y prepara muy bien al cuerpo para ir a dormir.
- ➢ Música instrumental o sonidos de naturaleza- Los niños que viven en zonas pobladas o de mucho tráfico pueden distraerse con los ruidos de la calle. Para enmascarar estas bullas de afuera intente reproducir un CD de música instrumental o de sonidos de naturaleza como de agua o de chirridos de pájaros. Estos sonidos suaves y monótonos y tienen un efecto relajante.
- ➢ Oración- Las personas religiosas suelen rezar antes de ir a dormir. Ciertos rezos u oraciones tienen el poder de brindar al niño seguridad. No intente que su hijo(a) se memorice una oración específica pero sí recítela en voz alta todas las noches. Tarde o temprano se la sabrá de memoria y la podrá recitar sin su ayuda.
- ➢ Aromaterapia- La aromaterapia es el arte de usar esencias y aceites naturales para promover paz y bienestar. Los niños son muy receptivos a los olores y pueden aprender a asociar ciertos olores con el sueño y la seguridad. Ciertos aromas, como la manzanilla y la lavanda, tienen efectos relajantes y son perfectos para la hora de dormir.

- *Tener una nutrición adecuada para mejorar el sueño.* Lo que los niños coman, lo que no coman, cuándo coman y cuánto coman puede afectar sus patrones de sueño. Algunas comidas pueden afectar su nivel de energía y su somnolencia. Algunas comidas pueden inducir calma y relajación y otras comidas pueden ponerlos más alertas. Esto se debe a los químicos que ciertas comidas contienen y que provocan una respuesta en las funciones cerebrales. Una vez que revise la lista a continuación, experimente con la cantidad, la hora en la que les da de comer y esté pendiente de cómo estos alimentos afectan la habilidad de su hijo(a) de dormir.

Comidas que tienen un efecto calmante y somnoliento:

- ➢ Las comidas con alto contenido de carbohidratos como el arroz integral, el pan integral, la avena, fideos, las papas, el camote y los granos.
- ➢ Las comidas con carbohidratos simples: frutas como las fresas y la manzana; vegetales como el brócoli y el pepino.

Comidas que se deben evitar antes de ir a dormir:

- ➢ Comidas con alto contenido proteico como las carnes rojas, el jamón y el tocino.
- ➢ Comidas que son difíciles de digerir y provocan gases como el arroz blanco, pan blanco, chocolate, bebidas con cafeína, azúcar, jugos cítricos.

Bebidas que rompen las reglas y son recomendables antes de ir a dormir:

- Leche materna
- Leche de vaca pero sin chocolate y azúcar
- Mantequilla de maní natural
- Almendras, nueces
- Yogurt natural sin azúcar
- Huevos
- Guineo
- Aguacate
- Carne de pavo

Ideas de comidas antes de ir a dormir:

- Tostada de pan integral con queso
- Avena con guineo
- Galletas de avena con leche
- Pudin de arroz integral
- Granola con yogurt o leche
- Manzana con mantequilla de maní

INDICADORES DE DESARROLLO SOCIAL-EMOCIONAL[14]

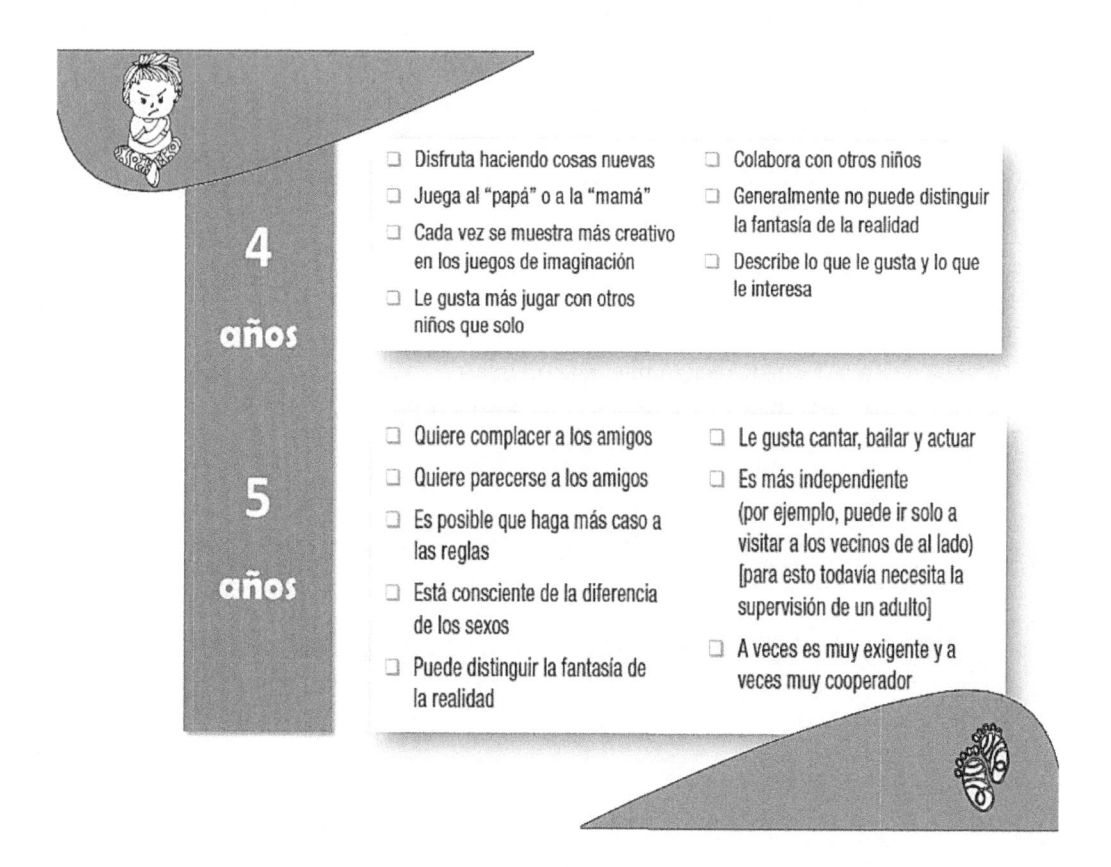

4 años
- Disfruta haciendo cosas nuevas
- Juega al "papá" o a la "mamá"
- Cada vez se muestra más creativo en los juegos de imaginación
- Le gusta más jugar con otros niños que solo
- Colabora con otros niños
- Generalmente no puede distinguir la fantasía de la realidad
- Describe lo que le gusta y lo que le interesa

5 años
- Quiere complacer a los amigos
- Quiere parecerse a los amigos
- Es posible que haga más caso a las reglas
- Está consciente de la diferencia de los sexos
- Puede distinguir la fantasía de la realidad
- Le gusta cantar, bailar y actuar
- Es más independiente (por ejemplo, puede ir solo a visitar a los vecinos de al lado) [para esto todavía necesita la supervisión de un adulto]
- A veces es muy exigente y a veces muy cooperador

¿Cómo ayudar en el desarrollo social-emocional?

Hacia los 4 años

• Juegue con su hijo(a) usando la imaginación. Deje que sea el líder y copie todo lo que hace.

• Sugiera que jueguen a hacer de cuenta que están en una situación que le pone nervioso, como empezar el preescolar o quedarse por la noche en la casa de los abuelitos.

---

[14] Cada niño se desarrolla de una manera única . Sin embargo , el uso de estos indicadores universales proporcionados por el Centro para el control y la prevención de enfermedades (CDC) de los Estados Unidos, ayuda a los padres en la comprensión de los rangos típicos de desarrollo en niños sanos , al mismo tiempo que se reconoce la amplia variación que existe entre ellos.

- Siempre que pueda, dele a su hijo(a) opciones sencillas para que escoja. Deje que escoja la ropa, los juegos o algo de comer entre las comidas. Limítese a no más de 2 o 3 opciones.

- Cuando juega con sus amigos, deje que su hijo(a) resuelva los problemas con los otros niños, pero esté atenta para ayudar si es necesario.

Hacia los 5 años
- Continúe organizando citas para jugar con los amiguitos, paseos al parque o grupos de juego. Dele a su hijo(a) más libertad para elegir actividades para jugar con amigos, y deje que resuelva los problemas por sí mismo.

- Es posible que su hijo(a) comience a "contestar" o a usar malas palabras como una forma de sentirse independiente. No le preste demasiada atención a este tipo de comportamiento verbal. En lugar de ello, felicite a su hijo(a) cuando pide las cosas con cortesía y cuando acepta un "no" con tranquilidad.

- Este es un buen momento para hablar con los niños acerca de que nadie debe tocarle las partes íntimas excepto los médicos o enfermeras durante un examen o los padres cuando se está bañando o limpiando.

DESARROLLO COGNITIVO

Durante esta etapa de los 3 a los 5 años habrá una explosión de neuronas que harán conexión y esto se traduce en un desarrollo cognitivo más sofisticado y abstracto. Los niños de esta edad están listos para reconocer problemas y solucionarlos. Su capacidad de pensamiento simbólico les permite además expandir sus conocimientos al área de las matemáticas y del lenguaje. Harán muchas preguntas, usarán un lenguaje cada vez más exacto y preciso. Querrán saberlo todo, desde cómo operan las leyes físicas hasta cómo se hacen las cosas. En especial a la edad de los 4 años, los niños son muy preguntones. Nunca dude en responder con precisión y usando vocabulario que tal vez no conozcan pues justamente así es como los niños aprenden nuevo vocabulario. Recuerde siempre que la mente de cualquier ser humano está más dispuesta a aprender cuando la curiosidad de aprender se origina en la persona misma y no cuando son obligados. Los niños de esta edad son muy curiosos y tendrán intereses particulares en ciertos temas.

Resolución de problemas

Los esquemas sensorio-motores ya suficientemente integrados y desarrollados en las etapas anteriores permiten una habilidad de resolución de problemas aún más rápida y efectiva en esta etapa. Los niños en el periodo concreto anterior podían solucionar problemas concretos también, es decir, problemas simples relacionados con los objetos que se pueden ver y tocar. Esta etapa añade otra capa de sofisticación a ese proceso. De acuerdo a Jean Piaget, esa capa de sofisticación se llama *pensamiento hipotético-deductivo* pues los niños de esta edad son capaces de pensar de manera abstracta y de resolver ciertos problemas a partir de cosas o procesos que no necesariamente ven pero que pueden deducir o hipotetizar que existen. No obstante, si bien los niños de esta edad están listos para pensar en términos más abstractos, siguen siendo aún muy egocentristas. Sus puntos de vista son solo "suyos" y no logran ver o entender los puntos de vista de otros. De hecho, ni siquiera son conscientes de que existen puntos de vista diferentes.

Alrededor de los 4 años empieza también la *sub-etapa del pensamiento intuitivo* caracterizada por la extrema curiosidad que se manifiesta como una multitud de preguntas constantes por parte de los niños a los adultos. Hay una emergencia en el interés de razonar y de querer saber por qué las cosas son como son. Piaget llamó a esto la *sub-etapa intuitiva* porque los niños se dan cuenta que tienen una gran cantidad de conocimientos, pero no son conscientes de las formas en que las adquirieron.

A esta edad emerge también la *Teoría de la Mente* que no es sino la capacidad de tener consciencia de las diferencias que existen entre el punto de vista de uno mismo y el de los demás. Dicho de otra manera, la *Teoría de la Mente* hace posible que tengamos en cuenta los estados mentales de otras personas sin suponer que estas ideas o pensamientos son como los de uno mismo. Un niño o niña que ha desarrollado *Teoría de la Mente* será capaz de atribuir ideas, deseos y creencias a las personas con quienes interactúa y lo hará de forma automática, casi inconscientemente.

Juego y aprendizaje

Juego simbólico

En esta etapa, el juego simbólico e imitativo continúan, pero se manifiestan de maneras más sofisticadas, específicas y un tanto abstractas. Tanto el juego simbólico como el imitativo son parte esencial de desarrollo afectivo de los niños ya que a través de él, los niños expresan todos sus temores, emociones y conflictos. Esta actividad lúdica sirve para descargar las tensiones y expresar lo que sienten o lo que entienden acerca del mundo.

Un tema que aparece en el juego simbólico de esta edad se relaciona con los roles sociales masculinos o femeninos. La influencia de los diferentes agentes sociales y de los medios de comunicación en la edad preescolar todavía no es notoria. Por eso, los niños pequeños independientemente de su género tomarán diferentes roles durante el juego simbólico. Estos roles, desde el punto de vista del adulto, pueden no corresponder a la identidad sexual del niño o niña. Por ejemplo, se considera aceptable que una niña juegue a ser mamá e intente dar de comer a su muñeca, pero cuando un niño lo hace, los adultos tienden a intervenir y a sugerir otras maneras de jugar. Interesantemente, los padres suelen permitir a las niñas que jueguen con carros, trenes y pelotas pero cuando los niños juegan con muñecas, "¡eso sí que no!".

En nuestras sociedades hispanas todavía muy tradicionales y machistas, ciertos juegos percibidos socialmente como femeninos, no son tolerados para los niños. Sin embargo, no nos damos cuenta que al privar a los niños varones de jugar con juguetes que despiertan su lado empático y sensible, estamos privándoles de sentir emociones que no tienen género, sino que son simplemente emociones humanas. No existe evidencia de que el juego con muñecas tenga algún impacto en las futuras tendencias sexuales de los niños varones. Por el contrario sí existe evidencia de que los niños a quienes se les permite desarrollar su empatía, se convierten en amigos, parejas y eventualmente en padres más sensibles y empáticos.

Eventualmente, cerca de los 4 años, los niños expanden su juego simbólico al mundo externo y empiezan a imitar no solo a los adultos más cercanos a ellos sino también a aquellos adultos que conocen a través de cuentos o películas. Les gusta personificar a doctores, policías, pilotos, ingenieros, maestros, y también a algunos personajes ficticios de la televisión. El adulto, sin dirigir el juego infantil, puede participar del juego con su presencia como un "compañero simbólico". Al acompañar, es necesario además no obstaculizar el juego mediante la utilización del lenguaje que no ha sido solicitado y que interrumpa el despliegue de la imaginación. Los adultos interrumpimos muy a menudo. Nos sentimos incómodos ante el silencio y estamos acostumbrados a hablar para llenar los vacíos en los momentos de incertidumbre, o cuando tenemos la sensación de no estar haciendo nada. El lenguaje, durante la interacción adulta, muchas veces es la mejor herramienta para evadir una situación que nos incomoda o simplemente para evitar la sensación de vacío. El lenguaje nos lleva a lo racional, por lo que suele salvarnos de situaciones que nos generen una emoción intensa. Frente a la angustia de la incertidumbre, las palabras distraen. Durante el juego y la interacción de los niños, sin embargo, el silencio es necesario. Los adultos debemos aprender a sentirnos cómodos con el silencio especialmente cuando de éste depende el despliegue de la imaginación de los niños.

Juego mágico y fantasioso

El juego durante esta etapa puede estar entremezclado con la fantasía. Si algo está o existe en la mente de un niño o niña, puede para él o ella ser algo real. Esto se llama "pensamiento mágico". Cualquier idea que se materializa en su cabeza pasa automáticamente a ser una experiencia más de su vida. Muchos niños de esta edad cuentan historias ficticias sobre hechos que han ocurrido en su cabeza pero que en realidad nunca se dieron. Ellos no son conscientes de que no están diciendo la verdad dado que no han establecido completamente la diferencia entre la realidad y la fantasía. Sin embargo, para los adultos, mucho de lo que los niños cuentan puede ser interpretado como una "mentira".

Juego libre

Algunos estudios experimentales muestran que los niños de edad escolar prestan más atención en sus clases después del recreo. Un descanso no estructurado en el que los niños son libres de jugar sin dirección de los adultos parece ser necesario para sus mentes en desarrollo. En algunos países asiáticos como China y Japón, donde se conoce que los estudiantes son estudiosos y dedicados, las escuelas programan recreos cortos cada 50 minutos. Ese buen rendimiento académico que experimentan estos países asiáticos se relaciona con los beneficios cognitivos que brindan los periodos libres, sin estructura y de naturaleza recreativa. Las clases de educación física, de natación y/o de ballet, aunque son habilidades importantes, divertidas y recreativas, no proveen los mismos beneficios cognitivos que el juego libre. Los científicos creen que esto es porque las clases de educación física, o de cualquier otro deporte son muy estructuradas y se basan en la imposición de reglas firmes por parte de los instructores. Para acceder a todos los beneficios del juego libre, éste debe ser realmente de carácter lúdico, no secuencial o estructurado.

Juego físico

El juego físico incluye actividades que utilizan los movimientos del cuerpo para permitir que los niños usen su energía, y les da la oportunidad de desarrollar las habilidades motoras gruesas y finas, aprender cosas nuevas y conocer gente. El juego físico es aún más beneficioso a esta edad puesto que al combinarse con interacciones sociales, da la oportunidad a los niños de practicar la resolución de problemas. El juego físico se produce principalmente al aire libre y proporciona a los niños la oportunidad de liberar su energía mediante actividad física vigorosa. Sin embargo, éste tipo de juego no es la única manera existente de liberar la energía propia de un niño o niña de esta edad. Hay otro tipo de juego físico también conocido como *"juego brusco"* que suele ser típico de los espacios cerrados. Este juego como su nombre lo dice involucra algo de brusquedad en los movimientos corporales entre dos personas. Estos son los juegos que los papás suelen jugar generalmente con sus hijos varones, de edades entre 2 y 5, y que involucran lanzadas al aire, luchas, cosquillas, braceos, guerras de almohadas, el famoso "carga montón", etc. El juego brusco de por sí no tiene género, sin embargo, culturalmente se considera más apropiado con los varones.

Si usted ha visto a dos cachorritos o a dos gatitos jugar, se habrá dado cuenta que tanto hembras como machos juegan entre ellos de manera brusca, pues este tipo de juego es característico de los mamíferos. El movimiento exhaustivo característico de los juegos bruscos ayuda a gestionar las emociones. La risa es un escape para la ansiedad y crea más oxitocina (la hormona de la unión) la cual juega un rol clave en el establecimiento de vínculos entre personas. Al igual que otros mamíferos pequeños, cuando los niños juegan forcejeando con otros, ellos están aprendiendo a manejar su agresión, lo cual los hace menos propensos ser agresivos cuando en realidad están enojados. Incluso se construye su autoestima ya que a través de estos juegos los niños tienen la oportunidad de experimentar su propia fuerza física, lo cual ayuda especialmente a aquellos niños que son más tímidos y menos asertivos.

Muchos padres en su afán de evitar accidentes o de evitar todo tipo de agresividad prohíben a sus hijos jugar de esta manera. La preocupación es que tarde o temprano, alguien saldrá herido. Si bien la prohibición de este tipo de juego en las escuelas especialmente es entendible, en la casa puede ser algo muy beneficioso. Las pequeñas heridas o golpes que se producen son parte de los aprendizajes de este tipo de juego, de manera que prohibirlo no es la solución. Las caídas o rasguños no intencionales a veces se darán y nuestro trabajo no es evitarlos a toda costa sino establecer ciertas reglas para procurar que no existan accidentes graves. Cuando los padres estamos involucrados en el juego brusco, es más fácil controlarlo. Es importante aclarar que el hecho de que usted sea parte del juego y "se preste" para cosquillas o luchas que implican algo de brusquedad no lo hace ser menos respetado por los niños. Recuerde que se trata de un juego, de manera que si usted recibe un manotazo o un rasguño accidental por parte del niño o niña su deber no es parar el juego sino establecer más parámetros para evitar más de estos accidentes. Si usted recibe un manotazo, considérelo como parte del juego, no como un acto intencional del niño o niña. En este contexto, el niño no le ha pegado deliberadamente, por lo que no puede interpretarse como irrespeto. Lo que hay es simplemente disfrute, risas y más conexión, lo cual no hace que usted pierda su autoridad ante los ojos del niño o niña. Al contrario, con el juego usted está invirtiendo en su relación y sus ganancias le serán devueltas en forma de complacencia y cooperación. ¿Cómo? El juego brusco entre padres (o madres) e hijos es increíblemente enriquecedor para la relación y la conexión entre los dos. A la vez, esa conexión es directamente proporcional a la voluntad del niño de cooperar y de hacer lo que se le pide. Jugar con los niños de maneras bruscas o no es bueno, así en el juego los adultos tomemos un rol "inferior" (como cuando se juega al caballito). Es solo un juego y no "los confundirá", téngalo por aseguro.

Hay muchas maneras de jugar con los niños, a continuación se ilustran algunas de ellas:

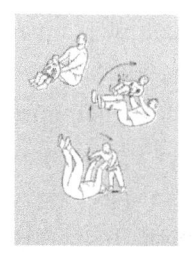

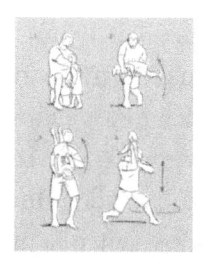

Como se dijo anteriormente, los juegos bruscos que involucran a un adulto son mucho más fáciles de controlar. Sin embargo, muchas veces son los niños quienes querrán jugarlos con otros niños. Si ese es el caso, los padres podemos ayudar a los niños a aprender cómo jugar bruscamente pero de manera segura. Es nuestro trabajo estar atentos al juego de manera que podamos intervenir cuando veamos señales de peligro. ¿Cómo? A continuación algunos consejos:

1. **Establezca límites antes del juego para que ocurra de manera segura y se lo haga en un lugar libre de peligros.** Indique su regla o expectativa con firmeza y amabilidad. "*Este tipo de juego no se juega en esta sala. Me preocupa que pueda romperse la lámpara o la TV* " y ofrezca otra alternativa o espacio para el juego. Si las cosas están fuera de control y los involucrados no están siguiendo las reglas de seguridad, entonces pare el juego.
2. **Evalúe el peligro.** Pregúntese si es realmente peligroso lo que están jugando. Si bien hay ruido y exuberancia en el juego brusco, si los niños están divirtiéndose y no hay peligro real para nadie, entonces no debería preocuparnos. A veces solo se trata de mover el sofá, acolchonar el piso con almohadas o acercar la cómoda hacia la cama para que puedan saltar más fácilmente.

3. **Conexión antes de corrección.** Gritar en medio del juego para intentar establecer límites simplemente intensifica la locura y euforia del momento. Por el contrario, el acercarse físicamente a los niños cuando están fuera de control será más efectivo. Para eso, será imprescindible establecer una conexión positiva que le permita tomar control de la situación si es que ve que está fuera de control. Frases como "*¡Me encanta como están jugando!, ¡se ve divertido!*" en las primeras etapas del juego permiten establecer esa conexión inicial.

4. **Las lágrimas no son el fin del mundo.** A menudo los niños empiezan a quejarse o a lloriquear cuando se ven estancados en una situación durante el juego brusco. Esos lloriqueos o quejidos no son necesariamente indicación de que el juego debe parar. A veces solo es necesario un rápido abrazo o palabras de aliento de parte de un adulto para que vuelvan a la acción. Otras veces, sin embargo, los niños lloran salvajemente, casi exagerando. Eso también puede ser bueno puesto que visto desde el punto de vista emocional, significa que el juego brusco ha aflojado otros sentimientos que han estado guardados o reprimidos en su mochila emocional y que necesitan ser expresados. Si ese es el caso, usted notará que los niños se sentirán mucho más relajados y felices después de un buen llanto o de una buena risa. El juego brusco tiene efectos relajantes, y puede ser equivalente a aquello que los adultos sentimos después de un profundo masaje muscular.

5. **Ayúdeles a relajarse si es necesario.** A veces el juego saca otros sentimientos o resentimientos que han estado escondidos, especialmente entre hermanos. Si nota que hay agresión intencionada durante el juego intente re-direccionar la actividad hacia algo más calmado. Por ejemplo, podría decir: "*Es hora de calmarse, ya tuvieron suficiente alboroto.*" Si se calman, ¡genial! y si alguien llora, ¡genial también! ¡Gestiónelo! Es mejor que alguien rompa en llanto que permitir que alguien salga herido.

6. **Asegúrese de que sus hijos tengan un lugar seguro para el juego físico o brusco.** Nuestras vidas modernas no siempre ofrecen a los niños la oportunidad de tener espacios apropiados para trepar, luchar, correr o saltar. Si usted no tiene un patio o un sótano con espacios amplios y seguros, lleve a sus hijos al parque frecuentemente para que puedan correr, saltar y trepar. Si no lo hace, inevitablemente su sofá comenzará a verse cada vez más como una cama elástica.

INDICADORES DE DESARROLLO COGNITIVO[15]

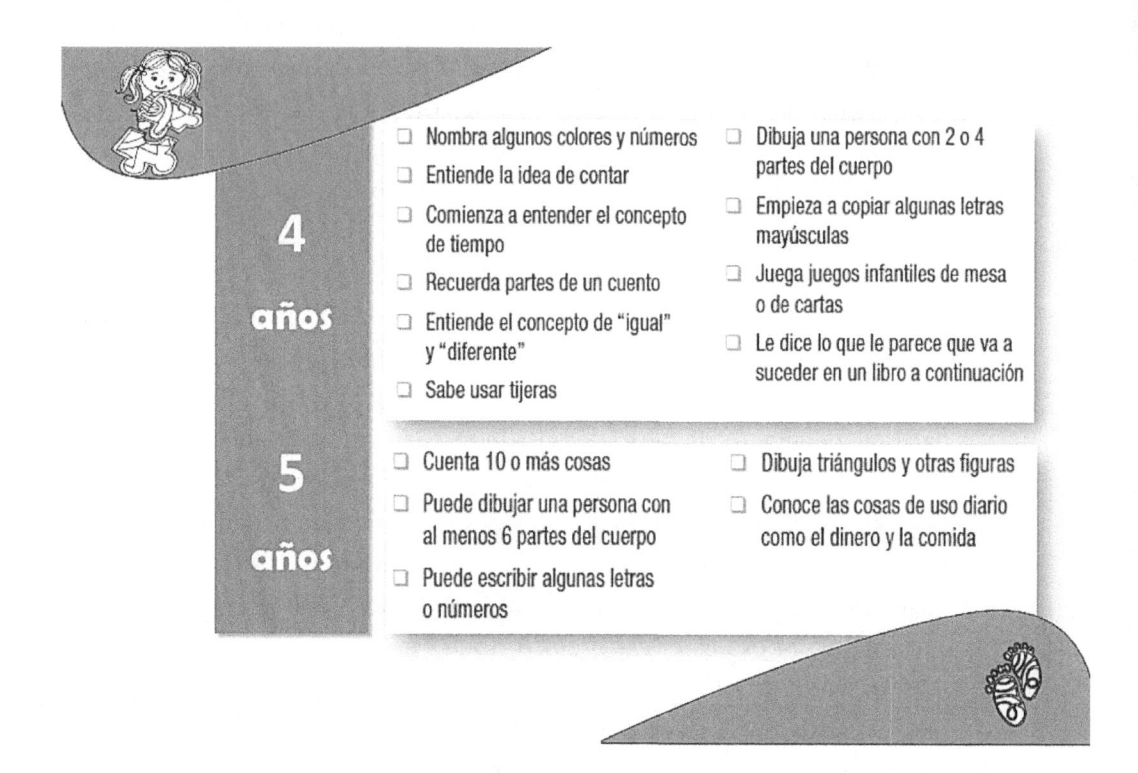

4 años
- Nombra algunos colores y números
- Entiende la idea de contar
- Comienza a entender el concepto de tiempo
- Recuerda partes de un cuento
- Entiende el concepto de "igual" y "diferente"
- Sabe usar tijeras
- Dibuja una persona con 2 o 4 partes del cuerpo
- Empieza a copiar algunas letras mayúsculas
- Juega juegos infantiles de mesa o de cartas
- Le dice lo que le parece que va a suceder en un libro a continuación

5 años
- Cuenta 10 o más cosas
- Puede dibujar una persona con al menos 6 partes del cuerpo
- Puede escribir algunas letras o números
- Dibuja triángulos y otras figuras
- Conoce las cosas de uso diario como el dinero y la comida

DESARROLLO DEL HABLA Y LENGUAJE

Si bien a esta edad el vocabulario de los niños ha incrementado mucho, todavía les queda mucho que pulir en cuanto a su pronunciación, gramática y sintaxis. A esta edad es muy normal que los niños no puedan pronunciar ciertas palabras correctamente pues sus lenguas y labios se están ajustando también a las necesidades del idioma. Los diferentes estudios sobre el desarrollo fonológico establecen que existen edades en las que el 90% de los niños de determinada edad, articulan correctamente un determinado sonido. Estas listas de sonidos no presuponen una secuencia ordenada que sea igual para todos los niños, ni tampoco se implica que unos sonidos sean pre-requisitos de otros. Simplemente se establecen criterios

---

[15] Cada niño se desarrolla de una manera única . Sin embargo , el uso de estos indicadores universales proporcionados por el Centro para el control y la prevención de enfermedades (CDC) de los Estados Unidos, ayuda a los padres en la comprensión de los rangos típicos de desarrollo en niños sanos , al mismo tiempo que se reconoce la amplia variación que existe entre ellos.

basados en datos normativos para juzgar las producciones articulatorias a determinados niveles de edad.

Edad	Sonidos
3 a 3,6	/m/, /c/, /ñ/, /k/, /t/, /y/. /p/. /n/. /l/, /f/, /ua/, /ue/
4 a 4,6	/r/, /b/. /g/. /pl/, /bl/ , /ie/
5 a 5,6	/kl/, /br/, /fl/. /kr/, /gr/, /au/, /ei/
6 a 6,6	/s/, /rr/, /pr/, /gl/ , /fr/, /tr/, /eo/

*Tabla de sonidos[16]

Además del aspecto fonológico está el aspecto morfológico. Los niños de esta edad están integrando en sus sistemas lingüísticos las reglas y tiempos de los verbos. Dirán cosas como "rompido" y "yo no sabo" por algún tiempo hasta que finalmente hayan escuchado las versiones correctas de estos verbos lo suficiente como para que sus mentes integren y adopten esta nueva información. Nuestro rol es simplemente modelar buen lenguaje, no necesariamente corregirlo explícitamente, pues mucha corrección puede desalentar el habla espontánea (por miedo a equivocarse). Una recomendación que suelen hacer todos los patólogos de lenguaje es que se modele o se devuelva la frase correcta inmediatamente después de que el niño o niña la haya dicho incorrectamente. Por ejemplo: *"Mami, mi muñeca está rompida"*. Respuesta de la madre: *"Si hija, ya vi que tu muñeca está rota"*. O *"Mami, yo no sabo"* a lo que la mamá contesta: *"yo tampoco sé"*, reforzando así el uso correcto del verbo.

Por lo general, a los 3 años los niños han alcanzado un vocabulario de aproximadamente de 900 palabras y se comunican con oraciones de 3 o 4 palabras (*Mi papi tiene carro*). A los 4 años usan alrededor de 1.500 palabras y las oraciones son más amplias alcanzando hasta 5 palabras (*Mi papi maneja su carro*). A los 5 años, usan alrededor de 2.000 palabras y las oraciones son cada vez más largas alcanzando hasta 6 palabras. Son muy comunes las preguntas sin fin tanto a los 4 como a los 5 años pues los niños usan el lenguaje para aprender más acerca de cómo funciona el mundo.

Por otro lado, un niño de 4 años que ha sido expuesto a un lenguaje rico en casa (tanto en la conversación como en la lectura) es capaz de entender que cada grupo de letras representa a una palabra y es muy probable que pretenda "leer" un cuento apuntando de palabra en palabra de izquierda a derecha y siguiendo las líneas de arriba hacia abajo. Su nivel de desarrollo de lenguaje y cognitivo les permite a los niños de esta edad entender que el texto simboliza al lenguaje hablado y que el orden

---

[16] Melgar de González (1976), pág. 30

es del texto (por los menos en las lenguas romanas como el español) se lee o escribe de izquierda a derecha y de arriba hacia abajo.

Su vocabulario a esta edad se expande con más rapidez. Ya pueden describir con más detalle aquello que ven o sienten. Pueden recordar y contar los detalles de una historia que han escuchado o que les gusta y son capaces de relatar sus experiencias vividas con muchos detalles. A medida que las habilidades cognitivas maduran, su lenguaje también se expande e incluye conceptos cada vez más abstractos.

A esta edad usted será testigo de muchos monólogos. Los niños se hablan a sí mismos y repiten lo que han escuchado en la televisión o lo que han dicho sus padres. Repasan los dichos o frases de sus personajes de televisión y después las usan para recrear escenas similares durante el juego.

Los conceptos del tiempo todavía son difíciles de entender para los niños de prescolar. Ellos viven en el presente y entonces no tienen un buen manejo de palabras que involucran temporalidad como: *mañana, después, ayer* o *antes*. Siguen aprendiendo más pronombres posesivos además de "mío" o "mi" que eran muy comunes en las etapas egocéntricas anteriores. Ahora ya empiezan a integrar en su vocabulario los pronombres "su" y "tú" para referirse a la posesiones de otros. Esto va de acuerdo a su creciente capacidad para comprender la perspectiva, necesidades y deseos de otros.

INDICADORES DE DESARROLLO DEL HABLA Y LENGUAJE[17]

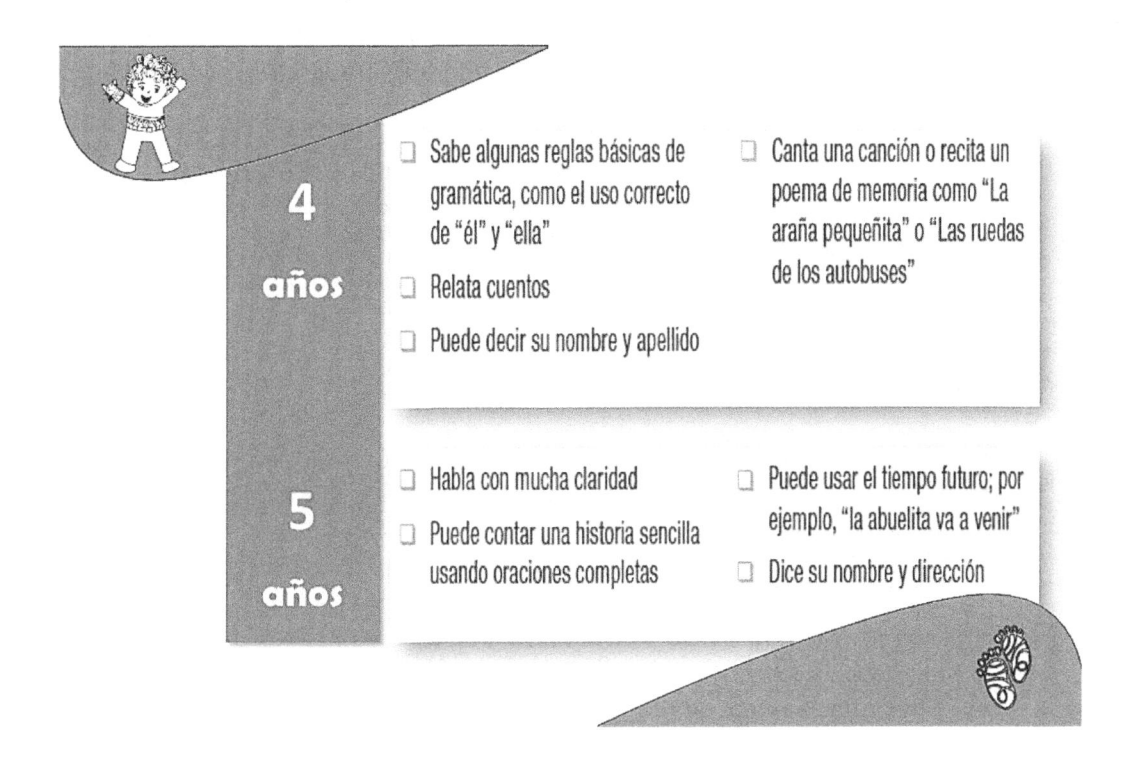

4 años
- Sabe algunas reglas básicas de gramática, como el uso correcto de "él" y "ella"
- Relata cuentos
- Puede decir su nombre y apellido
- Canta una canción o recita un poema de memoria como "La araña pequeñita" o "Las ruedas de los autobuses"

5 años
- Habla con mucha claridad
- Puede contar una historia sencilla usando oraciones completas
- Puede usar el tiempo futuro; por ejemplo, "la abuelita va a venir"
- Dice su nombre y dirección

¿Cómo ayudar en el desarrollo cognitivo y de lenguaje?

Hacia los 4 años

• Anime a su hijo(a) a usar palabras, compartir juguetes y turnarse con sus amigos para elegir los juegos.

• Dele a su hijo(a) juguetes que aviven la imaginación, como disfraces, juegos de cocina y bloquecitos.

---

[17] Cada niño se desarrolla de una manera única . Sin embargo , el uso de estos indicadores universales proporcionados por el Centro para el control y la prevención de enfermedades (CDC) de los Estados Unidos, ayuda a los padres en la comprensión de los rangos típicos de desarrollo en niños sanos , al mismo tiempo que se reconoce la amplia variación que existe entre ellos.

- Use palabras como "primero," "segundo" y "al final" cuando hable de sus actividades cotidianas. Esto le va a ayudar a su hijo(a) a aprender sobre la secuencia de eventos.

- Responda con tranquilidad a las preguntas de su hijo(a) sobre los "porqué de las cosas". Si no sabe la respuesta, diga "no lo sé" o ayude a su hijo(a) a encontrar la respuesta en un libro, en Internet o preguntándole a otro adulto.

- Cuando lea con su hijo(a), pídale que le cuente qué pasó durante el relato.

- Nombre los colores de los libros, las ilustraciones y las cosas de la casa. Cuente los artículos comunes, como la cantidad de galletitas, escalones o trenes de juguete.

- Cuando hable con su niño o niña use la gramática correcta. En lugar de decirle "mamá quiere que vengas aquí", dígale "yo quiero que vengas aquí".

Hacia los 5 años

- Enséñele a su niño o niña la dirección y el teléfono de su casa.
- Cuando le lea a su niño o niña, pídale que adivine qué va a pasar en la historia a continuación.
- Enséñele a su niño o niña conceptos como mañana, tarde, noche, hoy, mañana y ayer. Comience a enseñarle los días de la semana.
- Anime a su niño o niña a "leer" mirando las ilustraciones y contando la historia.
- Fomente el interés de su niño o niña en su comunidad. Por ejemplo, si a su niño o niña le encantan los animales, visite el zoológico o granjas donde se permite tocar a los animales. Vaya a la biblioteca o busque información en Internet sobre estos temas.

INDICADORES DE DESARROLLO MOTRIZ Y FISICO[18]

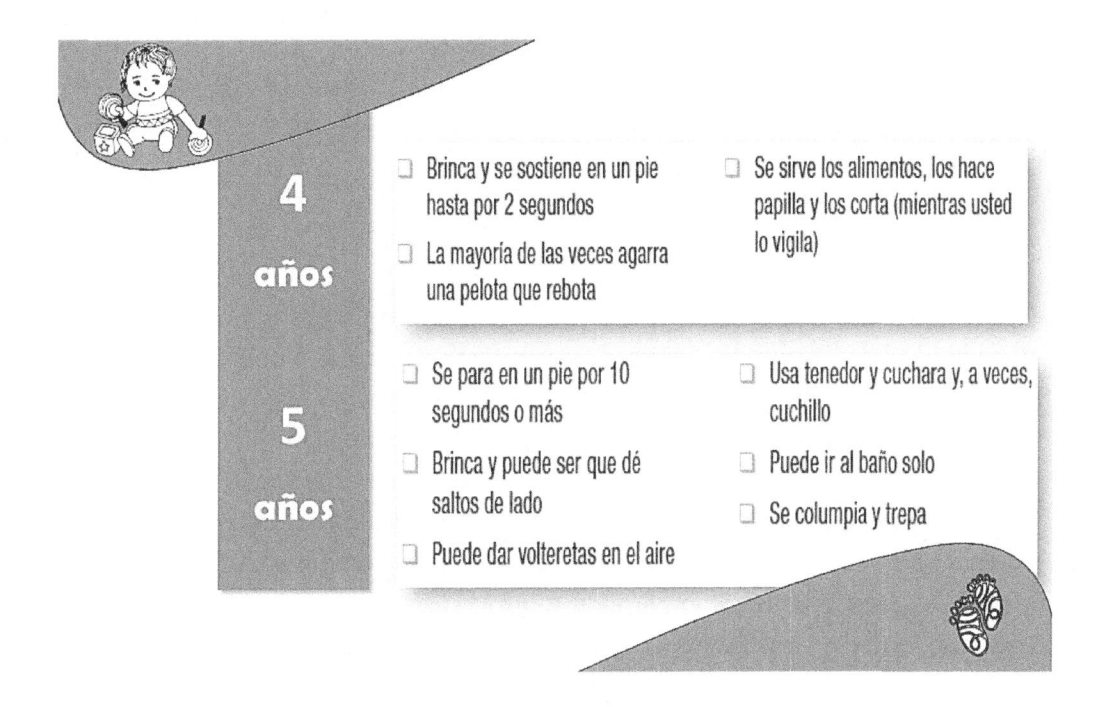

4 años
- Brinca y se sostiene en un pie hasta por 2 segundos
- La mayoría de las veces agarra una pelota que rebota
- Se sirve los alimentos, los hace papilla y los corta (mientras usted lo vigila)

5 años
- Se para en un pie por 10 segundos o más
- Brinca y puede ser que dé saltos de lado
- Puede dar volteretas en el aire
- Usa tenedor y cuchara y, a veces, cuchillo
- Puede ir al baño solo
- Se columpia y trepa

¿Cómo ayudar en el desarrollo motriz y físico?

Hacia los 4 años

- Enséñele a su niño o niña a jugar afuera a juegos como el "corre que te alcanzo", "seguir al líder" y "pato, pato, ganso".

- Escuche la música preferida de su niño o niña y baile con él. Tomen turnos copiándose lo que cada uno hace.

•

Hacia los 5 años

- Enséñele a su niño o niña la dirección y el teléfono de su casa.

---

[18] Cada niño se desarrolla de una manera única . Sin embargo , el uso de estos indicadores universales proporcionados por el Centro para el control y la prevención de enfermedades (CDC) de los Estados Unidos, ayuda a los padres en la comprensión de los rangos típicos de desarrollo en niños sanos , al mismo tiempo que se reconoce la amplia variación que existe entre ellos.

- Cuando le lea a su niño o niña, pídale que adivine qué va a pasar en la historia a continuación.
- Enseñe a su niño o niña conceptos como mañana, tarde, noche, hoy, mañana y ayer. Comience a enseñarle los días de la semana.

DESARROLLO PERSONAL

Conciencia del Yo

A medida que los prescolares observan el mundo y lo experimentan, su sentido de individualidad se amplía. Si usted le pregunta a cualquier niño o niña de prescolar *"¿Quién eres?",* lo más seguro es que la respuesta incluya una descripción de sus características físicas, una lista de algunas de sus posesiones, sus actividades favoritas o aquellos juguetes que más les gusta. A esta edad la manera de describirse a sí mismos es todavía muy concreta. Sin embargo, eventualmente la descripción incluirá comparativas del tipo: *"Yo soy más alto que Juan"* o superlativas como: *"Yo soy el más rápido de mi salón"*. Ambos son parte de su proceso de autovaloración o autoestima. A esta edad también empiezan a darse cuenta que existen diferentes puntos de vista y la imagen de sí mismos se basa en aquello que otros piensan de ellos. Las maestras y amigos más cercanos tienen una gran influencia en la autovaloración de los niños de esta edad, sin embargo, la influencia de los padres continúa siendo la más fuerte. Por eso, cuide los mensajes que comunica a los niños pues esos mensajes se traducen en autovaloración. Los niños amados y respetados se ven a sí mismos como personas dignas de amor y de respeto. Por el contrario, los niños tratados con palabras hirientes solo podrán ver reflejada la misma imagen de sí mismos que sus padres han creado de ellos. Esto no significa tampoco que debamos sobre-elogiar para crear una buena autoestima. Recordemos que el autoestima no se forma con frases como *"¡eres tan especial!"* o *"¡eres el más inteligente!"* o *"¡tú puedes ser todo lo que quieras ser!"*. Existe una gran diferencia entre ayudar a los niños a crear buena autoestima e invitarlos a la competitividad.

El reto para los padres y educadores es encontrar un buen balance entre los refuerzos positivos y la retroalimentación. Si todo lo que los niños hacen siempre es lindo y perfecto, entonces queda muy poco espacio para la mejora. Por el contrario, si nuestra retroalimentación es siempre pesimista y nunca se resaltan los puntos buenos o positivos de un trabajo escolar o de un comportamiento, entonces los niños eventualmente se sentirán desalentados y dejarán de esforzarse. En ese sentido, cuando los refuerzos positivos se otorgan sin sentido y exageradamente, cualquier tipo de refuerzo positivo pierde su eficacia y a menudo tiene el efecto opuesto. Premiar o elogiar a un niño o niña debe siempre ir de acuerdo con los esfuerzos que él o ella haga en aquello que hace. Los niños que son elogiados por hacer tareas en las que ponen poco esfuerzo podrían dúdar de la sinceridad de la persona elogiándolos, o peor, podrían dudar de su propio sentido de valor. Por el contrario, elogiarlos verbalmente como reconocimiento a sus genuinos esfuerzos puede motivarlos a esforzarse más para alcanzar todo su potencial.

A continuación, algunas recomendaciones para el uso de refuerzos positivos a esta edad:

- Siempre dirija los elogios al comportamiento, no a la persona o a los atributos del niño o niña. Frases como *"¡qué lindo niño!"* o *"¡que niña tan inteligente!"* no son solamente subjetivas, sino que además tienen muy poco valor educativo. Por el contrario, los cumplidos o felicitaciones dirigidas al proceso son más beneficiosas. Por ejemplo: *"¡qué lindo trabajo hiciste con esa torre de bloques!"* o *"¡qué bien que seguiste las instrucciones!"*.

- Reconozca públicamente los buenos comportamientos pero evitando comparaciones. Simplemente limítese a reconocer el comportamiento positivo.

- Tenga en cuenta que no todos los niños reaccionan positivamente a los elogios y felicitaciones. Algunos niños que son perfeccionistas o autocríticos no les gusta ser elogiados cuando ellos mismos no creen que han logrado el nivel de perfección que aspiran alcanzar para su propia satisfacción.

Autonomía

Los niños de prescolar se hacen cada vez más independientes. Muchos niños a esta edad ya van al baño solos así no puedan limpiarse bien o cerrarse los pantalones completamente. Hablan ya en oraciones más largas y completas. Eventualmente ya aprenderán a cortar con tijeras y a escribir sus primeras letras. Cada actividad que el niño aprende y domina, alimenta su sentido de autonomía que está a la base de su seguridad y autoestima.

A veces sus intenciones y deseos de ser autónomos, sin embargo, no van a la par de sus habilidades motrices, por lo que en esta edad es muy frecuente que los niños insistan en hacer cosas solo para terminar frustrados de los resultados de aquello que quieren hacer. Por ejemplo, quieren verter el jugo o el agua en sus propios vasos y lo derraman todo. Quieren ponerse los zapatos solos y no logran hacerlo bien. Quieren montar sus triciclos solos, pero no logran subirse o pedalear sin ayuda. Querrán hacer muchas cosas que los adultos podemos hacer más rápido que ellos y sin errores. Es por esto que muchos niños de esta edad sienten que su autonomía se ve amenazada por los adultos quienes constantemente los desalientan o les recuerdan que ellos pueden hacerlo más rápido. La verdad es que es más fácil para nosotros hacer las cosas nosotros mismos antes que esperar pacientemente hasta que los niños logren hacerlo bien. Al mismo tiempo, es más fácil para los niños sentirse derrotados ante los resultados de sus intentos y continuar "dependiendo" de los adultos especialmente cuando notan que sus intentos por ser autónomos terminan por causar más ansiedad, peleas, gritos o algún tipo de reprimenda por parte de los adultos por no haber logrado hacer algo "bien" o con el nivel de perfección que los adultos esperan de ellos.

Es por esto que la mejor manera de permitir a los niños ejercer su autonomía es dándoles espacio para el intento y también para el error. Los niños esperadamente se equivocarán, sin embargo, necesitan ser dados la oportunidad de intentar y de errar, o de lo contrario nunca aprenderán a hacerlo por sí solos. A veces los adultos tenemos instalado el "no" en nuestras mentes y eso es lo primero que sale de la boca. Nos es difícil pararnos un rato a pensar si aquello que nos piden los niños en realidad está tan mal. ¿Por qué no permitir, por ejemplo, que intenten exprimir el zumo de limón para la limonada? ¿O que pelen la cáscara de la mandarina por sí solos aunque sabemos que dejarán pedacitos pequeños de cáscara por todo el piso? Debemos los adultos aprender a aumentar nuestros niveles de tolerancia ante el desorden, la suciedad y debemos también pausar un poco el ritmo de la vida para no sentirnos esclavos del tiempo en todo momento. A veces es la prisa la que impide que los niños logren dominar destrezas motoras como ponerse sus zapatos, abrigos y/o gorras.

Seamos conscientes de lo que sale de nuestras bocas al momento de presenciar un error o un intento fallido. Al derramar jugo muchas cosas podrían decirse. Por ejemplo: *"La próxima pídeme para yo hacerlo"*, o *"¡Mira el regadero que hiciste!"* o *"¡ya sabes que no puedes hacerlo sin derramar!"* Todas estas son respuestas comunes y todas ellas comunican a los niños que no lo pueden hacer por sí solos. Para animarlos a seguirlo intentando y no quebrantar su motivación de ser autónomos podríamos decir *"Ya casi lo haces sin derramar. Inténtalo otra vez, pero movamos el vaso al lavabo de la cocina para que si se derrama no tengamos que limpiarlo todo".* O bien podría decir: *"Pongamos el jugo en esta jarra más pequeña para que no se derrame tanto"*. Recuerde siempre que la prioridad es la autoestima y autonomía de su niño o niña pues finalmente el jugo derramado se puede limpiar.

Responsabilidades

Los niños de esta edad simplemente no están interesados en la responsabilidad y no entienden por qué la responsabilidad va antes que la diversión. No se van a hacer responsables de limpiar sus cuartos, de poner su ropa sucia en el lugar que corresponde y muchos necesitarán recordatorios constantes sobre su aseo personal. Esta aversión natural a ser responsables hace que los adultos desistamos. Aunque ciertos niños estén dispuestos a cooperar con ciertas cosas es más fácil para los adultos el decidir retomar la actividad nosotros mismos dado que termina siendo más trabajo y requiere mucha paciencia el permitir que los niños nos ayuden. Por ejemplo, los niños de esta edad están listos para ayudar a poner la mesa (preparar las servilletas, cubiertos y vasos), pero muchas veces lo harán "mal" o lo harán muy lento y muchos dejarán caer muchas cosas al suelo. Esto hace que los adultos tengan que hacerlo todo ellos mismos de nuevo o que deban lavar los cubiertos que se cayeron en el piso. Toma tiempo para los niños el alcanzar el nivel de perfección que esperan sus padres al ayudar en los quehaceres domésticos. Sin embargo, es importante que se les de espacio para ayudar con esas actividades pues son muy valiosas no solo para enseñar responsabilidad sino para realzar su sentido de pertenencia y su autoestima.

La mejor manera de involucrar a los niños en los quehaceres domésticos es dándoles la responsabilidad de hacer la misma tarea todos los días. De esa manera las responsabilidades se vuelven hábitos y no queda lugar para la discusión o para las batallas sobre querer o no querer hacerlo. Inicialmente los adultos necesitarán recordar a los niños que es hora de limpiar los juguetes, poner la mesa, tender la cama o lo que fuera. Eventualmente ellos empezarán a hacerlo por sí solos y sin necesidad de recordatorios pues estas actividades pasarán a ser parte de su rutina diaria.

A continuación, una lista de sugerencias de cosas que los niños están listos para hacer a los 4 años:

- Poner la mesa: platos cubiertos, individuales, servilletas
- Seguir un horario para alimentar a las mascotas si se las tiene
- Ayudar a tender las camas o solo la propia
- Recoger la correspondencia o correo diario
- Usar la batidora de mano con un adulto
- Usar la aspiradora

A continuación, una lista de sugerencias de cosas que los niños están listos para hacer a los 5 años:

- Planear comidas y ayudar con las compras de vivieres en el supermercado
- Preparar desayunos fáciles
- Limpiar lo que hayan ensuciado ellos mismos
- Servirse sus propias bebidas
- Tender la cama y limpiar su habitación
- Despedazar la lechuga para la ensalada
- Separar la ropa limpia y seca para ser guardada
- Separar la ropa sucia (blanco y de color) para ser lavada
- Contestar el teléfono en casa (no el celular personal de sus papás)
- Sacar la basura a la calle

No desista ayudando a su niño o niña a aprender a amarrarse los cordones de los zapatos o a cerrar sus suéteres o abrigos. Estas habilidades motrices finas toman algún tiempo en dominar, pero solo se dominarán si se practica. Lo recomendable durante esta etapa es que los adultos bajemos nuestros estándares de perfección de manera que los niños puedan sentirse orgullosos de sus habilidades y contribuciones y no sientan que su trabajo nunca es lo suficientemente perfecto, o que sus esfuerzos no sirven de nada porque los adultos lo vuelven a hacer todo nuevamente. A la par de dar espacio para el error y la imperfección, es necesario reconocer verbalmente los logros y esfuerzos para animar a los niños a seguir intentando mejorar cada vez más.

Como lo haría cualquier entendido de pedagogía, la mejor manera de enseñar cualquier habilidad es primero demostrando cómo se hace, después guiando y practicando juntos y finalmente dando oportunidades de práctica independiente.

DESARROLLO DE LA AUTODISCIPLINA

Los prescolares pueden ahora ver el mundo desde la perspectiva de otros y esto hace que sean mucho más capaces de distinguir entre lo bueno y lo malo o entre lo apropiado y lo inapropiado. Los niños de esta edad están listos para practicar y seguir desarrollando su empatía. Son capaces de actuar considerando los sentimientos de otros. Pueden aprender a compartir y saben qué tipos de comportamientos hacen sentir bien y cuáles hieren a otras personas. Pueden entender por qué es necesario hablar con la verdad, ser educados, amables y respetuosos, pero no siempre recordarán todas las reglas que se establecen en casa o en la escuela, ni tampoco serán consistentes sobre su uso de buenos modales. Necesitan todavía muchos recordatorios y los padres mucha paciencia.

Valores y moral

Es durante esta etapa que se pueden ver las primeras señales de una conciencia moral. Los niños ahora reconocen que hay una serie de estándares de comportamientos apropiados y pueden ahora actuar de acuerdo a esos estándares. De hecho, sienten remordimiento cuando quebrantan las reglas o cuando saben que han ofendido a otros. Sin embargo -como muchas otras cosas en esta etapa de pensamiento concreto- los niños son incapaces todavía de distinguir entre un acto intencionado y un acto accidental. La vergüenza que genera un acto negativo es la misma para ellos sin importar si hubo una intención o no de hacerlo.

Justamente por esta empatía cada vez más desarrollada, los niños de esta edad se muestran bastante preocupados acerca de otros a su alrededor a menudo ofreciendo consuelo y confort en situaciones tristes. Este es un paso importante en su desarrollo puesto que los aleja del egocentrismo característico de los tres primeros años. Ahora es cuando aprenden cada vez más sobre lo bueno y lo malo. Esto lo aprenden gracias a la observación, a la experiencia, a la imitación y al juego de roles.

El aprendizaje por experiencia se refiere a las vivencias propias del niño o niña en relación a lo que ha hecho y a lo que sus actos han generado en otros. Por ejemplo, si hieren física o emocionalmente a alguien y son corregidos por los adultos, ellos concluyen que estuvo mal haber actuado de esa manera. Si dicen o hacen cosas que generan alegría, entonces aprenden que esos comportamientos y actitudes son no solo aceptables sino deseables.

El aprendizaje por observación se refiere a cuando los niños aprenden sobre los resultados de los comportamientos que observan en otros niños. Si están en el parque, por ejemplo, y son testigos de que un niño es reprendido por sus padres al no querer esperar su turno para subir la resbaladera, entonces el niño observador aprenderá que eso no se hace. De la misma manera, si un niño logra subir a la resbaladera empujando a otros, sin esperar su turno y sin recibir ningún tipo de corrección o consecuencia por parte de los adultos, el niño observador podría aprender a imitar ese comportamiento. También podría suceder que el niño observador ya haya tenido una experiencia similar anteriormente, y si ese es el caso, es probable que ya haya aprendido cuál es el comportamiento esperado en esa situación y sea capaz de darle una valoración negativa al momento de atestiguarlo.

El aprendizaje por imitación se refiere a las valiosas lecciones que los adultos enseñamos a los niños con nuestro ejemplo. De nada nos sirve pedirles que no mientan si nos escuchan mentir a nosotros. De la misma manera, los sermones sobre el altruismo y la generosidad no tendrán tanto poder como el hecho de ver a los adultos reunir ropa o víveres para dárselos a la gente necesitada.

Un último aprendizaje es el que se da durante el juego de roles. Este aprendizaje ayuda a los niños a tomar decisiones ante situaciones ficticias pero que podrían en realidad suceder. En el juego de roles los niños a menudo crean dilemas morales y se valen de los adultos para aprender a resolverlos. El adulto que juega u observa el juego podría decir, por ejemplo, *"Marta se ha caído y se ha lastimado la rodilla. ¿Qué le vas a decir para que se sienta mejor?"*

A pesar de que los niños están día a día desarrollando su brújula moral que les ayude a manejarse en el mar de la integridad, recuerde que todavía son muy impulsivos a esta edad. De manera que a pesar de que saben que algo está mal, muchas veces lo harán de todas maneras porque el impulso de hacerlo será más fuerte. Sea paciente y tome estas situaciones como oportunidades para reforzar las reglas y los límites. Haga uso de frases empáticas que ayuden a los niños a ver la conexión entre el comportamiento y los sentimientos o resultados que sus actos ocasionaron en otros. Eso será más valioso que imponer la regla sin explicar por qué es necesario seguirla.

Autocontrol

Notará que su prescolar es ahora mucho más complaciente que antes y no tendrá que batallar tanto para que haga lo que usted pide (siempre y cuando lo que pide sea sensato y razonable). Los berrinches ya son casi inexistentes. Si bien podrían sentir la misma intensidad de frustración o de ira que desencadenaba los berrinches en etapas anteriores, ahora los niños son mucho más capaces de autorregular esas emociones previniendo así comportamientos explosivos. Sin embargo, el que los niños sean mucho más complacientes y fáciles de controlar a esta edad no significa de ninguna manera que estén listos para seguir todas las reglas y complacer a todas las demandas. Los límites serán todavía desafiados y mientras más límites innecesarios existan, más resistentes se mostrarán los niños. Recuerde siempre que los límites son más efectivos y tienen más valor educativo cuando van acorde a la edad y necesidades de los niños. Por otro lado, recuerde también que el verdadero significado de disciplina es *enseñar*, lo cual es un proceso continuo que dura toda la niñez y la adolescencia, y que poco tiene que ver con gritos, castigos, y peor aún, con el maltrato físico.

Muchos adultos tratan de hacer una diferenciación entre maltrato y disciplina, pero esto la UNICEF lo tiene muy claro. No hay tal diferencia entre la nalgada "oportuna" o "de vez en cuando" y el maltrato. Todo es maltrato. La diferencia está en que muchos de nosotros esto ya lo comprendimos mientras que la mayoría de la gente todavía no. Cada niño que fue maltratado es potencialmente un adulto que defenderá y naturalizará la violencia hacia la infancia usando la vieja excusa de "así me criaron a mí y estoy bien". La naturalización de los malos tratos está a la orden del día y es mucho más común en las redes sociales. Un primer nivel de la naturalización del maltrato es justificar la agresión. Un segundo nivel es agradecer a los padres agresores por haberlo hecho. Y un tercer nivel implica no solo justificar y agradecer sino negarse a aceptar que los padres de uno son o fueron humanos y que hicieron lo que mejor pudieron con nosotros, así "lo mejor" es lo que peor pudieron haber hecho. Parece un trabalenguas, es cierto, por eso léalo nuevamente para que le quede bien claro. Dicho de otra manera, aprendamos a reconocer que nuestros padres como humanos que son pueden haber cometido muchos errores al criarnos a nosotros. Ellos no contaban con la poderosa información que ahora tenemos los padres de nuestra generación, de manera que no se trata de invalidar o de reprochar, sino de reconocer sus errores y romper la cadena para procurar que no se repita. Solo así pueden evolucionar las sociedades.

Recordemos que la investigación científica de los últimos 30 años es la que ha permitido a los nuevos psicólogos establecer y recomendar a los padres el tipo de prácticas parentales que resultan en niños mentalmente sanos. Estas investigaciones tuvieron sus raíces en los estudios de la psicóloga Diana Baumrind quien en los años sesentas condujo un estudio con más de 100 niños de prescolar. A través de observaciones, entrevistas a padres y otros métodos investigativos, ella identificó cuatro dimensiones que están presentes en diferente medida en cada estilo parental. A través de esas dimensiones ella pudo determinar cuál es el estilo de crianza que resulta en niños mejores portados y más sanos mentalmente.

Baumrind clasificó a los estilos de crianza en tres grupos: crianza autoritaria, democrática y permisiva. Veinte años después, Maccoby y Martin añadieron un estilo más a la clasificación de Baumrind y le dieron el nombre de crianza negligente o desentendida. Veamos de qué se trata cada estilo.

1. *Crianza autoritaria*

En este estilo de crianza, los padres esperan que sus hijos sigan las reglas estrictas que les imponen. Si los hijos no siguen las reglas, por lo general, se impone un castigo. Los padres autoritarios no explican las razones por las cuales imponen las reglas y su respuesta tras el cuestionamiento de sus hijos suele ser algo como: *"porque yo digo"* o *"porque yo mando aquí"*. Estos padres demandan bastante de sus hijos pero no responden a sus necesidades con sensatez y sensibilidad. De acuerdo a Baumrind, estos padres están preocupados de que sus hijos obedezcan y esperan que sus órdenes sean cumplidas sin cuestionar. Este estilo de crianza tiende a producir niños obedientes pero inseguros, con baja autoestima, menos felices que otros niños y con dificultades para socializar.

2. *Crianza democrática*

Al igual que los padres autoritarios, los padres democráticos también establecen límites y reglas que sus hijos deben seguir. Sin embargo, estos padres tienden a tomar en cuenta las opiniones de sus hijos y son razonables a la hora de establecer las reglas. Cuando sus hijos no cumplen con sus expectativas, estos padres son más indulgentes y comprensivos en vez de ser castigadores. Los padres democráticos monitorean el comportamiento de sus hijos, comunican sus expectativas claramente de una manera creativa pero no invasiva o restrictiva. Para disciplinar a los hijos, estos padres tienden a apoyarlos en el proceso en vez de castigarlos. Lo que el estilo autoritario tiene en común con el estilo democrático es que ambos son ricos en el establecimiento de límites. Sin embargo, la comunicación y calidez de los padres democráticos es mucho más evidente. Este estilo de crianza suele resultar en niños seguros, felices y exitosos.

3. *Crianza permisiva*

A los padres permisivos se los conoce a veces como padres indulgentes porque tienen pocas reglas y límites para con sus hijos. Estos padres raramente monitorean o corrigen los comportamientos malos o negativos de sus hijos ya sea porque tienen expectativas muy bajas en cuanto a su capacidad de autocontrol y de madurez, o porque no saben cómo intervenir ante un mal comportamiento. Los padres permisivos son muy responsivos y sensibles a las demandas de sus hijos pero no establecen límites claros. A pesar de que estos padres son capaces de darse cuenta de que ciertos comportamientos no son socialmente aceptables, por lo general, no intentan remediarlos para evitar confrontaciones con sus hijos. Estos padres son, por lo general, muy comunicativos con sus hijos pero no tienen un rol de autoridad ante ellos. Los resultados de un estilo de crianza permisivo son niños con niveles más bajos de auto-control y felicidad. Tienden a tener problemas con las autoridades y su desempeño académico suele ser bajo.

4. *Crianza negligente*

Una crianza negligente se caracteriza por tener poco de todo. Pocas reglas, poca capacidad de respuesta y poca comunicación por parte de los padres. Estos padres puede que satisfagan las necesidades básicas de sus hijos (ej. comida, techo, vestimenta) pero generalmente no se involucran en su vida. En los casos más severos, los padres negligentes ignoran las necesidades básicas de sus hijos e incluso los pueden rechazar. Este estilo de crianza resulta en los niveles más bajos en todas las áreas de la vida. Son niños con baja autoestima, poco auto-control, infelices y con problemas tanto de disciplina como académicos.

¿Por qué la crianza democrática tiene tantas ventajas en comparación a las otras? Usted puede leer más en detalle acerca de este estilo de disciplina en mi libro *Sin gritos ni castigos: Educando para la autodisciplina*. Sin embargo, por ahora le ofrezco dos importantes razones. Primero, cuando los niños perciben que las demandas y expectativas de sus padres son razonables y justas, tienden a cumplirlas; y segundo, a través de la comunicación (y no de la amenaza o el castigo) los niños aprenden a internalizar las razones por las cuales ellos se comportan de cierta manera y, por lo tanto, logran un mejor auto-control. En otras palabras, los niños criados en ambientes más democráticos aprenden a seguir las reglas no por temor a ser castigados sino porque comprenden la razón de su existencia. De la misma manera, la comunicación y reflexión característica de un estilo de crianza democrático, permite a los niños formar su propia brújula moral en vez de depender de la constante supervisión de los padres.

Modales

A esta edad los niños ya han aprendido los buenos modales más básicos y frecuentes del diario vivir. Si los adultos han enseñado con el ejemplo y han reforzado con cada oportunidad, los niños de esta edad dirán "por favor" y "gracias" por sí solos y lo harán en los contextos correctos. Sin embargo, todavía no saben mucho sobre diplomacia y puede que de su boca salgan preguntas poco discretas y comentarios algo groseros. Las preguntas indiscretas o las señaladas con el dedo en lugares públicos son muy frecuentes especialmente cuando ven a alguien diferente o que llama su atención. Si nunca han visto a una persona parapléjica lo más seguro es que pregunten mientras señalan con su dedo: *"¿Porque no puede caminar?"* o *"¿Qué le pasa?"*. O *"¿Porque esta tan gordo?" "¿Por qué no puede ver?"*, etc. Si no son preguntas, puede que sean comentarios del tipo *"¡Qué pelo tan loco!" "No me gusta esta comida" "Se ve que no tiene ropa"* o *"¡Míralo que sucio!"*. Dado que los niños comentan o preguntan sin ningún titubeo, es obvio que no saben que estas cosas pueden herir los sentimientos de las personas a quienes se refieren. Sin embargo, el que no sepan no significa que vamos a ignorar el incómodo momento o a dejar pasar la oportunidad de enseñarles. La mejor lección es aquella que se ofrece cuando el niño está dispuesto a aprenderla. El niño ha hecho una pregunta o un comentario, lo cual demuestra que le interesa saber y estará atento a la respuesta. Si bien lo primero es informar al niño o niña que esa no es la manera de preguntar, o que señalar a las personas no es correcto, también es imprescindible responder la pregunta de manera sincera y objetiva para satisfacer la su innata curiosidad. Podemos por ejemplo explicar que algunas personas nacen con diferentes condiciones o enfermedades que no les permiten verse o actuar igual que nosotros. Podemos prevenir el incómodo comentario -*"no me gusta esta comida"*- cuando hemos sido invitados a comer anticipando a los niños que es suficiente con decir *"no, gracias"* pero que el comentario está de más porque hiere a la persona que cocinó. Si por el contrario, hacemos una escena en ese momento por algo que no pudimos prevenir y pedimos a los niños que se disculpen, lo único que logramos es avergonzarlos por algo que no tuvieron la intención de hacer o no sabían que era inapropiado decir. De haber sabido que está mal, lo más seguro es que hubieran susurrado el comentario o la pregunta. Está claro que no lo sabían y es por eso que lo dijeron así de claro y alto para que todos escuchen. Al avergonzar a los niños en público además estamos siendo incoherentes con aquello que pedimos. Si pedimos que no hieran o humillen a otros en público con comentarios o preguntas de ese tipo, no lo hagamos tampoco nosotros con ellos regañándolos en público u obligarlos que se disculpen. Ofrezca una disculpa por ellos de ser necesario.

Si la corrección puede esperar, o si no llegó a oídos de la persona implicada, muchas veces podría ser mejor hablarlo en privado. Al hacerlo, hablemos estrictamente de aquello que se dijo. Es necesario no dejar pasar estas preguntas o comentarios pues conversar acerca de ellas será lo que generará el aprendizaje. Los niños deben saber que sus palabras hieren a otros y los adultos debemos ser claros y firmes al comunicarles que no está bien que las digan (así las piensen). Es parte del proceso de regulación de impulsos el poder frenarse de decir cosas que pasan por su mente en un determinado momento.

EXPECTATIVAS REALISTAS

- **Mucha actividad física.** A esta edad los niños y niñas se mostrarán más activos e inquietos que nunca. Necesitan corretear a menudo y eso les ayuda a concentrarse cuando las demandas o las actividades diarias los requieren quietos y sentados. Aquellos que van a centros infantiles o escuelas prescolares necesitarán muchos periodos de descanso o recreos para ayudarlos a desempeñarse mejor dentro de sus salones.
- **Aburrimiento.** A medida que los niños crecen y sus capacidades cognitivas se tornan más complejas, ellos y ellas buscarán actividades novedosas o diferentes para retar y complacer a sus cerebros en desarrollo. El aburrimiento es normal y a partir de él surge la creatividad. Procure no "rescatar" a su niño o niña de un momento de pasividad a no ser que él o ella

solicite ideas sobre qué hacer o con qué jugar. A menudo los adultos interpretamos la inactividad de los niños como aburrimiento y somos rápidos en ofrecerles un juguete o una tableta para ocuparlos en algo. Sin embargo, los periodos de silencio y de aparente inactividad son sanos y necesarios pues es durante esos periodos que los niños procesan los nuevos aprendizajes.

- **Menos melindrosidad.** Muchos niños que se volvieron particulares con la comida cerca de los dos años, se mostrarán un poco más aventureros entre los tres y cuatro años. Querrán probar alimentos que no han comido nunca o que dejaron de comer cuando inició su fase. Esta es una etapa importante para formar buenos hábitos alimenticios en los niños dado que es una oportunidad para desarrollar gustos nuevos. Los niños más cautelosos y sensibles todavía tendrán preferencias por ciertas comidas y les tomará más tiempo aventurarse a comer cosas nuevas o diferentes a las que están acostumbrados. Si ese es el caso con su niño o niña, recuerde que la función de la alimentación es proveer los nutrientes necesarios para crecer y mantenerse sanos. En ese sentido, no debería preocuparnos tanto la variedad de comidas que coman sino la variedad de nutrientes que aquellas comidas que siempre comen les proporcionan. No obstante, algunos niños nunca salen de esa fase melindrosa y será necesario ofrecerles diariamente la opción de probar otras comidas. Se puede usar la estrategia del "prueba y di no gracias" a cada oportunidad. Esta estrategia es una negociación o pacto en el cual los padres piden al niño o niña probar un alimento nuevo (solo un mordisco) y los niños tienen el permiso de decir "no gracias" si es que el alimento no les gustó después de aquel primer mordisco. Es importante no obligar a los niños a tragar el bocado o permitirles escupirlo si no les gustó pues eso hará más difícil el éxito de esta estrategia. Tanto el niño como los padres deben cumplir su parte en la negociación y pueden repetir esta estrategia a la hora de cada comida nueva.

- **Periodos cortos de atención y concentración.** Los niños de esta edad tienen mayor capacidad de atención y concentración cuando ellos mismos eligen las actividades que quieren hacer o cuando aquello que los adultos han elegido si les interesa. Desde los tres años hasta el final de los cuatro años sus periodos de atención suelen durar entre 7 a 15 minutos. Se distraen fácilmente con estímulos del ambiente pero son capaces de ignorar algunas actividades comunes del diario vivir como los sonidos propios de la cocina o la ducha del baño. Alrededor de los cinco años la mayoría de niños son capaces de mantener sus periodos de atención y de concentración en una misma actividad por alrededor de 25 minutos. Esta es una de las razones por las cuales ésta es la edad más común para la entrada al kínder o al jardín de infantes. No obstante, algunos países nórdicos como Finlandia prefieren esperar dos años más para iniciar la escolarización logrando mejores resultados académicos.

- **Diferencias entre niños y niñas.** Algunos estudios recientes demuestran que los varones desarrollan más lentamente que las mujeres en los aspectos físicos, sociales y lingüísticos.[19] Esto es porque sus circuitos cerebrales maduran a un ritmo más lento que en las niñas, tanto a nivel prenatal como postnatal. Alrededor de los cuatro años también ambos géneros muestran diferentes intereses. Ya sea por influencias culturales o por características innatas o biológicas, lo cierto es que los intereses de las niñas por lo general van más de acuerdo con las expectativas de la escolarización tradicional. Ellas suelen interesarse en actividades manuales o motrices finas que involucran mullos, papel, crayones, marcadores y/o lápices de colores. Es por esto que sus habilidades motrices finas (necesarias para poder formar letras, figuras geométricas o para pintar) suelen estar más desarrolladas en las niñas que en los niños de la misma edad al entrar al kínder. La mayoría de los niños, por el contrario, se interesan más por tareas cognitivas o por actividades espaciales o motrices gruesas (como aprender a manejar la bici o armar legos) que menos tienen que ver con las expectativas del sistema educativo tradicional. Alrededor de los 10 años, sin embargo, las diferencias se estabilizan y los niveles de rendimiento y de destreza tanto en actividades cognitivas como motrices son iguales tanto en varones como en mujeres.

- **Recordatorios frecuentes para iniciar actividades del diario vivir.** Muchos niños de cinco años todavía necesitarán recordatorios frecuentes para ir al baño, comer o guardar sus juguetes. Están tan inmersos en el juego que ignoran sus señales corporales y se aguantan la orina hasta que sus vejigas ya no pueden más. Otros ignoran el hambre y pueden pasarse toda una mañana sin comer. Los recordatorios constantes y los límites claros en cuanto a los horarios de comer y dormir harán más llevadera esta etapa. No se trata de obligarlos a comer todo lo que está en su plato pero sí es necesario recordarles que esa es su oportunidad de comer si acaso tienen hambre. A menudo lo que más les cuesta es iniciar una actividad. Una vez que ya están inmersos en ella suelen realizarla o terminarla sin mayor problema.

- **Ayuda de los adultos para vestirse o para completar ciertos quehaceres domésticos.** A los cinco años muchos niños ya pueden ponerse solos sus zapatos y abrigos pero muchos necesitarán ayuda amarrándose los cordones

---

[19] Schore, A.N., 2017.

o abotonándose sus abrigos. De la misma manera, si bien tienen la edad para hacerse responsables de ciertas actividades domésticas, no tienen necesariamente la habilidad de hacer esas actividades a la perfección. La tolerancia de parte de los adultos en cuanto al nivel de perfección ayudará a fomentar la autoestima y el sentido de responsabilidad de los niños.

- **Insultos, mentiras e historias ficticias.** Los niños de cuatro años si bien tienen un mejor control de sus impulsos todavía están aprendiendo sobre diplomacia y sobre el uso apropiado del lenguaje. Dirán cosas que pueden herir a otros sin necesariamente tener la intención de herir. Dirán mentiras porque no pueden todavía distinguir completamente entre la realidad y la fantasía. Exageran los eventos contando historias fantasiosas porque tienen una imaginación muy vívida. Ante una mentira o una historia fantasiosa los padres pueden hacer la diferenciación entre lo real de lo ficticio usando frases aclaratorias y sin culpabilizar al niño o niña. Ante las palabras hirientes, los padres pueden ayudar a los niños a establecer relaciones de causa-efecto para intentar evitar un mal momento en el futuro. Todo aprendizaje social es procesado en la memoria del niño o niña.

PRIORIDADES

Para el niño o niña:

- **Unirse al juego de otros niños.** Desde los tres años y medio (aproximadamente) en adelante, los niños empezarán a sentir la necesidad de socializar más y más con sus pares. Sin embargo, no necesariamente sabrán cómo unirse al juego. Unos intentarán empujar a otros para abrirse un espacio en el juego y otros más introvertidos decidirán quedarse al margen del juego esperando que alguien los invite.
- **Aprender más sobre el mundo.** Los niños de cuatro años son muy preguntones. Quieren saber cómo funciona el mundo, quieren aprender vocabulario nuevo y suelen usar sus nuevos aprendizajes en el juego imaginario. Les interesa saber si algo es real o ficticio. Cerca de los cinco años preguntarán si los personajes de la televisión están dentro del aparato de la misma manera que los peces están dentro de la pecera. Querrán saber por qué los aviones no se caen y porqué los barcos flotan. Todo esto es parte normal de su desarrollo cognitivo y de lenguaje.
- **Tener amigos imaginarios.** Esto es común entre los tres años y medio y los cuatro años y medio. No hay razón para preocuparse a no ser que la gran

mayoría del tiempo el niño o niña prefiera "jugar" con sus amigos imaginarios en vez de sus amigos reales.

- **Aprender a resolver sentimientos de vergüenza o culpa.** Cerca de los tres años y medio, los niños empezarán a sentir culpa o vergüenza por primera vez cuando se dan cuenta de que han herido a alguien con sus acciones. Muchos se cubrirán la cara, otros querrán esconderse y cerca de los cinco años expresarán su miedo a perder el afecto o la amistad de otros. Dirán cosas como "no me mires" mientras procesan sus sentimientos de culpa. Ante estos sentimientos ellos buscarán formas de resolver lo que han hecho ya sea pidiendo disculpas o abrazando a las personas a quienes han herido.

- **Aprender y reforzar el seguimiento de las reglas en lugares públicos o en las escuelas.** Los niños de cuatro años son muy buenos para recordar a otros cuáles son las reglas de un determinado lugar. Esperarán que otros las sigan al igual que ellos y se quejarán abiertamente si alguien no las sigue. A esta edad ellos pueden participar en cortas reuniones familiares para crear o reforzar las reglas de la casa. Por ejemplo, pueden sugerir reglas familiares para el uso moderado de los computadores y tabletas o para el consumo de comida chatarra.

- **Sentirse seguros y exitosos en sus ambientes escolares.** Muchos niños de esta edad ya asisten a centros educativos. Su prioridad será sentirse cómodos y felices en esos ambientes y poco les interesará satisfacer las expectativas curriculares o los estándares del sistema escolar.

- **Explorar sus intereses.** Los niños de esta edad tienen sus propias preferencias e intereses y reconocer aquellos será muy importante si lo que queremos es maximizar su potencial. En vez de insistir en que tomen clases de "refuerzo" o clases de un instrumento musical que nos gustaría a los adultos que ellos toquen, sería más acertado dejarnos guiar por las habilidades y preferencias naturales del niño o niña y proveer oportunidades y espacios para su exploración.

- **Fortalecer sus amistades.** A medida que los niños socializan más y maduran más sus capacidades sociales, se mostrarán interesados en jugar y pasar más tiempo con aquellos niños o niñas con quien son más afines. Su concepto de lo que constituye un o una "mejor amigo(a)" es cada vez más preciso y los niños de cinco años ya no cambian de mejores amigos de un día para otro de la misma manera que lo hacían en etapas anteriores.

Para los padres:

- **No solucionar todos los problemas de los niños.** Si los niños no pueden ponerse los zapatos solos – por ejemplo- ofrezca sugerencias para hacerlo mejor. Si no pueden encontrar un juguete, no vaya usted a buscarlo por ellos. Es mejor sugerirles lugares donde podrían estar o hacerles preguntas que ayuden al niño o niña a solucionar sus propios problemas.

- **No se preocupe mucho por las ocasionales desviaciones de la verdad a través de los relatos fantasiosos de los niños.** Si su niño o niña tiene una inclinación especial por contar cosas que no pasaron, en vez de llamarlo "mentiroso(a)", intente darle una dosis amable de realidad. Por ejemplo, si al regreso del zoológico él o ella dice haber nadado con delfines, usted puede decir algo como "H*mmm, esa es una buena historia. Se ve que te encantan los delfines que hasta creíste haber nadado con ellos*".

- **Sea selectivo en sus batallas.** Hay un dicho muy popular en inglés que dice "choose your battles wisely" y hace referencia a la necesidad de mostrarnos selectivos y flexibles cuando las batallas son muchas y la paciencia es poca. A veces es mejor no participar en toda batalla a la que somos invitados por los desafíos de los niños. Esto permitirá mantener tanto la armonía en el hogar como el equilibrio mental propio. Pasarse el día batallando y discutiendo puede ser muy desgastante. Los límites y reglas son importantes pero la flexibilidad también lo es. El mostrarnos flexibles ante ciertos límites negociables nos permitirá obtener más complacencia a la hora de establecer límites no negociables. Recuerde que los niños -al igual que los adultos- tienen la necesidad de ser autónomos, de manera que darles espacio y opción en aquellas instancias en las que nos sea posible permitirá que ellos se muestren más complacientes cuando no exista ese espacio u opción. La complacencia es como un globo inflado de aire. Si se infla mucho el globo éste explotará ante cualquier firme apretón. Si por el contrario se lo infla moderadamente de aire, podremos presionar el globo sin reventarlo pues el aire se ajustará al apretón.

- **Evitar el uso excesivo de pantallas como fuente principal de entretenimiento.** El uso excesivo de pantallas afecta el desarrollo cerebral de los niños especialmente antes de los dos años. Sin embargo, mientras más edad, más probable y más común será su uso excesivo. Algunas de las conclusiones a las que han llegado los diferentes estudios en cuanto al uso de pantallas son las siguientes:

1) La luz y radiación de las pantallas afecta la producción de melatonina lo cual afecta negativamente la calidad de sueño tanto de adultos como de niños. Se recomienda no usar pantallas por lo menos una hora antes de ir a dormir.

2) El uso excesivo de tecnología afecta la capacidad de niños y adultos de mantener la atención y concentración. Existe una relación directamente proporcional entre uso de pantallas y disminución de atención. Es decir, mientras más pantallas, menos capacidad de mantener la concentración .

3) El uso excesivo de pantallas aumenta la agresividad en los niños. Se ha visto que los niños que se pasan frente a una pantalla son menos capaces de regular sus emociones. Esto es porque para aprender a regular las emociones es imprescindible la interacción social.

4) El uso de pantallas está afectando las relaciones de pareja y las relaciones entre padres e hijos. Los padres de la era digital están menos presentes en sus hogares por estar pendientes de sus teléfonos constantemente. Esto afecta directamente al comportamiento de los niños pues estos empezarán a pedir la atención que necesitan de sus padres de maneras poco apropiadas.

Hacerle frente a la era digital implica no solo aprender a autorregular nuestro uso de aparatos tecnológicos para dar un mejor ejemplo a nuestros hijos, sino además implica aceptar que la tecnología ha venido a quedarse. La Academia Americana de Pediatría en el 2015 revisó sus recomendaciones en cuanto al uso de la tecnología y se han adaptado a los cambios de la era. Esto es lo que enuncian en su última publicación:

> *"Los medios de comunicación y dispositivos digitales son una parte integral de nuestro mundo hoy. Los beneficios de esos dispositivos si se usan de forma moderada y apropiada, pueden ser estupendos. Sin embargo, los estudios muestran que el tiempo cara a cara con la familia, los amigos y las maestras juegan un rol esencial y mucho más importante , fomentando un desarrollo y aprendizaje sano en los niños. Mantenga la interacción cara a cara en primera fila y no deje que ésta se pierda detrás de una corriente de medios de comunicación y tecnología."*

Algunas recomendaciones para llevar un uso moderado de la tecnología:

- ✓ Monitorear el contenido de lo que los niños ven además del tiempo de uso.

- ✓ Jugar en las tabletas o teléfonos inteligentes CON los niños para así usar la tecnología como una oportunidad de interacción entre padres e hijos.
  - ✓ Crear ambientes o espacios en casa que sean libres de tecnología (por ejemplo, a la hora de comer o en la mesa del comedor).
  - ✓ Hacer de la desintoxicación digital un hábito familiar.
  - ✓ Establecer límites en cuanto al tiempo y a los horarios de uso de la tecnología en casa.

- **Busque oportunidades a diario para el juego al aire libre y/o juego físico.** El juego al aire libre es beneficioso no solo para la salud sino también para desarrollar las habilidades sociales y emocionales de los niños. Hoy en día (sobre todo en las ciudades) la mayoría de las actividades que realizan los niños se sitúan en lugares cerrados. Esto priva a los niños de la oportunidad de llevar una vida más activa y de estar más en contacto con la naturaleza. El ejercicio físico ayuda a los niños a ganar confianza en sí mismos, a desarrollar sus capacidades y a vencer sus miedos. El ejercicio físico además les ayuda a mejorar sus habilidades sociales ya que están en contacto con otros niños y entonces inevitablemente aprenderán a relacionarse, a compartir, a negociar, y en definitiva, a interactuar con los demás. Esta es la edad idónea para incluir 30 minutos de ejercicio moderado cada día, el mismo que puede realizarse a través de juegos con pelotas, sogas, o simplemente corretear e imitar movimientos. Cuando no se puede acceder a lugares al aire libre ya sea por el clima o por la falta de parques públicos, intente encontrar espacios en casa donde sí se pueda corretear o jugar con pelotas y sogas.

- **Dejarse llevar por el juego de los niños especialmente cuando se trata de juego de roles.** El juego dirigido por los niños es increíblemente enriquecedor para la relación y la conexión entre los dos involucrados. A la vez, esa conexión es directamente proporcional a la voluntad del niño de cooperar y de hacer lo que se le pide. Los niños hacen lo que se les pide para complacer al adulto, no porque quieran necesariamente cepillarse sus dientes, bañarse o ir a dormir. Dejarse llevar por el juego de los niños es bueno, así en el juego los adultos tomemos un rol de "inferior" o de menos autoridad como es el caso del "caballito". Es solo un juego y no "los confundirá". Ante sus ojos usted sigue siendo la autoridad.

- **Permitir el aburrimiento y no proporcionar soluciones, actividades o juguetes inmediatamente.** Los niños necesitan tiempo para estar "sin hacer nada" y el aburrimiento es justamente lo que despierta la imaginación. Los niños necesitan espacios de silencio, espacios de libertad y de poca estructura. El llevar vidas muy estructuradas hace que los niños inviertan su energía en prepararse mentalmente para la actividad que viene después en vez de disfrutar de los aprendizajes de la actividad del momento. Y es que los niños naturalmente viven en el presente pero cada vez más los adultos les privamos de la oportunidad de vivir en el momento y de jugar libremente porque estamos preocupados de prepararlos para un mundo competitivo. No nos damos cuenta que al llenar sus días de actividades -si bien éstas les enseñan nuevas habilidades- estamos sobrecargando sus sistemas cerebrales, y al hacerlo, ponemos en jaque también a nuestra paciencia puesto que el precio a pagar por la sobre-estimulación es el conocido "mal comportamiento". Seremos nosotros quienes tengamos que gestionar los malos comportamientos que son producto de niños cansados y sobre-estimulados. Seremos nosotros quienes tengamos que lidiar con niños mal genios, niños que se quejan constantemente, que demandan la atención que necesitan de sus padres de maneras poco apropiadas. Somos nosotros quienes creamos niños que no pueden entretenerse por sí solos puesto que no han aprendido a aburrirse y requieren de la dirección constante de sus padres cuando por fin se ven con algo de tiempo libre y "sin nada que hacer".

- **Usar el "no" cuando sea realmente necesario.** Recuerde que a esta edad los niños intentarán ser autónomos e independientes en muchas tareas que todavía no han dominado como vestirse o verter bebidas en sus propios vasos. Dé prioridad al sano desarrollo de sus hijos y aumente sus propios niveles de tolerancia. Recuerde que habrá tiempo para dar prioridad a la limpieza, a la perfección y al orden en casa.

- **Tomar decisiones informadas acerca de los centros educativos o escuelas.** Cuando se trata de elegir un centro escolar para nuestros hijos, (independientemente de la edad que ellos tengan) será muy importante dar prioridad al trato respetuoso por parte del personal del centro por encima de las actividades curriculares, del programa de inglés o de las clases de computación. Habrá tiempo para aprender todas esas importantes habilidades. Por lo pronto, el trato respetuoso es la prioridad y si hay un centro que lo tenga todo, pues qué mejor. Más sobre este tema al final del libro en la sección de transiciones importantes.

CUANDO BUSCAR AYUDA

Si bien cada niño y niña tiene su propio ritmo, el esperar más tiempo del indicado para que una habilidad o conducta aparezca no es la solución. Existen normas universales y rangos de edad para la aparición y adquisición de nuevas habilidades o conductas. Seamos respetuosos de los ritmos de los niños sin que eso signifique caer en la negligencia. Es nuestro deber intervenir oportunamente cuando el caso amerite puesto que cuando se trata de un retraso del desarrollo evidente, la intervención profesional es clave.

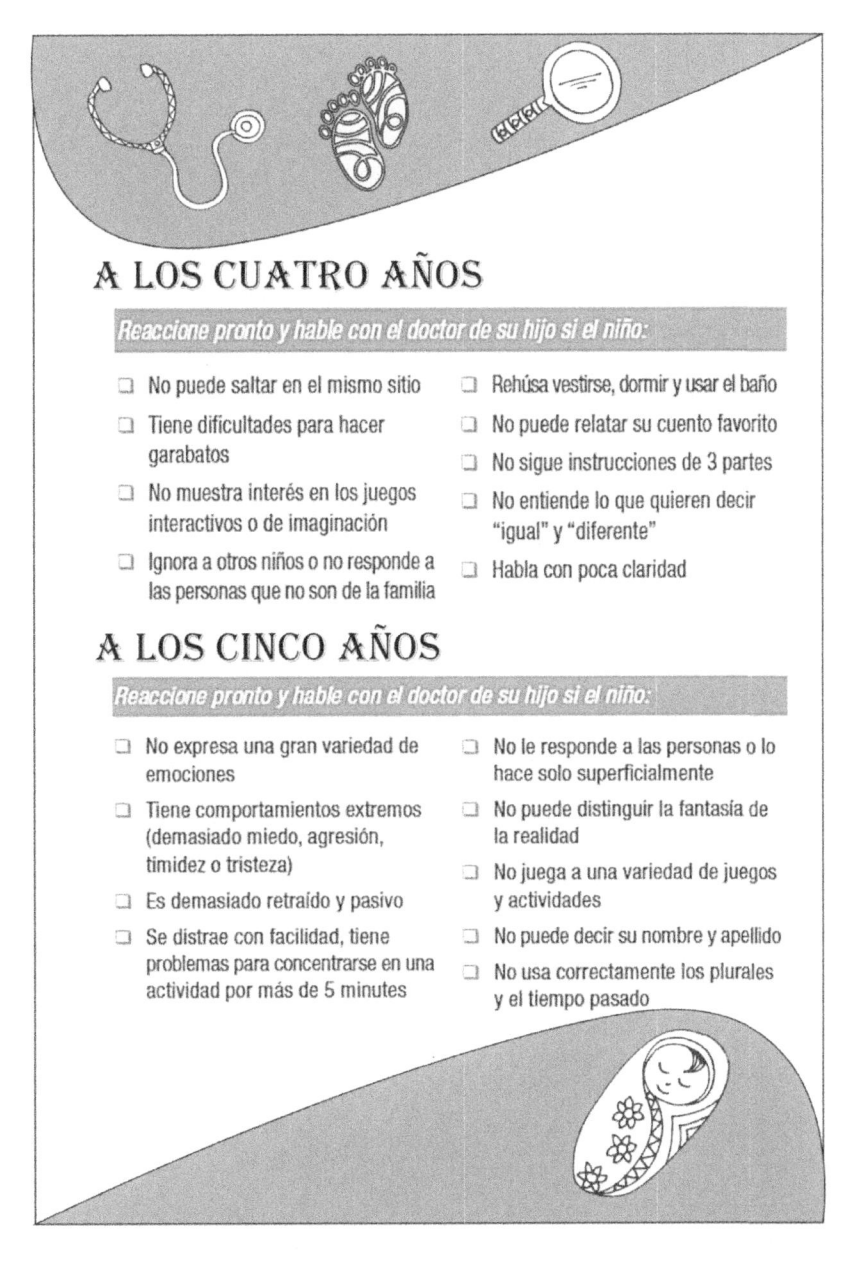

A LOS CUATRO AÑOS

Reaccione pronto y hable con el doctor de su hijo si el niño:

- No puede saltar en el mismo sitio
- Tiene dificultades para hacer garabatos
- No muestra interés en los juegos interactivos o de imaginación
- Ignora a otros niños o no responde a las personas que no son de la familia
- Rehúsa vestirse, dormir y usar el baño
- No puede relatar su cuento favorito
- No sigue instrucciones de 3 partes
- No entiende lo que quieren decir "igual" y "diferente"
- Habla con poca claridad

A LOS CINCO AÑOS

Reaccione pronto y hable con el doctor de su hijo si el niño:

- No expresa una gran variedad de emociones
- Tiene comportamientos extremos (demasiado miedo, agresión, timidez o tristeza)
- Es demasiado retraído y pasivo
- Se distrae con facilidad, tiene problemas para concentrarse en una actividad por más de 5 minutos
- No le responde a las personas o lo hace solo superficialmente
- No puede distinguir la fantasía de la realidad
- No juega a una variedad de juegos y actividades
- No puede decir su nombre y apellido
- No usa correctamente los plurales y el tiempo pasado

Página en blanco intencionalmente.

5

Transiciones importantes

Alimentación complementaria

Cerca de los seis meses, los padres se preparan para iniciar la alimentación complementaria, entendida como la introducción de nuevos alimentos a la dieta del bebé que hasta ese entonces consistía solo de leche materna o de fórmula. Esta etapa puede ser experimentada tanto por el bebé como por los padres con mucha frustración si no se comprenden los procesos que están relacionados y si los padres insisten en seguir al pie de la letra las recomendaciones del pediatra o de los miembros de la familia en vez de seguir las instrucciones y las guías que comunica el bebé.

La Organización Mundial de la Salud (OMS), la UNICEF y la Liga de la Leche Internacional (LLLI) recomiendan empezar los sólidos y semi-sólidos (papillas) a partir del sexto mes y a partir del cuarto mes para los bebés alimentados con fórmula. El que se recomiende, sin embargo, no quiere decir que se deba, pues hay bebés que no les interesa empezar sólidos simplemente porque lo dice la OMS, el doctor o el calendario. Si al bebé no le interesan los sólidos, intente nuevamente a las dos o tres semanas. Algunos bebés rechazan los sólidos hasta el octavo o noveno mes, no hay nada de malo en eso cuando se trata de bebés lactantes, pues la composición de le leche cambia para ajustarse a las necesidades del bebé. Con la fórmula esto no pasa, de manera que un inicio más temprano permitirá que la transición a los sólidos hacia el sexto mes sea más fácil pues a esa edad los niños necesitarán reforzar la fórmula con más vitaminas, minerales, fibra y proteínas.

Independientemente de si los niños son alimentados con leche materna o fórmula, es importante recordar que los sólidos son un complemento y no toman precedencia o reemplazan la leche o la fórmula. Los sólidos son una manera de añadir texturas, olores y sabores a la dieta de su bebé para que empiece a experimentar, para que sus sistemas digestivos se preparen, y para ayudar a los bebés a desarrollar su coordinación ojo-mano. La alimentación a libre demanda (tanto de leche como de sólidos) permite una transición más tranquila y cómoda para todos en casa. La alimentación a libre demanda de sólidos (también llamada *Baby Led Weaning* o *alimentación autorregulada*) se caracteriza por lo siguiente:

- Es respetuosa con el bebé, tanto en lo que respecta a su ritmo de desarrollo como en lo relacionado a sus gustos personales.
- Debido a que no se compra o se hace papillas especiales para el bebé, la hora de la comida se vuelve un espacio para compartir en familia, con los alimentos que son servidos en la mesa para todos. Siguiendo normas de seguridad básicas, los bebés de seis meses pueden llevar con sus manos pedazos de comida a su boca sin necesidad de que se les dé en cucharadas. Si a un bebé le cuesta llevarse comida a la boca, probablemente no está listo para comerla. Es importante resistir la tentación de "ayudar" al bebé en esa situación pues es el desarrollo de las distintas habilidades implicadas en el acto de comer lo que asegura que la transición hacia la alimentación sólida sea exitosa. Entendiéndose por exitosa, una transición que se produce al ritmo adecuado y manteniendo el riesgo de ahogamiento a niveles mínimos.
- La alimentación complementaria es más que una sesión de nutrición, un momento de aprendizaje. Por ese motivo, no implica sustituir la leche por la comida. Al contrario, la idea es permitir que el bebé juegue y aprenda todo lo que quiera con los alimentos, porque para quitarse el hambre y nutrirse, ya tiene la leche materna o fórmula.
- La alimentación complementaria a libre demanda busca y confía que el bebé aprenderá a autorregularse. Al igual que con la lactancia materna a demanda, la alimentación de sólidos a demanda confía en el criterio del bebé o niño a la hora de elegir qué alimentos prefiere, en qué cantidad, en qué orden, etc. De este modo, permitimos que el bebé desarrolle sus mecanismos de control de la saciedad y evitamos que coman en exceso, disminuyendo así la probabilidad de futuras enfermedades, como obesidad o la diabetes.
- No se separan los alimentos por comidas (frutas y cereales en el desayuno o carne y verduras en la merienda), sino que el bebé tiene a su disposición los mismos alimentos que la familia (procurando tener variedad en la mesa). De este modo, el bebé elegirá aquello que le apetece y aprovechará de mejor manera los nutrientes. Un día querrá comerse una fruta y un pedazo de carne, al siguiente una papa o un pedazo de queso. La presencia del hierro (a través de la carne, los cereales integrales o los vegetales verdes) es importante en todas las comidas. Así no las elija cada vez, es importante presentarlas como opción.

- La alimentación de sólidos a libre demanda permite incluir al niño en las comidas familiares, por lo que no sólo aprende sobre la comida y los alimentos, sino sobre buenos hábitos de comunicación y de disfrute con la familia. Así ese momento el bebé no quiera comer, el compartir la mesa con la familia es un aprendizaje importante.
- Al igual que con la lactancia materna a libre demanda, con los sólidos, el bebé come lo que quiere sin importar la cantidad. Le será difícil medir lo que el bebé realmente come porque unos trozos los tira, otros se le quedan en el babero, otros se los come y otros los agarra del plato de la mamá o del papá o del cualquier otro miembro de la familia. El único medidor de la cantidad es la saciedad y satisfacción del bebé.

Después de haber leído de qué se trata la alimentación a libre demanda tal vez se esté preguntando: si se les deja comer lo que les apetece, entonces ¿cómo me aseguro que coma una variedad de alimentos nutritivos? Esa es una pregunta muy válida. Primero que nada la alimentación a libre demanda asume que el menú de la familia será variado y no únicamente restringido a comida chatarra. Segundo, lo interesante de confiar en la capacidad del bebé de nutrirse correctamente es que si les se permite elegir aquello que quieren comer, suelen probar una amplia variedad de comidas. Probablemente esto se debe a que la variedad en este método permite al bebé centrarse en muchos otros aspectos de la comida y no solo en el sabor. Ellos están interesados en la textura, el color, el tamaño y la forma de las comidas, e interesantemente, las comidas con atributos similares se agrupan por sus colores y texturas también. Los almidones, granos y cereales, por ejemplo, son usualmente de color blanco, amarillo pálido o de matices cafés. Los vegetales y frutas tienen colores fuertes y texturas parecidas. De la misma manera, las carnes tanto blancas como rojas tienen colores, formas y texturas similares entre sí pero distintas a los otros grupos de comida. Los bebés experimentarán con la variedad, no porque sepan nada acerca de los beneficios nutricionales de los diferentes grupos, sino porque les interesa probar sensaciones nuevas para sus paladares.

Como vimos anteriormente, la alimentación a libre demanda tiene muchos beneficios. Sin embargo, hoy en día no es una práctica común. Lo común es que los padres reciban instrucciones detalladas de sus pediatras, familiares o amigos sobre cuándo introducir determinados alimentos o si éstos deben darse por la mañana o por la noche y cómo deben estos prepararse. No hay consenso entre los pediatras y eso es porque hasta la fecha no existe evidencia suficiente que respalde por qué ciertos alimentos deban ser introducidos antes que otros. Lo que muchas veces sucede (sin darnos cuenta) es que las recomendaciones en realidad no obedecen realmente a la evidencia científica, sino a los hábitos culturales de una población determinada o a las preferencias personales de su pediatra.

Las recomendaciones que sí son basadas realmente en la evidencia científica son mucho más generales. Estas son:

- Todas las comidas, con la **excepción** de la miel de abeja (debido a que contiene una bacteria que puede producir toxinas y ocasionar Botulismo en los bebés) y la leche de vaca, pueden ser introducidas a los bebés. No existe evidencia de que sea mejor introducir comidas con un orden en particular. Tanto los cereales como las verduras, frutas o carnes pueden ser introducidas en cualquier orden. La miel de abeja y la leche de vaca se deben retrasar hasta los doce meses. Esto es debido a que la leche de vaca no tiene las cantidades de hierro, vitamina C y otros nutrientes que los bebés necesitan y la proteína de la leche puede irritar las capas intestinales y estomacales, lo cual puede causar sangrado al defecar. Si se decide iniciar el consumo de leche de vaca a los doce meses, es recomendable que ésta sea entera con vitamina D, no la descremada.

- Cualquier alimento puede darse a cualquier hora pues la digestión de un bebé funciona igual las 24 horas del día. Sin embargo, si lo que busca es que su niño o niña duerma más por la noche, (y esta parte no es recomendación general sino personal) evite comidas con alto contenido proteico como las carnes rojas, además de comidas difíciles de digerir como el arroz blanco, el chocolate o los jugos cítricos.

- Los alimentos deben introducirse de uno en uno, separados por al menos una semana. De esta manera, se podrá ir observando si algún alimento en particular le produce diarrea, sarpullidos, tos, dificultad para respirar, vómitos, hinchazón y/o escurrimiento nasal. Si existen alergias en la familia, es posible que su bebé las haya heredado. Las comidas más comunes que pueden causar alergias son: huevos, nueces o maní, soya (o soja), mariscos y alimentos con gluten. Si su bebé tiene una reacción inmunológica o alérgica, avise a su médico. En algunos casos puede darse una reacción alérgica grave cuyos síntomas incluyen hinchazón en la lengua o en la garganta, problemas para respirar e incluso desmayo. En esos casos, llame de inmediato al 911 o al teléfono para emergencias en su país.

- Nunca se debe obligar a comer. La responsabilidad de los padres radica en presentar al bebé una variedad sana de opciones, pero será el bebé quien decida cuáles de ellas quiere comer y en qué cantidad.

EDADES Y PRIORIDADES

- ➢ Usar poca sal o azúcar en los alimentos. Algunos estudios sugieren que al exponer a los bebés a lo dulce tempranamente hace que ellos tiendan a preferir comidas dulces posteriormente, y a rechazar todo lo demás. Si no se altera los sabores naturales de las comidas, los bebés experimentan sabores agrios y amargos (muy comunes en algunas las frutas y verduras) que ayudarán a incrementar las probabilidades de que adquieran un gusto por ellas. En cuanto a la sal, es preferible evitar grandes cantidades porque los riñones de los bebés inicialmente no pueden manejar grandes cantidades de sodio existentes en la sal. El exceso de sal y azúcar no es bueno para nadie. Con esta recomendación en particular los expertos intentan dos cosas: 1) que las próximas generaciones se acostumbren a consumir menos sal y menos azúcar, y 2) que los padres no añadan más sal y azúcar a la comida con tal de conseguir que el niño coma. Un poco de sal y/o azúcar en las comidas que preparamos para la familia no será tóxico para los bebés (de hecho los cereales y papillas comerciales las contienen). Sin embargo, si se va a alimentar al bebé la comida familiar, es una buena costumbre separar sus porciones de comida antes de echar más sal o azúcar a las papas fritas, o al huevo, por ejemplo. Se entiende que si el bebé consume la misma comida de la familia, entonces se debe evitar los excesos de sal y azúcar al cocinar. Si es necesario, la familia es la que debe hacer las modificaciones necesarias a sus hábitos alimentarios

- ➢ Aumentar la cantidad de alimentos sólidos gradualmente. Unos pocos mordiscos o cucharadas al día son suficientes al inicio, pero gradualmente irá aumentando. El Dr. Carlos González además insiste que no es necesario triturar los alimentos pues parte de este proceso es acostumbrar a las mandíbulas y a los dientes o encías a hacer el trabajo de triturar. Si seguimos la guía de los bebés y su ritmo de aceptación de los alimentos, los padres pueden pasar directamente a los sólidos sin necesidad de triturados o papillas, evitando así que haya un "segundo destete" (cuando los niños se niegan a dejar las papillas para aceptar los "trozos").

- ➢ Algunos alimentos deben ser evitados inicialmente porque crean malos hábitos alimenticios. Por ejemplo, además de los alimentos con mucha sal y/o azúcar, también se debe evitar las bebidas de cola y cacao.

- ➢ Evitar algunas comidas que si bien son saludables, pueden causar ahogo a los niños pequeños por su forma y textura. Algunos de estos alimentos son: trozos de fruta dura como la manzana, pedazos chiquitos de queso, salchichas, nueces y semillas, canguil (o palomitas de maíz), uvas, moras o fresas enteras. Use su discreción. Si los pedazos de comida son del tamaño de una uva, tenga precaución. Si por el contrario se dan pedazos bastante grandes de carne, verduras o quesos, ellos pueden agarrarlas fácilmente con sus manos y arrancar con sus dientes o encías pequeños pedazos sin poder o tener que meterlos completamente a la boca, tal como lo hacen nuestros parientes los monitos.

Destete

En los viejos tiempos, las madres que tenían los medios económicos a veces se iban de viaje dejando al bebé a cargo de sus niñeras. Cuando regresaban, ya no tenían leche y el bebé entonces era destetado abruptamente. Ahora gracias a los avances científicos las madres entendemos que este tipo de enfoque es algo traumático para los niños más pequeños (mientras más pequeños, más traumático), puesto que representa una privación de la persona que suele ser su principal fuente de confort, su madre. Al ser privados abruptamente de los pechos de mamá, los niños experimentan una pérdida importante. Otras madres de antes que no viajaban, simplemente dejaban de dar a sus bebés el pecho alrededor de los seis meses cuando iniciaban la introducción de la alimentación complementaria. Existía la errónea idea de que había que destetar al bebé para que este se interese en las papillas o comidas sólidas. Hoy sabemos que el destete y la alimentación complementaria son dos procesos independientes. Los bebés pueden amamantar y alimentarse de papillas al mismo tiempo y la una no quita a la otra. De hecho, se llama complementaria porque la leche -hasta por lo menos el año- sigue siendo la fuente de nutrición principal. No es necesario destetar a los bebés a los seis meses. Sin embargo, si la madre así lo ha decidido, entonces es mejor destetar al niño o niña de manera gradual y no abruptamente como se lo hacía en el pasado.

Un destete gradual da a los bebés o niños la oportunidad de "hacer el duelo" en dosis más pequeñas y manejables evitando así malestares más profundos que puedan afectar su psique y su manera de relacionarse con mamá. Es por este motivo que el destete se experimenta también como una pérdida para las madres, pues la relación que con el bebé durante el amamantamiento es una relación única de conexión que puede fácilmente ser desequilibrada por un destete repentino.

Las madres respetuosas de la evolución natural de sus hijos procuran en lo posible permitir que sean ellos mismos quienes, bajo ciertos parámetros, guíen y controlen sus propios procesos madurativos. Respetan sus horarios de sueño, sus preferencias y gustos alimenticios -recalco, bajo ciertos parámetros- y están atentas a sus señales de maduración relacionadas tanto con los aspectos motrices (ej. gatear, caminar), como a los relacionadas con sus sistemas biológicos internos (ej. control de esfínteres, duración del sueño). Todo esto lo hacen las madres respetuosas primero porque son sensibles, empáticas y los respetan como personas. Y segundo, porque entienden que independientemente de lo que hagan o dejen de hacer, la mayoría de estos procesos iniciarán y/o culminarán por sí solos, tal y como la naturaleza lo diseñó.

Justamente por ese infinito respeto a los procesos naturales de los hijos es la madres muchas veces se entregan a la idea de que se produzca un destete natural guiado por el niño o niña, buscando que sea él o ella quien, a su ritmo, vaya reduciendo la cantidad de tomas diarias hasta destetarse por completo. Eso sería lo ideal. Sin embargo, considerando que en términos antropológicos la edad del destete natural en el ser humano oscila entre los 2.5 y 7 años de edad, la espera resulta larga y para muchas es poco conveniente. En ese sentido, cabe hacer una diferenciación entre "entregarse" a la idea, y "resignarse" a la idea de un destete natural. Las madres que se entregan a la idea, por lo general, lo hacen sin resentimientos, sin perjuicios, ni presiones de ningún tipo. Las madres amamantan a sus hijos porque tanto ellas como sus hijos disfrutan de ese vínculo y de ese momento. Aquellas que se "resignan", por el contrario, sienten que al inducir un destete están de alguna manera yendo "en contra" de su filosofía de crianza. Las madres "resignadas" olvidan que - a diferencia de los otros procesos evolutivos y madurativos- la lactancia es una relación simbiótica y bidireccional entre madre e hijo(a), de manera que es plenamente válido que las madres busquen maneras de destetar a sus hijos o hijas paulatina y respetuosamente una vez que sientan que ya no existe tal relación o simplemente cuando las madres ya no deseen continuar.

Cada madre es libre de decidir hasta qué momento dar el pecho. Sin embargo, existe la recomendación formal de la OMS y de la UNICEF para la alimentación óptima de los bebés y niños pequeños. La recomendación es de mantener una lactancia exclusiva hasta los seis meses y de continuarla de forma complementaria hasta los 2 años o más. Ese "o más" significa "mientras ambos así lo deseen". En ese sentido, el destete es parecido a un contrato de divorcio con la diferencia que la relación amorosa continúa y ambas partes comparten los bienes que surgieron de aquella relación.

La OMS y la UNICEF no ponen fecha de vencimiento ni sugieren que los niños deban ser destetados a los 2 años y un día. No existe evidencia científica que indique que la lactancia más allá de los 2 años de vida resulte en un perjuicio emocional, psicológico ni físico para la madre o el niño. Por el contrario, todo lo que se evidencia son beneficios, de manera que si la madre quiere continuar disfrutando de la lactancia, tiene el respaldo científico para hacerlo indefinidamente.

Lamentablemente, aquel respaldo suele ser solo de tipo científico y no social, pues a pesar de la evidencia, las sugerencias de algunos profesionales de la salud apuntan a lo contrario. Muchos profesionales de la salud erróneamente declaran que luego del año la leche ya no aporta nada, que resulta innecesario y hasta contraproducente continuar con la lactancia, etc. Otros menosprecian las recomendaciones de la OMS alegando que fueron creadas para los "niños mal nutridos del África". Incluso otros acusan a las madres de estar "creando dependencia", o de estar "estirando" el proceso más allá de lo "debido". Nada de eso es cierto. La promoción de la lactancia materna hasta los dos años o más es válida para todos los niños del mundo, sin ninguna clase de distinciones y no existe un "más allá" pues no hay fecha de vencimiento. Aquellos consejos de los profesionales de la salud no son más que sus meras opiniones personales y no están basadas en ninguna información científica que las respalde. Por lo tanto, sus juicios de valor no corresponden a ningún criterio oficialmente avalado.

Por otro lado, las recomendaciones arbitrarias sobre la limitación de la lactancia materna, que no tienen en cuenta los deseos de la madre y de su niño o niña, son simplemente inaceptables. Mientras la lactancia o el amamantamiento (pues se puede amamantar sin dar leche) sea un intercambio placentero tanto para la madre como para el niño, en realidad no debería existir razón para interrumpirlo. Pero si por el contrario, la lactancia ya no es un momento placentero y la madre siente la necesidad de destetar, como se dijo anteriormente, ella está en pleno derecho de hacerlo. Si ya no existe esa relación simbiótica o si la bi-direccionalidad se ha terminado, entonces es plenamente válido que la madre busque maneras de iniciar el proceso del destete.

A continuación trataremos cuatro técnicas para iniciar el proceso del destete de manera paulatina y respetuosa. Es importante aclarar que la palabra clave aquí es "proceso", pues al igual que cualquier otra transición, como el inicio de la escuela, o los primeros pasos, jamás se nos ocurriría dejarlos solos de un momento a otro. Cualquier proceso de adaptación debería durar lo que el niño necesite. Un destete abrupto, además, puede traer consecuencias para la madre como ingurgitación, taponamientos o mastitis, dado que no se le está dando tiempo a las mamas a que reduzcan su producción de leche paulatinamente. Es importante también tener en cuenta el momento que estamos eligiendo para comenzar este proceso. Las situaciones estresantes para el niño como una enfermedad, un cambio de casa, el inicio de la escolarización, la llegada de un hermanito, etc. no son recomendables para empezar ningún proceso de adaptación.

NO OFRECER, NO NEGAR

Esta es una de las técnicas más conocidas para un destete inducido y respetuoso. Resulta difícil para muchas madres no ofrecer el pecho como una manera de aliviar, reconfortar, reconectarse o simplemente al acostarse juntos. Sin embargo, esta técnica implica tomar conciencia y empezar a confortar al niño o niña de otra manera que no involucre el pecho mientras que al mismo tiempo no se le niega el pecho si lo pide. Si el niño o niña pide y usted accede a darle el pecho, eso no significa que el proceso vaya mal, esté retrocediendo o que se está dando mensajes contradictorios.

No olvide que es un proceso y que no es lineal. Parte de la aplicación de esta técnica involucra además evitar los lugares en donde comúnmente los niños son amamantados pues el simple hecho que la madre se ubique en ese lugar es un recordatorio para el niño de lo que ocurre en ese lugar. Los humanos, al igual que los animales, somos seres muy proclives a la costumbre. De manera que para perder ciertas costumbres es preciso que evitemos los lugares u objetos que nos recuerdan a aquellas costumbres que estamos intentando perder. Aquella persona que quiere dejar de fumar intentará, por ejemplo, guardar o botar sus tabacos para que estén fuera de vista pues sabe muy bien que si no hay estímulo, no hay tentación. De la misma manera, intente evitar los estímulos y no se exponga a la posibilidad de un pedido si lo que usted quiere es evitarlo.

LA DISTRACCION

Otra técnica que en realidad es menos técnica y es más estrategia es la distracción. ¿Quién no ha intentado desviar la atención de un niño hacia algo diferente, nuevo o atractivo para intentar parar su llanto? ¿Quién no ha intentado, por el contrario, llamar la atención de un niño de maneras creativas para lograr interesarlo en algo?

Los niños son, por un lado, difíciles de entretener porque se aburren muy fácilmente con los mismos juguetes o actividades, pero por otro lado, son muy fáciles de distraer. Cualquier cosa nueva los entretiene, los atrae y los divierte. Resulta paradójico, pero no por eso menos cierto. Para iniciar el proceso del destete es importante buscar formas alternativas de entretener al niño o niña, armando planes que lo diviertan y que logren desenfocarlo de los momentos en los que normalmente pide el pecho. Hacer actividades fuera de casa puede ayudar bastante. Aquí nos estamos refiriendo a las tomas que un niño hace y que interpretamos que no son por hambre. Recuerde que los niños amamantan también porque buscan seguridad, tranquilidad, contención o conexión y no necesariamente porque tengan hambre. Por lo tanto, al considerar un destete inducido está por demás aclarar que las necesidades nutricionales deberán estar siempre satisfechas para descartar que el pedido de pecho se deba al hambre.

El destete por más respetuoso no deja de ser un proceso emocional, pues el niño o niña y la mamá deberán aprender a encontrar otras formas de conectarse físicamente que no involucren el pecho. Durante este proceso los abrazos, la cercanía física y los besos deberán darse en mayores dosis porque eso ayudará al niño o niña a hacer una transición más suave hacia otras maneras de conexión física.

LA NEGOCIACION

Cuando el niño o niña es más grande y su capacidad de entendimiento es mayor (generalmente, a partir de dos años), se pueden hacer pequeños pactos o negociaciones con ellos que nos permitan tomar más control de los aspectos logísticos de las tomas. Por ejemplo, frases como *"No te daré tetita cuando lleguemos a la casa de la abuelita."* o *"Ahora no te puedo dar porque estoy ocupada (en respuesta a un pedido), pero prometo dártela cuando termine de hacer esto."* son frases que ayudan a que el niño o niña se vaya despojando de la costumbre de amamantar a demanda. En esos momentos de espera o de transición la distracción son claves para contener mejor la ansiedad que pueda tener el niño o niña. Si insiste y cuesta distraerlo con otra cosa, se puede proponerle a manera de juego y con una señal objetiva como un reloj en mano, el final de un programa de televisión, o el sonar de un teléfono, explicándole que podrá tomar hasta que suene el teléfono, se acabe el programa, llegue el papá, etc. Así deciden las mamás el tiempo y los términos dentro de los cuales podrá amamantar. Por lo general, las tomas antes de dormir por la noche o en las siestas son las últimas en eliminarse, especialmente si se "colecha" o se duerme en la misma cama.

MÁS PAPÁ, MENOS MAMÁ

Para las familias que duermen en la misma cama, una recomendación más es que la responsabilidad de conciliar el sueño de los niños recaiga mucho más en los papás para el éxito del destete nocturno.

Lo que se hace es que el bebé se coloca para dormir junto al papá, no junto a la mamá. De esta forma al estar un poco más lejos físicamente de ella, no huele tanto la leche y el pecho. Incluso hay algunas mamás que se trasladan a dormir a otra habitación para que el bebé no huela la leche materna.

Si el bebé se despierta, el papá intenta calmarlo con una canción, cogerlo en brazos, darle un paseíto, mecerlo, etc. Si el papá ve que el bebé está llorando y no se calma, lo lleva a la mamá y esta le da el pecho. No pasa nada. Lo que se intenta es que poco a poco el bebé se vaya acostumbrando a que el papá también le puede calmar, le puede dormir, le puede ayudar y que no sólo se trata de seguir los mismos pasos: despertarse, tomar teta y seguir durmiendo. Esto será mucho más fácil cuanto mayor sea el niño o niña puesto que muchos solo necesitan el contacto físico del adulto para sentirse a gusto y conciliar el sueño nuevamente.

Si ha intentado las estas estrategias o técnicas (1-no ofrecer, no negar, 2- la distracción, 3- la negociación y 4-más papa, menos mamá) y percibe que el final de la lactancia está cerca, tenga una dosis extra de paciencia y de entrega para que este periodo de adaptación sea lo más llevadero posible y para concluir esta etapa con broche de oro, llevándose un hermoso recuerdo de lo que representó esta forma de vincularse con sus hijos.

Por otro lado, si después de intentar estas cuatro técnicas simultáneamente ve que la cosa no mejora a pesar de la consistencia pues quizás es que sea demasiado pronto para destetar por la noche y usted puede en ese punto decidir que sería mejor aplazar el destete nocturno. No pasa nada. ¿Cómo saber si vamos muy rápido? Los siguientes comportamientos son comunes cuando el niño (o la niña) no logra hacer sentido del proceso dada la velocidad del mismo:

- Regresiones en su comportamiento
- Aumento de despertares y dependencia
- Agresividad
- Muerde y antes no lo hacía
- Estreñimiento y molestias estomacales

Finalmente, los siguientes son tips para un destete gradual que ayudan a que las técnicas ofrecidas en los párrafos de arriba sean aún más efectivas.

Tip #1

Durante este proceso recuerde usar ropa modesta para no "provocar" al bebé o niño. Al ver los senos de mamá su niño querrá amamantar de manera que este no es un buen momento para usar ropa con escotes. El proceso puede durar días, semanas o meses. De estos pequeños factores dependerá cuánto dure.

Tip #2

La mayoría de niños quieren amamantar cuando se caen o están tristes. No se niegue si insisten, pero sí use ese momento para negociar o distraer. Empatice y diga algo como: "*¡Eso sí que dolió, mijo! ¡Ven te abrazo y me cuentas que pasó!*" El darles herramientas verbales les permitirá aprender a usar las palabras (en vez del seno) para metabolizar o regular sus emociones.

Tip #3

Muchos niños piden amamantar cuando tienen emociones que no quieren sentir. Por ejemplo, a menudo los niños quieren con urgencia amamantar cuando no están seguros de qué hacer con ellos mismos - o cuando tienen tiempo de transición, lo cual a veces resulta "aburrido". Utilice esos momentos para sugerir juegos de conexión (*"¡Ven te como a besos....grm, grm, grm!*) y para darle a su niño o niña otras herramientas para regular sus emociones.

Tip # 4

Nunca le diga a su niño o niña que ya es muy grande para seguir amamantando o que las "chichis/tetitas" son solo para bebés. Ese tipo de comentarios solo le causarán vergüenza. En vez de eso sea sincera y dígale que sus "chichis/tetitas" necesitan descansar, que usted está cansada.

Tip # 5

Si su pequeño (o pequeña) ha estado acostumbrado a amamantar como una manera de gestionar sus sentimientos, una vez que inicie el proceso del destete notará que sus sentimientos ahora van a expresarse de otras maneras. Puede haber más llantos, más mal humor, más reactividad e impotencia. Acepte todas las emociones y muéstrese empático con ellas. Esos sentimientos son normales pues no olvidemos que para los niños el destete se experimenta como una pérdida. Eso no significa, sin embargo, que usted haya hecho algo mal ni que deba ponerse a la defensiva. Es perfectamente aceptable para las madres el querer destetar a sus niños cuando ellas consideren apropiado. Lo importante es reconocer que es un proceso triste y que esos sentimientos -aunque normales- poco a poco desaparecerán. Este es un buen momento para que conscientemente abrace, bese y de atención en dosis más grandes que antes.

Control de esfínteres

¿Cuál es la edad apropiada para dejar los pañales? La mayoría de los niños sin retrasos madurativos, o trastornos neurológicos logran el control diurno entre los dos y los tres años, y el control nocturno hacia los cinco años. Desde una perspectiva científica, sin embargo, no existe evidencia suficiente de que exista una edad perfecta. Tanto aquellos niños que han sido entrenados antes de los 2 años, como aquellos que han dejado el pañal después de los 4 años, no han sufrido ningún problema ni psicológico ni fisiológico. Sin embargo, si nos inscribimos bajo una crianza respetuosa, entonces la edad ideal es aquella que dicta el niño (o la niña), no los padres. En ese sentido, el trabajo de los padres consiste en estar pendientes de las señales de que están listos y, después, acompañar en el proceso.

El control de esfínteres es un proceso biológico, determinado por la maduración neurológica del niño o niña. Tal como otros procesos biológicos -comer y dormir, por ejemplo- no debería ser necesario entrenarlos, pues ellos lo podrán hacer cuando estén listos. Lo que **sí** hay que enseñarles es dónde y cómo hacerlo apropiadamente.

Para iniciar un adecuado proceso, es vital tomar en cuenta que los bebés en las civilizaciones del occidente lo primero que aprenden es que la eliminación ocurre en el pañal, y que además, esa eliminación es a veces ignorada pues los desechos permanecen ahí hasta que los pañales sean cambiados. Los pañales desechables cada vez más absorbentes permiten a los bebés y niños sentirse secos y cómodos por mucho más tiempo. Esto hace que los niños crezcan aprendiendo a ignorar sus sensaciones corporales que les avisan que sus cuerpos están listos para evacuar pues han crecido aceptando que evacuar sin aviso previo es una parte normal de sus vidas.

El proceso de usar el baño, por lo tanto, requiere que los niños aprendan a poner atención a sus señales corporales internas y necesitarán de los adultos para reconocerlas. Hay algunas maneras de ayudarlos.

1. Cambiar de pañales desechables a pañales de tela o a calzones con refuerzos para que se sientan mojados. El uso de interiores menos absorbentes les ayudará a hacer más consciente su proceso de evacuación y a asociar el acto de hacer pipí o popó con la sensación poco placentera de sentirse mojados. De esta manera, los niños pedirán ser cambiados y las conversaciones acerca del uso del baño, bacinilla o excusado pueden empezar a darse.
2. Los niños aprenden los nombres de las cosas a su alrededor al verlas, tocarlas u olerlas. Si bien no vamos a permitir necesariamente que

toquen sus propios desechos en el pañal, el permitirles ver, tal vez hasta oler y darle un nombre a lo que ellos han eliminado en el pañal les ayudará a conectarse con su propio cuerpo. Para un uso exitoso del baño, resulta básico enseñarles claramente las palabras que describen sus desechos.

3. Los niños aprenden del ejemplo, y esta no es una excepción. Tenemos que admitir que desde que empiezan a gatear, la privacidad para los adultos en el baño es poca o nula. Ellos nos siguen a todo lado y están siempre pendientes de lo que hacemos. Al permitirles ver lo que nosotros hacemos en el baño y cómo lo hacemos, les estamos dando una valiosa lección que les servirá mucho una vez que se sientan listos para intentarlo. Si a eso añadimos la disponibilidad de un retrete pequeño en nuestro baño para ellos, entonces todo vendrá más fácil y naturalmente. Tenga un retrete para niños (o bacinilla) disponible en el baño para que lo utilicen si lo desean, pero no los presione a usarlo tampoco pues eso puede ser contraproducente.

4. El proceso del control de esfínteres se verá favorecido -siempre- por un ambiente relajado y una actitud serena. Es recomendable que no se les confunda a los niños con la inconsistencia (como por ejemplo poniéndole el pañal un día y otro no) en función de nuestras necesidades y urgencias. Se debe evitar además iniciar el proceso cuando se vienen unas vacaciones fuera de casa, cuando hay algo nuevo como la llegada de un hermanito, una visita de un familiar en el hogar por un periodo largo, o cuando están constipados o con diarrea, pues todos estos son factores que pueden influir en el proceso.

5. Si se ha logrado exitosamente que su niño deje el pañal durante el día, éste irá, de forma paulatina y natural, el control nocturno. Pero se debe tener presente que los "accidentes" son parte del proceso y aunque no nos gusta que sigan orinándose o ensuciándose, hemos de seguir manteniendo una actitud serena y positiva. Lo mejor que podemos hacer es cambiarlos de ropa y hacerles notar lo incómodos que eso les hace sentir sin culparlos ni preocuparlos. Para ayudar en ese proceso, algunos padres optan por tener los calzones y paños húmedos en los cajones y compartimentos de sus baños para evitar la correteadera de un lado a otro de la casa al momento de cambiarlos.

Por otro lado, es importante también considerar las recomendaciones de *La Academia de Pediatría Americana* puesto que ayudan a los padres a saber leer las señales de que los niños están listos para dejar el pañal. Estas son:

- Se pueden mantener secos por dos horas de corrido y durante una siesta.
- Su horario de defecación se vuelve más regular, predecible y constante
- Las expresiones faciales, postura o palabras demuestran que ya van a orinar o defecar.
- Se sienten incómodos con los pañales mojados y quieren ser cambiados.
- Piden usar la bacinilla, retrete o calzones de "niño(a) grande".
- Pueden seguir instrucciones simples
- Tienen deseo de imitar a los padres o a otros, e identificarse con ellos cuando estos hacen cosas cotidianas como cocinar, barrer o ir al baño.
- Quieren ejercer control y tomar decisiones de cuándo y dónde hacer las cosas (sentido de autonomía)
- Tienen comprensión de que hay un orden y un sitio para cada cosa
- Amanecen con el pañal seco por las mañanas lo cual indica que ya es posible un control de esfínteres nocturno
- No mojan el pañal muy frecuentemente por el día (y cuando lo hacen lo llenan como globo). Esto indica que están listos madurativamente para el control de esfínteres diurno pues orinan en intervalos menos frecuentes.
- Tienen las habilidades motrices para dirigirse al sanitario y usarlo
- Tienen la habilidad de hablar y tener los conceptos relacionados con el uso del baño, (poder decir "baño", "caca", o "pipí").

Guarderías y centros infantiles

Si usted pregunta a cualquier persona que trabaje en un centro infantil cuál es el dilema más común que enfrentan al inicio de cada año escolar, trimestre, sesión o jornada, seguramente la respuesta unánime será: el llanto inconsolable de algunos niños. Unos niños lloran porque no quieren quedarse, otros se quedan felices pero lloran porque ya quieren irse. Las parvularias o parvularios que lidian diariamente con estos dilemas son por lo general profesionales amantes de la infancia y han estudiado un mínimo de cuatro años para poder ofrecer lo mejor de sí mismos a los niños a su cargo. Aun así, la experiencia y los años de estudio no tienen el poder de eliminar los problemas comunes que ellos enfrentan diariamente pues la verdad es esta: los niños pequeños prefieren estar con sus padres. Mientras más pequeño o pequeña sea un niño o niña, más difícil y dolorosa será la transición a un ambiente nuevo sin la presencia de su cuidador principal. Si bien alrededor de los tres años es normal que lo niños y niñas quieran socializar con sus pares de la edad, eso no significa que estén listos para hacerlo por largas horas y en ausencia de sus padres. Este capítulo, por lo tanto, no ha sido escrito para criticar a las guarderías, los centros infantiles y mucho menos a los profesionales de la infancia que día a día trabajan duro para mantener a los niños felices y desarrollar sus capacidades. Este capítulo está aquí para ayudar al lector –sea éste progenitor o profesional de la infancia- a ponerse por un momento en los zapatos de los niños y niñas que van a los centros infantiles y comprender sus temores. El entender el origen de sus ansiedades ante la separación ayudará a los adultos a su cargo a sobrellevar de mejor manera el llanto y la angustia que esperadamente será expresada por los niños, en especial al inicio de su incorporación al centro o después de unas largas vacaciones en casa.

Pues bien, empezamos con una simple definición- Según el Diccionario Manual de la Lengua Española, una guardería es un "establecimiento en el que se cuida a los niños que todavía no tienen edad de ir a la escuela". Esta definición pone las cosas en perspectiva pues dado el ritmo rápido de la vida moderna parecería que hoy en día "guardería" se usa como sinónimo de "escuela". Usualmente alrededor del segundo o tercer cumpleaños de un niño o niña empiezan los padres y los familiares a preguntarse si ya será "hora" de ir a la guardería para que socialice, para que se independice o para que aprenda.

Valiéndonos como ejemplo el sistema educativo finlandés, en donde se empieza la escolaridad no antes de los 7 años, el argumento de que las guarderías son buenas para estimular el aprendizaje es un tema debatible. Los finlandeses tienen el mejor sistema educativo del mundo y ellos retrasan la escolaridad hasta los 7 años. Muchas madres suelen quedarse con sus hijos en casa hasta esa edad y otras encuentran guarderías subsidiadas por el estado y con personal altamente calificado. Eso no es coincidencia. En los países nórdicos los niños se separan de sus padres mucho más tarde y los resultados académicos son mucho mejores que en el resto de países del mundo. Sin embargo, como ni usted lector ni yo vivimos en Finlandia tenemos en realidad una sola opción: hacer lo mejor que podamos con las condiciones que tenemos en los países en los que vivimos.

Recordemos que las guarderías son un invento relativamente reciente y fueron creadas para permitir a las mujeres ser mujeres del siglo XXI. No nos engañemos. Más que los niños somos los adultos quienes necesitamos las guarderías pues nos permiten dedicarnos a una actividad profesional, relacionarnos con otros adultos, salir al mundo exterior, liberarnos momentáneamente de la absoluta dedicación física y emocional que exige la crianza. Todo esto, como se ha dicho, es parte no solo del reto de este siglo sino además tiene que ver con el sistema laboral y las leyes de cada país. El éxito personal (desde la perspectiva de los adultos) está en encontrar un equilibrio entre la vida social, personal y familiar y las guarderías juegan un rol importante en la búsqueda de ese equilibro.

Sea cual fuere nuestro motivo, lo cierto es que la guardería colma nuestra necesidad, no la necesidad de los niños pequeños quienes evolutivamente han sido diseñados para querer estar con sus padres en todo momento. Ellos no saben sobre economía, ni sobre la necesidad de que sus padres trabajen. Es importante poner las cosas como son no para culpabilizarnos sino para poner las cosas en perspectiva y no dejarnos llevar por ideas preconcebidas acerca de una escolarización temprana pues no existe evidencia de que los centros infantiles ofrezcan una mejor posibilidad de desarrollo cognitivo y social que la que brindan los progenitores en casa. Diferente sería si los adultos a cargo de un niño o niña son personas distantes o inestables emocionalmente y actúan como agentes de trauma para el niño o niña. Cuando ese es el caso, el ambiente de un centro infantil puede ser mucho más enriquecedor y beneficioso que el ambiente de la casa. Es muy simple. Los bebés y los niños menores a cuatro años con al menos un cuidador responsable no necesitan las guarderías ni para relacionarse con otros niños, ni para socializar, ni para acostumbrarse, ni para hacerse más independientes. Los niños aprenden los mejores modelos de socialización a partir de los adultos en casa y lo único que necesitan en edades tan tempranas -aparte de los cuidados materiales de supervivencia- es contención emocional, contacto físico, espacio para el descubrimiento y respeto por sus ritmos de desarrollo. Todas esas necesidades están orientadas al florecimiento de su personalidad. De manera que si usted lector opta por la guardería, reconozca sus verdaderas necesidades y motivos. Hable con su bebé o su niño(a). Que sepa por qué ha de pasar el día fuera de casa, cómo nos sentimos nosotros por ello y qué haremos para sobrellevarlo. Que sepan los niños que entendemos sus sentimientos y los aceptamos. Démosles esa oportunidad.

Cuando se trata de cumplir nuestras metas profesionales y al mismo tiempo cubrir las necesidades de cuidado de nuestros hijos, lo ideal entonces seria encontrar un centro infantil o una niñera que vaya acorde a nuestra filosofía de crianza. Cuando se trata de elegir una persona o un centro infantil para nuestros niños, independientemente de la edad que ellos tengan, será muy importante dar prioridad al trato respetuoso por encima de las actividades curriculares, del programa de inglés o de las clases de computación. Habrá tiempo para aprender todas esas importantes habilidades. Por lo pronto, en la primera infancia el trato respetuoso y sensible será la prioridad y si usted conoce un centro que lo tenga todo, pues qué mejor.

Las guarderías o centros infantiles por lo general hacen un excelente trabajo en el sentido pedagógico. La mayoría ofrecerán juegos dirigidos, ocio programado, imposición de horarios, canciones, inglés, psicomotricidad, estimulación intelectual y algunos hasta clases de natación. Todo eso está muy bien desde el punto de vista pedagógico pero nada de eso es lo que los niños de edades 0 a 5 en realidad **necesitan** pues estas mismas habilidades también pueden ser desarrolladas en casa a través del juego y la interacción con un adulto. Son pocos los centros infantiles que ofrecen el nivel y calidad de trato cariñoso y respetuoso semejante al de los padres y si lo ofrecen, seguro serán centros relativamente costosos. Por lo general, los centros infantiles tendrán una maestra por cada 10 niños. Aquellos centros infantiles con filosofías Montessori, Pikler o Waldorf por lo general son más costosas puesto que ofrecen un trato más individualizado, más complaciente hacia las preferencias personales de los niños y proveen más libertad de elección en cuanto a las actividades que les interese realizar en comparación a las guarderías tradicionales. En ese sentido, si lo que usted quiere es ofrecer a su niño o niña un ambiente lo más idóneo posible para su edad, esté atento a las maneras en las que el personal de la guardería interactúa con los niños, cómo resuelven los conflictos entre niños y como gestionan un berrinche. Sea observador y crítico a la hora de elegir un segundo hogar para su niño o niña y mantenga una comunicación abierta tanto con la administración del centro como con el personal. Si es necesario, solicite una entrevista con la administración y tenga preparadas un par de preguntas. Recuerde que es su niño o niña quien está en juego, de manera que no escatime a la hora de preguntar.

Si dejamos de un lado las ideas preconcebidas acerca de aquello que los niños debieran saber o aprender a tan temprana edad, entonces al visitar el centro podremos concentrarnos en los aspectos que realmente son necesarios. El trato respetuoso hacia los niños dentro de un entorno emocionalmente contenedor y a cargo de personas cercanas, vinculantes y amorosas será lo que les permitirá no solo sentirse a gusto sino además desarrollarse tanto social como cognitivamente. Otros puntos a favor son la disponibilidad de materiales lúdicos estimulantes y algo de libertad para que los niños elijan cuales de ellas quieren realizar. Sin embargo, recuerde que tanto el desarrollo social como cognitivo tienen un prerrequisito emocional. Es decir, por más interesantes que nos parezcan las actividades y por más coloridos y acogedores que nos parezcan las instalaciones de las guarderías si nuestros niños no se sienten a gusto con el personal, será muy difícil que se interesen en jugar y explorar lo que ese centro infantil ofrezca. Por otro lado, la consistencia en la persona que provee el cuidado y la atención es importante para los bebés pequeños. Los bebés pueden desarrollar vínculos de apego con otros cuidadores, además de sus padres, pero los cambios frecuentes en los cuidadores puede ser problemático ya la no le permiten establecer relaciones de apego con nadie.

Al momento de elegir el centro infantil, en especial si son menores a 2 años, es importante preguntar acerca de la rotación y los horarios del personal. Si el establecimiento tiene varios cuidadores que rotan frecuentemente, intente pedir que una de las personas sea designada como el cuidador o cuidadora principal de su bebé. La consistencia facilitará la adaptación.

Una vez que se ha elegido el centro infantil más apropiado, el siguiente paso será trabajar con el niño o la niña en la idea de la separación. Para muchos niños este cambio del entorno vital trae mucha angustia. Los primeros días pueden significar un verdadero suplicio por parte de los niños y también de los padres. La guardería supone la primera salida de su entorno más próximo. Supone también el momento de empezar a asimilar los diferentes aprendizajes y, lo que es más importante, el inicio de la relación con sus iguales (sus compañeros). Los niños pasan de ser protagonistas en sus hogares a ser uno más dentro de un colectivo y esto puede crear cierto desasosiego. Los cambios emocionales y por lo tanto de comportamiento serán más evidentes. Mientras más pequeños sean más intensa es la necesidad de la presencia de su madre, padre o su cuidador principal, de manera que durante el periodo de adaptación es común que los bebés respondan emocionalmente o físicamente al cambio y a la separación. Unos dormirán más en el centro infantil para dedicar el tiempo en casa a mamá. Otros querrán jugar, amamantar o tocar más a mamá cuando se reencuentran al final del día. Estos momentos de reconexión y reafirmación del vínculo a través del contacto, los besos y los abrazos son importantes pues brindan a los niños la seguridad necesaria para enfrentar el siguiente día.

No es recomendable que la incorporación en los centros infantiles se efectúe de forma repentina y con tiempos prolongados. Lo ideal es que los primeros contactos se produzcan en compañía de la madre u otras figuras de apego secundarios (abuelos, tíos...) por tiempos breves para posteriormente ir dejando sólo al niño o niña en intervalos más espaciados. Hay que tener en cuenta que a edades de 1 o 2 años, las criaturas no disponen de estructuras cognitivas suficientemente maduras como para interpretar que la separación de su madre en un entorno nuevo es un hecho temporal. El hecho de que la madre se ausente, inicialmente, se vive como una pérdida real e irreparable pues el niño no entiende que más tarde vendrá a recogerle. Es por eso que los mecanismos innatos de supervivencia se ponen en marcha y los niños reaccionarán con llantos y pataletas al darse cuenta de la ausencia de su cuidador principal. Es imposible evitar que el niño de esas edades se sienta desconsolado, pero dentro de lo que cabe sí podemos evitar que se sienta abandonado. Tomémonos el tiempo de despedirnos y expliquemos que vamos a regresar así el niño o niña todavía no lo entienda. Huir o salir sin despedirse en realidad no evita el momento sino que lo hace que el sentimiento se vuelva más intenso. El niño o niña que ve que su madre se despide llora ante la separación de su figura de apego. Sin embargo, aquel que no encuentra una lógica a su repentino cambio de ambiente solo podrá sentirse desconcertado y abandonado. El llanto en ese caso representa sentimientos mucho más intensos y dolorosos que la angustia ante la separación, la cual en muchos casos puede calmarse más fácilmente con una rápida distracción o intervención adulta.

Durante la transición se puede observar el comportamiento de su niño o niña cuando usted salga y cuando se vuelvan a reunir. El llanto inusual, el aferramiento a uno de los padres o los cambios bruscos en el comportamiento pueden ser señales de que está muy estresado por el cambio. Los bebés y niños pequeños comunican sus necesidades y sentimientos de muchas maneras. El ser sensibles a sus necesidades y emociones y el hacer ajustes si es necesario es lo que permitirá reforzar su confianza tanto en usted como en el personal de la guardería. No se trata tampoco de dramatizar la situación pero sí de minimizar sus posibles consecuencias emocionales negativas.

La llegada de un hermano

El nacimiento de un hermanito(a) suele ser una transición importante que principalmente provoca la aparición de los celos en los niños y, consiguientemente, las rivalidades entre hermanos. Los celos son una reacción normal pero la intensidad de ésta y la manera en la que se exprese dependerá de los siguientes factores:

- El comportamiento de los padres con el hijo(a) mayor a partir del nacimiento del bebé. Si los padres exigen más e ignoran más que antes del nacimiento del bebé, los celos se incrementarán.
- La calidad de la relación que se tenga con el hijo o hija mayor antes del nacimiento del hermano pequeño. Interesantemente se ha visto que si la relación antes de la llegada del bebé se basaba en prohibiciones y limitaciones excesivas, la probabilidad e intensidad de celos es mayor que cuando la relación ha sido respetuosa y democrática.
- La edad del hijo o hija mayor, siendo éste o ésta más vulnerable a los celos cuando el nacimiento del nuevo hermano se produce antes de los 5 años.
- La diferencia de edad entre los hermanos, siendo menor la intensidad o aparición de los celos cuando la diferencia de edad es superior a tres años.

La verdad es que independientemente de las tendencias, no existe niño pequeño que no haya sentido celos ante la llegada de un nuevo hermanito que lo "destrone". Cualquier cosa que podamos hacer durante el embarazo para ayudar a los hermanos mayores a sentirse involucrados y conectados con el bebé será de gran ayuda para minimizar los celos. **El trabajo preventivo** empieza mucho antes del nacimiento del segundo o tercer hijo(a).

A continuación algunas ideas sobre cosas que se pueden hacer durante el embarazo en preparación para la llegada del bebé:

1. Cultivar una relación más profunda entre el padre y el niño o niña mayor durante todo el embarazo. Esto será importante una vez que nazca el bebé puesto que la madre inevitablemente pasará más tiempo atendiendo al bebé (amamantando o atendiendo sus necesidades). La meta es que el niño o niña mayor busque pasar más tiempo con el papá.
2. Hacer sentir al niño o niña mayor que el bebé es de todos, no solo de papá y mamá. Mientras más "dueño" se sienta de su futuro hermanito(a), menos

celos sentirá. Permita que el niño o niña mayor ayude en la preparación de la ropita, en la elección del nombre, en la compra de pañales, etc. Permítale ser parte de las citas con el médico y con el técnico del ultrasonido.
3. Comuníquele claramente con palabras que el amor que siente por él/ella no cambiará con la llegada del bebé. Asegúrele que la atención que recibirá será la misma y pídale su ayuda para atender al futuro bebé.
4. Encuentre momentos apropiados para comunicar los siguientes mensajes aparentemente opuestos pero ambos necesarios: 1) "tú vas a ser el/la niño(a) grande de la casa", y 2) "tú serás siempre mi bebé". Si bien ellos necesitan saber que como "niños grandes" que son tendrán que ayudar y ceder con ciertas cosas, el decirles que "siempre serán nuestros bebés" les ayudará a sentirse más seguros. Muchos niños grandes juegan a "ser bebés" y quieren ser tratados como bebés. Eso es totalmente normal y no durará siempre.
5. Si está en el medio de una nueva fase o transición como el control de esfínteres o el inicio de la guardería, es mejor iniciarla mucho antes de que nazca el bebé para que estas nuevas rutinas tengan tiempo de convertirse en hábitos sin ser asociadas con la llegada del bebé.

Una vez que el bebé haya llegado, haya crecido y sea capaz de interactuar y jugar con sus hermanos mayores, el **trabajo preventivo** continúa. Las siguientes ideas le ayudarán a evitar los celos de los hermanos mayores, y consecuentemente, las peleas entre hermanos:

1. Siempre establezca límites o reglas en anticipación al juego y comunique de antemano la consecuencia lógica de no acatar esas reglas. Por ejemplo diga frases como: *"Pueden ver los dos la TV mientras no hayan problemas. Si los hay tendré que apagar la TV"* o *"Pueden jugar juntos a los legos mientras compartan todo. Si no comparten van a tener que jugar otra cosa"*. Cuando los niños son más pequeños se puede comunicar estas reglas al niño o niña mayor. Por ejemplo, *"Puedes traer tus juguetes aquí mientras le permitas a tu hermanita agarrarlos. Ella es bebé y querrá jugar con ellos"*.
2. Dedíqueles un tiempo especial a cada uno de sus hijos. Este será un tiempo durante el día en el cada uno de ellos tendrán el 100% de su atención. No es un tiempo compartido con otros hijos, con la televisión o con el teléfono inteligente. Es un tiempo dedicado a jugar. Aquí la intención es saciar la necesidad de atención de los niños para permitir que ellos se sientan plenos y realizados. Este tiempo dedicado a ellos es increíblemente enriquecedor para la relación entre padres e hijos y no se trata de la cantidad de tiempo que se le dedique sino de la calidad. Así sean solo 15 minutos al día, esos minutos

satisfacen la necesidad de los niños de sentirse queridos e importantes para cada uno de sus padres.

3. No se esconda o evite todo argumento entre pareja con el objetivo de "evitar el trauma" a los hijos. Muchas veces nos guardamos las emociones adultas y posponemos los problemas entre pareja en vez de solucionarlos de una manera madura y calmada en presencia de nuestros hijos. Use su sentido común en cada situación y cuando considere prudente permita a sus hijos ser testigos de cómo sus padres resuelven los conflictos entre ellos. Dé el ejemplo de lo que constituye una buena resolución de conflictos y de inteligencia emocional. Los niños aprenden a resolver problemas basándose en gran medida del ejemplo que observan en sus padres. Si sus padres son capaces de resolver un conflicto sin agredir y sin lastimar, los niños aprenderán a hacerlo también. Al resolver problemas, recuerde hablar estrictamente de lo que pasó y de las emociones que se dieron. Evite culpabilizar y no use términos que definan a la persona (ej. irrespetuoso, malcriado, grosero) sino palabras que definan a las emociones sentidas (ej. miedo, iras, celos) y a la situación (ej. desorden, ruido, falta de comunicación).

4. Enséñeles el lenguaje de las emociones. Los niños se comportan bien cuando han aprendido a regular sus ansiedades, frustraciones y decepciones de la vida diaria. A través de un diálogo lleno de palabras que describan emociones, los niños llegan a aprender que las decepciones son solo eso, decepciones y no catástrofes. Ayúdeles a reconocer cuándo una situación es frustrante y utilice las palabras adecuadas para describir los sentimientos que esa situación genera. Hábleles de sus propias frustraciones y de lo que hizo para lidiar con ellas.

5. Enséñeles la importancia de los sentimientos de otras personas. El respeto a las necesidades y sentimientos de otros es la base del comportamiento moral.

6. Cáchelos con "las manos en la masa" haciendo algo bueno juntos o diciéndose cosas agradables. Dígales lo orgulloso que se siente de que verlos jugando y cooperando el uno con el otro sin problemas. O felicite al hermano o hermana de quien escuchó decir algo positivo y conductivo al trabajo en equipo y no a la pelea.

Aún después del trabajo preventivo, sin embargo, las peleas entre hermanos serán inevitables y formarán parte del convivir y aprender a compartir con otros. Y entonces ¿qué hacer al momento de un conflicto entre hermanos? Veamos en la siguiente página un mapa de resolución con ideas propuestas por la Dra. Laura Makham que hace más claro nuestro rol durante los conflictos de los niños:

EDADES Y PRIORIDADES

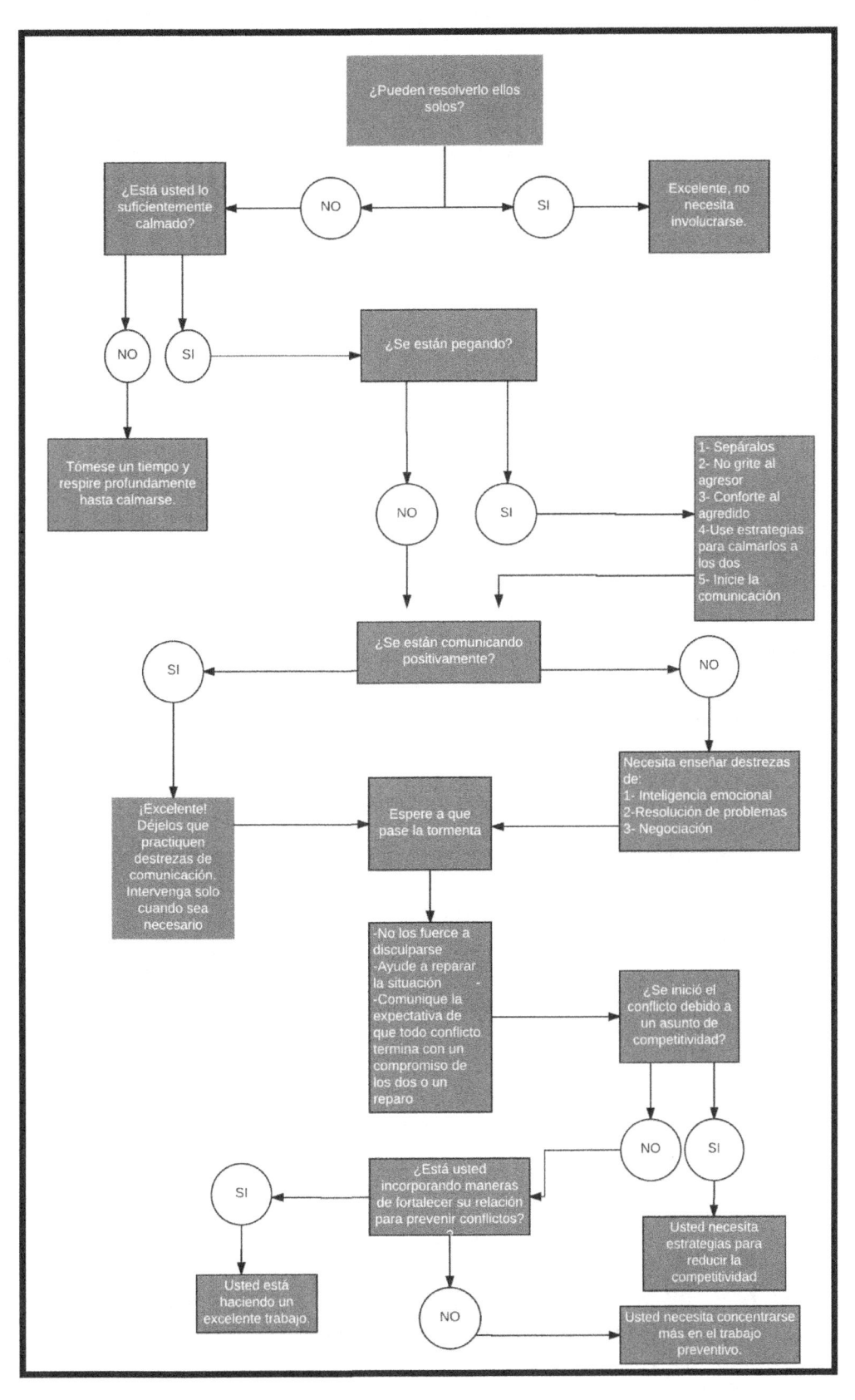

```
                    ¿Pueden resolverlo ellos solos?
                           /            \
                         NO              SI → Excelente, no necesita involucrarse.
                         ↓
            ¿Está usted lo suficientemente calmado?
               /        \
              NO         SI
              ↓           ↓
   Tómese un tiempo      → ¿Se están pegando?
   y respire profundamente        /        \
   hasta calmarse.               NO         SI
                                  ↓          ↓
                                            1- Sepáralos
                                            2- No grite al agresor
                                            3- Conforte al agredido
                                            4- Use estrategias para calmarlos a los dos
                                            5- Inicie la comunicación
                                  ↓          ↓
                           ¿Se están comunicando positivamente?
                              /                    \
                             SI                     NO
                             ↓                      ↓
                                            Necesita enseñar destrezas de:
                                            1- Inteligencia emocional
                                            2- Resolución de problemas
                                            3- Negociación
                                                    ↓
              ¡Excelente! Déjelos que        Espere a que pase la tormenta
              practiquen destrezas de              ↓
              comunicación. Intervenga      - No los fuerce a disculparse
              solo cuando sea necesario     - Ayude a reparar la situación
                                            - Comunique la expectativa de que todo
                                              conflicto termina con un compromiso
                                              de los dos o un reparo
                                                    ↓
                                            ¿Se inició el conflicto debido a un asunto de competitividad?
                                                    /         \
                                                   NO          SI
                                                   ↓           ↓
                                                              Usted necesita estrategias
                                                              para reducir la competitividad
                                            ¿Está usted incorporando maneras
                                            de fortalecer su relación para prevenir conflictos?
                                              /            \
                                             SI             NO
                                             ↓              ↓
                                    Usted está       Usted necesita concentrarse
                                    haciendo un      más en el trabajo preventivo.
                                    excelente trabajo.
```

Como se ve en al mapa de resolución de conflictos de la página anterior, además de la prevención es también importante desarrollar día a día tres habilidades en los niños para que puedan ellos eventualmente resolver sus propios conflictos.

1) Inteligencia emocional

La inteligencia emocional es una habilidad que se desarrolla a través del tiempo. Los adultos podemos apoyar su desarrollo pero para ello debemos entender claramente cuál es nuestro rol. Con esto en mente, entendamos de qué se trata la inteligencia emocional (IE).

La IE involucra tres aspectos relacionados entre sí: el reconocimiento, la regulación y la expresión apropiada de las emociones. Nuestra primera tarea es saber reconocer las emociones tanto en nosotros mismos como en nuestros hijos. Una vez reconocidas las emociones, podemos entonces guiar en la regulación de ese flujo de emociones para procurar que se mantengan en un rango óptimo, ayudándoles a moderar aquellas emociones intensas sin tampoco anularlas del todo. Finalmente, nos movemos hacia una expresión apropiada de las emociones lo cual incluye poner límites acerca de qué expresiones son o no son apropiadas y aquellas que son o no son peligrosas. Con el paso del tiempo, estos aspectos de la inteligencia emocional que hemos modelado se convierten en hábitos y habilidades de nuestros niños que se ponen a prueba al momento de resolver problemas cotidianos y de resolver peleas entre hermanos.

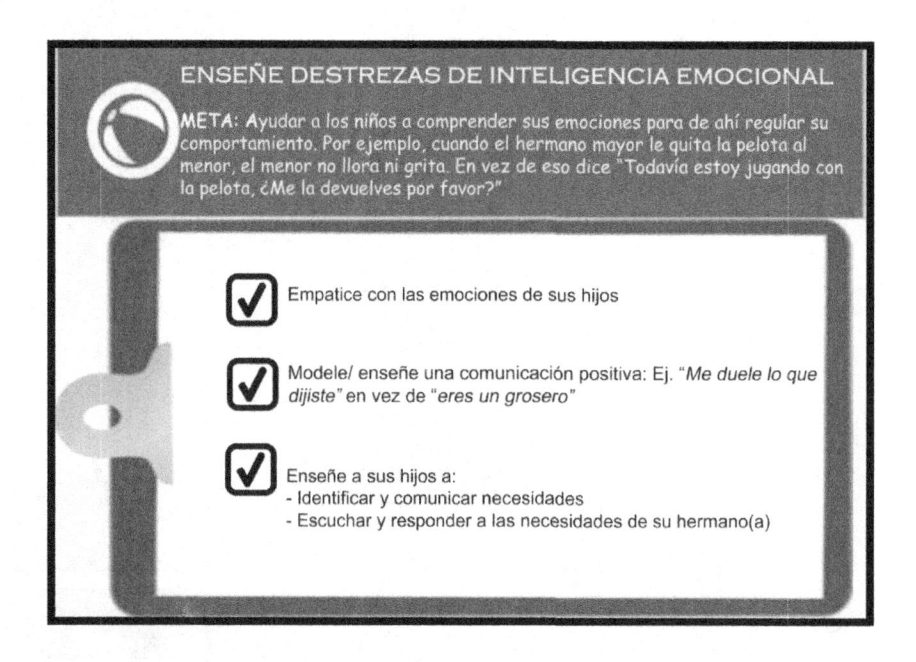

ENSEÑE DESTREZAS DE INTELIGENCIA EMOCIONAL

META: Ayudar a los niños a comprender sus emociones para de ahí regular su comportamiento. Por ejemplo, cuando el hermano mayor le quita la pelota al menor, el menor no llora ni grita. En vez de eso dice "Todavía estoy jugando con la pelota, ¿Me la devuelves por favor?"

- ☑ Empatice con las emociones de sus hijos

- ☑ Modele/ enseñe una comunicación positiva: Ej. *"Me duele lo que dijiste"* en vez de *"eres un grosero"*

- ☑ Enseñe a sus hijos a:
  - Identificar y comunicar necesidades
  - Escuchar y responder a las necesidades de su hermano(a)

2) Destrezas de resolución de conflictos

Si bien los padres sentimos mucha decepción al ver a nuestros hijos pelear, recordemos que el problema no nos pertenece ni nos corresponde resolverlo. Los conflictos entre hermanos ofrecen a los niños la oportunidad de aprender y desarrollar destrezas de resolución de conflictos. Los conflictos en casa son como un simulador de vuelo que preparan al niño para el vuelo o la vida misma. De manera que intentemos en lo posible no intervenir y permitir que sean ellos quienes resuelvan sus propios problemas (salvo que alguien esté siendo lastimado o que la pelea involucre a un bebé o a un niño con discapacidad). Lo que sí podemos y deberíamos todos hacer es facilitar la comunicación entre hermanos, dándoles herramientas y estrategias para que eventualmente sean ellos quienes sigan esos pasos por sí solos. Nuestro rol en un conflicto no es solucionarlo, sino facilitar la comunicación.

Ayudemos a los niños a ser diplomáticos al resolver problemas e intentemos no apropiarnos del conflicto, pues al hacerlo, les estamos privando de la oportunidad de aprender. Salvo en los casos en los cuales la pelea involucra a un bebé, a un niño con discapacidad o cuando se dan golpes o arañazos, las peleas son también lecciones a partir de las cuales los niños aprenden a dominar mejor el arte de la socialización.

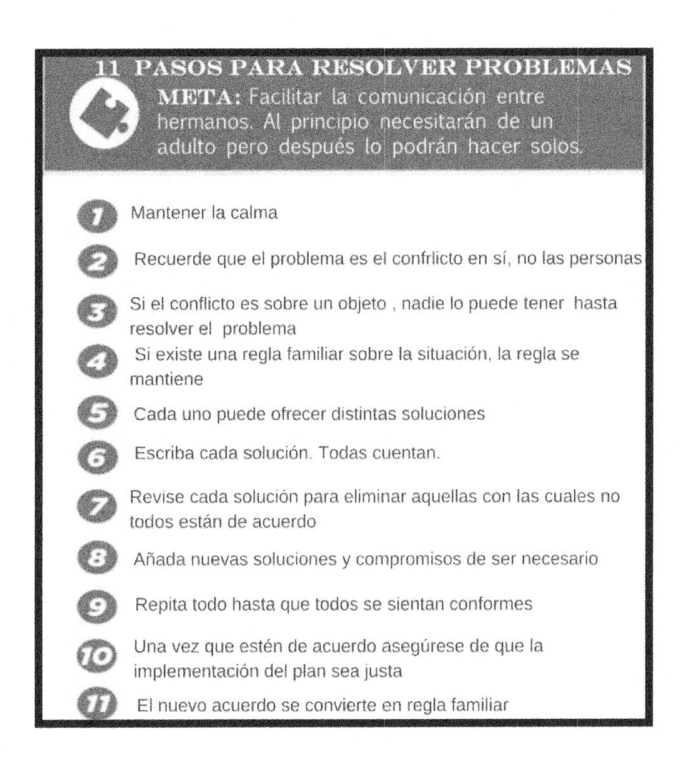

11 PASOS PARA RESOLVER PROBLEMAS

META: Facilitar la comunicación entre hermanos. Al principio necesitarán de un adulto pero después lo podrán hacer solos.

1. Mantener la calma
2. Recuerde que el problema es el confrlicto en sí, no las personas
3. Si el conflicto es sobre un objeto, nadie lo puede tener hasta resolver el problema
4. Si existe una regla familiar sobre la situación, la regla se mantiene
5. Cada uno puede ofrecer distintas soluciones
6. Escriba cada solución. Todas cuentan.
7. Revise cada solución para eliminar aquellas con las cuales no todos están de acuerdo
8. Añada nuevas soluciones y compromisos de ser necesario
9. Repita todo hasta que todos se sientan conformes
10. Una vez que estén de acuerdo asegúrese de que la implementación del plan sea justa
11. El nuevo acuerdo se convierte en regla familiar

3) Destrezas de negociación

Aprender a negociar es importante porque la vida funciona así. Si los niños aprenden estas destrezas en su hogar, después serán capaces de transferirlas a la escuela, y eventualmente a la vida misma.

DESTREZAS DE NEGOCIACION
META: Enseñar a los niños destrezas importantes para resolver los inevitables conflictos de la vida diaria.

- Tratos: "Te cambio eso por esto otro"
- "Realmente me gusta ese. Te lo cambio por esto y esto y esto también"
- Tomar turnos: "No te puedo prestar esto ahorita pero si te lo puedo prestar cuando sea
- División de responsabilidades: "Tu divides los pedazos y yo elijo cual quiero, ya?"
- Trabajo en equipo: Limpiemos juntos para poder ir al parque más rápido
- Compromisos: "Si prometes no agarrar mis juguetes prometo no molestarte mientras miras TV"
- Escribir los compromisos para no olvidarse. "Escribamos ese compromiso y firmemos"

BIBLIOGRAFIA

American Academy of Pediatrics (2013). *Ages & Stages: feeding & nutrition.* Consultado en Noviembre del 2014 http://www.healthychildren.org/English/ages-stages/baby/feeding-nutrition/Pages/default.aspx.

America Academy of Padiatrics (2015) Children And Media - Tips For Parents. *AAP Press Room.* https://www.aap.org/en-us/about-the-aap/aap-press-room/pages/children-and-media-tips-for-parents.aspx

Baumrind, D. (1966). Effects of Authoritative Parental Control on Child Behavior, *Child Development, 37(4)*, 887-907.

Baumrind, D. (1967). Child care practices anteceding three patterns of preschool behavior. *Genetic Psychology Monographs, 75(1)*, 43-88.

Benavides J. y Roncacio M. (2009). Conceptos de desarrollo en estudios sobre la Teoría de la Mente en las últimas tres décadas. *Avances en Psicología Latinoamericana, 27, 2.*

Bowlby, J. (1988). *A secure base: Parent-child attachment and healthy human development.* New York: Basic Books

Brown, A. Shifrin D. L. y Hill D.L. (2015). American Academy of Pediatrics *Beyond 'turn it off': How to advise families on media use.* 30, 10.

Center for Disease Control. www.cdc.gov. Consultado en noviembre del 2016.

Craig, G. J. (1996) *Human Development* (7 ed.) Upper Saddle River. NJ: Prentice Hall.

Dixon, J.C. (1957) Development of self-recognition. *Journal of Genetic Psychology.* 91, 251-256.

Ellis, E.M. (1993) *Raising a Responsible Child.* New York: Carol.

Gonzales, M. (1976). *Como detectar al niño con problemas del habla.*Ed. Trillas. Mexico.

González, C. (1999) Mi niño no me come. Ediciones Temas de Hoy.

Graham, L. (2008) *The Neuroscience of Attachment Clinical Conversation at the Community Institute for Psychotherapy*. Consultado en septiembre del 2015 en http://lindagraham-mft.net/resources/published-articles/the-neuroscience-of-attachment/

Grusec, J.E., Goodnow, J. & Cohen, L. (1977). Household work and development of children's concern for others. *Journal of Developmental Psychology*, 32, 999.

Hartup, W, W. & Moore S.G. (1990) Early peer relations. Developmental significance and prognostic implications. *Early Childhood Research Quarterly* 5, 1-17.

Hughes, F.P. (1995). *Children, play and development*. Boston : Allyn & Bacon.

Izard, C. (1991). *The Psychology of Emotions*. New York: Plenum Press.

Johnson S.B., Riley A.W., Granger D.A., Riis J. (2013).The science of early like toxic stress for pediatric practice and advocacy. *American Academy of Pediatrics, 131 (2)*.

Maccoby, E.E. y Martin, J.A. (1983) Socialization in the context of the family: Parent–child interaction. In P. H. Mussen (ed) y E. M. Hetherington , *Handbook of child psychology: 4*. Socialization, personality, and social development , 4ta edición: 1-101. New York: Wiley.

Makham, L. (2015). *Peaceful Parent, Happy Siblings: How to Stop the Fighting and Raise Friends for Life*. Penguin Group.

Martinez. P. (2013). *Destetar sin lágrimas: la guía más completa para destetar de forma respetuosa*. Autoeditado.

McKenna, J.J. y Gettler, L.T. (2010).Co-Sleeping, Breastfeeding and Sudden Infant Death Syndrome, *Encyclopedia on Early Childhood Development [enlinea]*.

Miller, P.M. y Commons, M.L. (2010). The Benefits of Attachment Parenting for Infants and Children: A Behavioral Developmental View, *Behavioral Development Bulletin, 10*. Consultado en Octubre del 2014 de http://www.baojournal.com/BDB%20WEBSITE/BDB-no-10/A01.pdf

National Institute of Health www.nih.gov Consultado en octubre del 2016

Neville, H. F. (2007) *Is This a Phase? Child Development and Parent Strategies Birth to 6 Years*. Parenting Press.

Newton, Ruth P. (2008).The attachment connection: parenting a secure & confident child using the science of attachment theory. Newton Oakland, CA: New Harbinger Publications.

Nicklaus, S. 2009. *Development of food variety in children*. Appetite. 52(1):253-5.

Organización Mundial de la Salud (2002) *Informe mundial sobre la violencia y la salud*. Consultado en julio del 2016
http://www.who.int/violence_injury_prevention/violence/world_report/en/summary_es.pdf

Organización Mundial de la Salud (2016) *Lactancia materna exclusiva*. Consultado en julio del 2016 http://www.who.int/nutrition/topics/exclusive_breastfeeding/es/

Pantley, E. (2002). *Felices Sueños*. McGraw-Hill / Interamericana de España S.A.U.

Pearce, J.C. (1992). *The Magical Child*. Penguin Group.

Piaget, J. (1968). *On the development of memory and identity*. Worcester, MA: Clark University Press.

Sears, W. y Sears, M. (2003). *The Baby Book: Everything You Need to Know About Your Baby From Birth to Age Two*, 2da edición. Boston : Little, Brown.

Sears, W. (2001). *The attachment parenting book: a commonsense guide to understanding and nurturing your baby*. Boston : Little, Brown.

Sellen, DW. 2001. Comparison of Infant Feeding Patterns Reported for Nonindustrial Populations with Current Recommendations. *Journal of Nutrition* 131:2707-2715.

Schore, A. N. (2017) All Our Sons: The Developmental Neurobiology and Neuroendocrinology of Boys at Risk. *Infant mental health journal.*

Schaefer, C.E. & DiGeronimol, T. F. (2000). *Ages and Stages: A Parent's Guide to Normal Childhood Development*. John Willey & Sons, Inc.

Shure , M. (1994). *Raising a thinking child*. New York: Henry Halt

Siegel, .D & Bryson, T.P. (2015).*Disciplina Sin Lágrimas*. Ediciones B. S.A. , España

Siegel, D. y Bryson, T.P. (2012) *El cerebro del niño. 12 estrategias revolucionarias para cultivar la mente en desarrollo de tu hijo.* Editorial Alba. Barcelona.

Siegel, D. (2012) .*The Developing Mind*, Second Edition: How Relationships and the Brain Interact to Shape Who We Are. The Guilford Press, NY.

Stevenson, H.W., y Lee, S.Y. (1990).Contexts of achievement: a study of American, Chinese, and Japanese children. *Monogr Soc Res Child Dev. 55(1-2)*:1-123. Consultado en octubre del 2014 en http://www.parentingscience.com/benefits-of-play.html#sthash.6PSK54Iw.dpuf

UNICEF. (2014). *Informe mundial sobre la violencia en niños y niñas*. Consultado en julio del 2016
https://www.unicef.org/lac/Informe_Mundial_Sobre_Violencia_1(1).pdf

Wolfgang, C.H., Stannard, L.L., y Jones, I. (2001). Block play performance among preschoolers as a predictor of later school achievement in mathematics. *Journal of Research in Childhood Education, 15(2),* 173-180.

World Association of Infant Mental Health. www.waimh.org .Consultado en noviembre del 2016.

AGRADECIMIENTOS

Este libro no hubiera sido posible sin el continuo apoyo de mi esposo Alfonso, quien ha dedicado el cien por ciento de su tiempo a ejercer y perfeccionar su rol de padre. Su compromiso en la crianza es lo que me ha permitido encontrar y dedicar tiempo a mis metas personales. Tanto este libro como *Crianza con Apego* y *Sin gritos ni castigos* tuvieron sus inicios en el 2012 con el nacimiento de nuestro hijo Julián, quien ha sido nuestro más sabio maestro. La experiencia de ser sus padres y de acompañarlo en su desarrollo es lo que motiva este libro. La combinación de la teoría con la práctica es lo que me ha permitido que las ideas de este libro fluyan fácilmente pues cada sección y cada capítulo llevan también un toque de experiencia personal . Finalmente, el cumpleaños número cinco de Julián es lo que marca tanto la culminación y lanzamiento de este libro, como el inicio de una nueva etapa (y quizás de un nuevo libro) en la cual las experiencias escolares de Julián nos traerán nuevos aprendizajes y retos.

Como madre y maestra comprendo la necesidad de que la información sea útil, práctica, efectiva y sobretodo accesible. Como psicóloga escolar, le doy además mucha importancia al consumo de información seria, veraz y con base científica. Agradezco a todos quienes han ayudado a que este libro se mantenga dentro los parámetros que dicta la ciencia, pero a la vez sólidamente plantado en la realidad y en los dilemas que día a día enfrentamos los padres. Tanto en mi rol de madre, como en mis dos roles profesionales he tenido la fortuna de contar con amigos y colegas que me han apoyado y me han ayudado a hacer posible la publicación de este libro. Agradezco a mi talentosa amiga Alejandra Carrión por realzar las portadas de mis libros con su arte, y a mi colega y amiga Pam Dennis por su constante apoyo en mi labor de madre , de maestra y de escritora. Agradezco finalmente a mis colegas de la Fundación América por la Infancia - al igual que yo- luchan a diario para erradicar los malos tratos hacia la infancia. Me vienen a la mente muchos profesionales de la infancia a quienes he tenido el gusto de conocer tanto personalmente como virtualmente pero especialmente resaltan Álvaro Pallamares y Gaudencio Rodríguez cuya experiencia , influencia e ímpetu han sido catalizadores de muchos cambios importantes y del inicio de muchos proyectos con miras hacia un futuro de padres más preparados y de hijos más mentalmente sanos. A estos dos colegas extiendo mis más profundos agradecimientos no solo por enriquecer mis conocimientos y caminar conmigo el mismo sendero, sino también por difundir entre sus conocidos y seguidores el mensaje de mis libros.

Made in the USA
Las Vegas, NV
14 April 2024